Juridische Vaardigheden

Mr. M.M. Mok

Vierde druk

Noordhoff Uitgevers Groningen | Utrecht

Ontwerp omslag: G2K (Groningen-Amsterdam)
Omslagillustratie: Daniele Levis Pelusi - unsplash - 311040

Eventuele op- en aanmerkingen over deze of andere uitgaven kunt u richten aan: Noordhoff Uitgevers bv, Afdeling Hoger Onderwijs, Antwoordnummer 13, 9700 VB Groningen of via het contactformulier op www.mijnnoordhoff.nl.

De informatie in deze uitgave is uitsluitend bedoeld als algemene informatie. Aan deze informatie kunt u geen rechten of aansprakelijkheid van de auteur(s), redactie of uitgever ontlenen.

0 / 19

© 2019 Noordhoff Uitgevers bv, Groningen/Utrecht, The Netherlands

ISBN 978-90-01-89970-7
NUR 820

Woord vooraf

Juridische vaardigheden zijn in het hbo- en wo-onderwijs steeds belangrijker geworden. Van studenten wordt niet alleen maar verwacht dat ze weten (*knowing that*) maar ook dat ze kunnen toepassen (*knowing how*). Juridisch onderwijs betekent (ook) voorbereiding op de rechtspraktijk en daarom training in die vaardigheden die men moet beheersen om deze rechtspraktijk adequaat te kunnen uitoefenen.

Tegelijk blijken er weinig studieboeken te zijn die op systematische wijze aandacht besteden aan de wijze waarop studenten zich deze vaardigheden eigen kunnen maken, vooral als het gaat om *alle* vaardigheden die een jurist in de vingers moet hebben. Dit boek behandelt wel al deze vaardigheden. Zij worden niet alleen verduidelijkt, de student krijgt ook opdrachten op grond waarvan met deze vaardigheden kan worden geoefend. Achtereenvolgens wordt aandacht besteed aan:
- het hanteren van de wettenbundel;
- het ontleden van wetsartikelen;
- het zoeken en gebruiken van jurisprudentie;
- het gebruik van juridische literatuur;
- het gebruik van parlementaire stukken;
- het oplossen van een casus op basis van de voorafgaande vaardigheden;
- het gebruik van taal door juristen;
- dossierbeheer en dossiermanagement.

Juridische Vaardigheden onderscheidt zich doordat het bij uitstek geschikt is voor zelfstudie. Aan de hand van casuïstiek wordt de student op systematische wijze in staat gesteld zich de diverse in de praktijk benodigde juridische vaardigheden eigen te maken.

Daarnaast is er in samenwerking met mevrouw mr. M. Oling en mevrouw mr. M. Boer (docenten recht aan de Hanzehogeschool Groningen, opleiding HBO-Rechten) een website met veel oefenmateriaal ontwikkeld, waarmee de student zichzelf kan toetsen. Aan de kwaliteit van de vragen is veel aandacht besteed, om de student in staat te stellen goed beslagen ten ijs te komen bij een tentamen. Daarbij is gekozen voor een opzet van open vragen.

In de herziene uitgave zijn de gebruikte voorbeelden geactualiseerd en waar nodig voorzien van recente jurisprudentie. Opmerking verdient nog dat slechts de wettelijke regeling voor niet-digitaal procederen wordt behandeld. De regeling voor digitaal procederen wordt niet besproken. De reden hiervoor is dat op het moment van het gereedkomen van dit boek verplicht digitaal procederen slechts is ingevoerd bij vorderingsprocedures met verplichte procesvertegenwoordiging bij de rechtbank Gelderland en Midden-Nederland en de Hoge Raad. Het is onduidelijk hoe en wanneer het digitaal procederen bij andere instanties zal worden ingevoerd.

Mochten er nog op- en aanmerkingen zijn, dan hoor ik dat zoals altijd graag.

Martijn Mok, Groningen
Winter 2018/2019

Inhoud

Inleiding

Ieder beroep vereist vaardigheden, wil het naar behoren kunnen worden uitgeoefend. Een timmerman moet met bankschroef en hamer kunnen omgaan. Een secretaresse moet niet alleen Word beheersen, maar ook in Excel en Powerpoint kunnen werken. Een wiskundige dient een ingewikkelde rekenmachine te kunnen bedienen. Een geestelijke moet niet alleen over bijbel of koran beschikken, maar ook met allerlei andere boeken kunnen omgaan die teksten uit bijbel of koran verklaren en verduidelijken.

Hoe zit dat nu met een jurist? Wat doet een jurist en met welke vaardigheden krijgt hij te maken? Of, anders gezegd: wat moet hij beheersen, 'in de vingers hebben', om zijn beroep goed uit te oefenen?

Het is goed dat men zich eerst realiseert dat met het woord jurist enkel wordt aangegeven dat iemand een bepaalde opleiding met succes heeft gevolgd. Het heeft *geen* betrekking op een specifiek beroep dat wordt uitgeoefend. Iemand is jurist als hij een opleiding heeft gedaan waarin het recht centraal staat. Vroeger kon men alleen rechten aan een universiteit studeren. Tegenwoordig bieden ook hbo-instellingen een opleiding 'recht' aan. Heeft men deze opleiding voltooid, dan opent zich de weg tot een groot aantal beroepen dat men kan gaan uitoefenen.
Een afgeronde universitaire studie geeft toegang tot de toga-beroepen: advocaat, rechter of officier van justitie. Notaris kan men ook alleen worden als men een universitaire studie met succes heeft afgerond. Daarnaast zijn er veel juridische beroepen waarin men werkzaam kan zijn indien een universitaire of een hbo-studie rechten is gevolgd. Binnen advocatuur, rechterlijke macht en notariaat zijn tal van functies zoals die van juridisch bureaumedewerker (*paralegal*), gerechtssecretaris, notarisklerk (juridisch medewerker) en ga zo maar door. Juridische beroepen worden uiteraard ook veelvuldig – in alle rangen en standen – in het bedrijfsleven aangetroffen. Denk alleen al aan de afdeling Personeelszaken of HR (*human resources*) waar nagenoeg altijd ook juristen werken. Daarnaast zijn veel bedrijfsjuristen werkzaam op het vlak van bijvoorbeeld het ondernemingsrecht en het intellectuele eigendomsrecht. Voorts kent de overheid (bijvoorbeeld centrale overheid, provincie, gemeente of waterschap) een veelheid aan juridische functies, die mede garant moeten staan voor een juridisch correcte uitvoering van alle regelgeving die tot stand komt. Kortom, een met succes gevolgde juridische opleiding opent vele beroepsperspectieven.

Maar van welk instrumentarium bedient een jurist zich? Wat zijn de vaardigheden waarover hij moet beschikken?
De eerste vraag die dan moet worden beantwoord, luidt: geldt dat voor ieder juridisch beroep hetzelfde aantal juridische vaardigheden vereist is? Het antwoord is: ja. Ondanks de grote diversiteit in juridische beroepen, draait

het toch uiteindelijk altijd weer om dezelfde vaardigheden waarover een jurist moet beschikken, wil hij zijn functie naar behoren kunnen uitoefenen. Welke dat zijn, wordt hierna kort uiteengezet. In het boek worden de genoemde vaardigheden achtereenvolgend uitgebreid aan de orde gesteld en worden aan de student opdrachten gegeven om met deze vaardigheden zelf aan de slag te gaan. Let daarbij goed op dat het in dit boek niet om 'weetjes' gaat. Voor zover er in dit boek al theoretische uiteenzettingen worden gegeven, is dat alleen maar om de desbetreffende vaardigheid beter te begrijpen, beter tot zijn recht te laten komen. Bedenk daarbij dat als de oefeningen vervelend of oninteressant worden gevonden, men zich serieus moet afvragen of de gemaakte opleidingskeuze wel de juiste is (geweest). Alle vaardigheden keren op de een of andere wijze in de latere juridische beroepsuitoefening terug. De gekozen onderwerpen zijn onderwerpen die maatschappelijk relevant zijn en zich in het hart van het recht bevinden. Wat dat betreft biedt dit boek een actuele visie op de werkzaamheden van een jurist!

De eerste vaardigheid (hoofdstuk 1) kan een basisvaardigheid worden genoemd: het omgaan met een wettenbundel. Wat voor een theoloog de bijbel is, is voor een jurist de wet. Van de duizenden wetten die zijn uitgevaardigd, wordt een minder groot aantal vaak in de praktijk gebruikt en geraadpleegd. Uitgevers hebben deze belangrijkste wetten in bundels samengevoegd, zodat praktijk en onderwijs deze op overzichtelijke wijze kunnen raadplegen. Al met al zijn deze wettenbundels nog omvangrijke werken en is het voor een beginnende student of jurist niet eenvoudig daarin de weg te vinden. De vaardigheid 'omgaan met een wettenbundel' is erop gericht sneller met deze wettenbundels vertrouwd te raken. Zoals met bijna alles, geldt ook hier: een leven lang leren.

De tweede vaardigheid (hoofdstuk 2) richt zich op de inhoud van de wetten zelf en het meest belangrijke onderdeel daarvan: het wetsartikel. In wetsartikelen staat wat 'hoort' of wat 'moet gebeuren'. Maar wat staat precies in zo'n wetsartikel en waaraan moet precies worden voldaan, wil dat wat 'hoort' of 'moet' intreden? Bij het onder de knie krijgen van deze vaardigheid zal men begrijpen hoe belangrijk het is dat een jurist zorgvuldig, nauwgezet, leest. Zorgvuldige analyse of ontleding van een rechtsregel is de basis voor een goede juridische praktijkuitoefening. Nooit mag men te snel aannemen dat men 'het wel weet'. Niet voor niets wordt van een jurist wel gezegd, dat hij altijd beren en leeuwen ziet. De jurist waarschuwt altijd voor te snelle conclusies.

De derde vaardigheid (hoofdstuk 3) die juristen zich moeten eigen maken, betreft het lezen en vinden van rechtspraak (jurisprudentie). Juridische regels zoals wetsartikelen, blijken in de praktijk vaak minder duidelijk dan vooraf werd gedacht. De reden is simpel: de wetgever kan eenvoudigweg vooraf niet alle situaties overzien die wel of niet onder de regel vallen. Dus zal een ander daarover een oordeel moeten geven als twee partijen daarover van mening verschillen en dat is de rechter. Deze geeft dus aan op welke wijze een regel in een bepaald geval moet worden gelezen als een woord of een zinsnede niet volkomen duidelijk is. In deze derde vaardigheid wordt de opbouw van een rechterlijke uitspraak besproken en laten we zien waaruit die onduidelijkheid over woorden of zinsneden kan bestaan.

De praktijkjurist die met een juridisch probleem worstelt en niet weet of een bepaald wetsartikel wel of niet in een concrete situatie van toepassing is, zal naast de rechterlijke uitspraak ook andere hulpmiddelen nodig hebben die hem steun geven bij het vinden van het goede antwoord. Die hulpmiddelen zijn de juridische literatuur en de parlementaire geschiedenis van de desbetreffende wet.

De vierde juridische vaardigheid (hoofdstuk 4) gaat over het gebruik van de juridische literatuur. Over veel juridische vraagstukken worden boeken geschreven en beschouwingen in juridische vakbladen. In deze boeken en beschouwingen zijn niet alleen samenvattingen te vinden over alle rechterlijke uitspraken die met betrekking tot het juridische onderwerp in kwestie zijn gewezen, maar geven de auteurs ook hun mening over deze uitspraken en verdedigen zij standpunten over vraagstukken die daarmee samenhangen. Al deze boeken en bijdragen aan vakbladen worden tezamen de 'juridische literatuur' genoemd. Hoe zit deze literatuur precies in elkaar en hoe kan hiervan gebruik worden gemaakt? Het hoofdstuk over deze vierde vaardigheid geeft een aantal handreikingen.

De vijfde vaardigheid (hoofdstuk 5) maakt duidelijk dat een wet niet 'zo maar eventjes' wordt gemaakt, maar dat daaraan een lange geschiedenis voorafgaat. Er wordt in het parlement druk over een nieuwe wet gedebatteerd, voordat een wet wordt aangenomen. In zo'n wet kunnen voorts nog allerlei wijzigingen worden aangebracht en dat is ook niet voor niets. Als er onduidelijkheden zijn wat betreft de wettekst, is het daarom aan te bevelen naar de geschiedenis van de betreffende wet te kijken en te bestuderen wat tijdens het parlementaire traject allemaal voor standpunten zijn ingenomen. Hoe dat in zijn werk gaat en waar die standpunten worden verwoord, wordt in het hoofdstuk over het gebruik van parlementaire stukken duidelijk gemaakt.

In hoofdstuk 6 worden alle voorafgaande juridische vaardigheden samengebundeld. Aan de hand van een (arbeidsrechtelijk) voorbeeld wordt geïllustreerd hoe een op zichzelf vrij eenvoudig juridisch vraagstuk met behulp van wet, rechtspraak, juridische literatuur en parlementaire geschiedenis wordt opgelost. 'The proof of the pudding is in its eating', zeggen de Engelsen en daarom wordt ook deze uiteenzetting afgerond met een oefenopgave.

Ten slotte worden er nog twee andere belangrijke juridische vaardigheden aan de orde gesteld.

De zesde vaardigheid (hoofdstuk 7) gaat nogmaals in algemene zin in op het belang van correct schrijven door juristen. Een onjuiste formulering kan tot grote juridische problemen leiden! Daarom is het van het grootste belang, correct te argumenteren en te formuleren. Om deze reden wordt in dit hoofdstuk stilgestaan bij de juiste wijze van argumenteren en redeneren. Voorts wordt gewezen op een aantal valkuilen qua formuleren, waarop juristen beducht moeten zijn.

De zevende vaardigheid (hoofdstuk 8) gaat over het kunnen beheren en managen van dossiers. Als een bedrijf enige omvang heeft, worden dagelijks nieuwe dossiers aangelegd en worden bestaande dossiers aangevuld. Het vereist de grootste nauwkeurigheid dat alle post en mail die binnenkomt en naar buiten gaat, nauwgezet wordt geregistreerd. In dat verband wordt uiteengezet wat een dossier is en hoe zo'n dossier wordt vormgegeven.

Zeven vaardigheden maken tezamen de jurist. Natuurlijk slechts tot op zekere hoogte. In de eerste plaats komt geen juridische vaardigheid tot bloei zonder concrete kennis over het recht. Daarom zullen ook veel vakken in de juridische opleiding aan bod komen die de overdracht van rechtskennis centraal stellen. In de tweede plaats omdat het onder de knie krijgen van de juridische vaardigheden oefening op oefening vergt en daarom uitsluitend in een jarenlang leren zich kan worden eigengemaakt.
Als echter dit boek is bestudeerd en de oefeningen serieus worden gemaakt, is een duidelijk begin gemaakt met een vak dat zonder enige twijfel boeiend en maatschappelijk relevant is. Men zal ook zien dat rechten heel wat anders en heel wat meer is dan 'wetten uit je hoofd leren'. Integendeel, met de wet begint het pas!

1

Leren hanteren van een wettenbundel

1.1 Algemene onderdelen van wetten en regelingen
1.2 Boeken, hoofdstukken, titels, afdelingen en artikelen
1.3 Structuur van het Burgerlijk Wetboek
1.4 Structuur van de Algemene wet bestuursrecht
1.5 Structuur van de wettenbundel
1.6 Citeren uit een regeling
1.7 Zoekmethoden

Studenten die een juridische of een juridisch gerelateerde opleiding volgen, zullen veelal een wettenbundel moeten aanschaffen. De omvang en de opbouw van deze bundels nodigen niet uit tot bestudering van het juridische vak. Ze zijn op het eerste gezicht vaak onoverzichtelijk en lijken geen structuur te bevatten. Toch is het tegendeel waar. In dit hoofdstuk zullen we duidelijk maken dat er wel degelijk een structuur te ontdekken is in wettenbundels en de daarin opgenomen regelingen. Aan de hand van oefeningen zal de vaardigheid van het omgaan met een wettenbundel worden aangeleerd. Voordat echter effectief en doelmatig met een wettenbundel kan worden gewerkt, dient men eerst het een en ander te weten van de structuur van verschillende wetten en regelingen. Elke wet of regeling kent zijn eigen structuur. Zo verschilt de structuur van het Burgerlijk Wetboek (BW) met die van de Algemene wet bestuursrecht (Awb), maar ook het Wetboek van Strafrecht (Sr) kent zijn eigen indeling. Wil een jurist zijn wettenbundel op een juiste manier kunnen gebruiken, dan zal hij de verschillende structuren van de wetten en regelingen moeten kunnen doorgronden. Is de wet opgebouwd uit titels en/of afdelingen? Wat is eigenlijk het verschil tussen beide? Hoe dient een regeling aangehaald te worden? Voor het juist kunnen hanteren van een wettenbundel is het van belang om dergelijke vragen eerst te beantwoorden. Dat gebeurt in dit hoofdstuk.

❿❿ Algemene onderdelen van wetten en regelingen

Wettenbundel

Hoewel de meeste wettenbundels een behoorlijke omvang hebben, vormen de opgenomen regels slechts een klein gedeelte van het totaal aantal regelingen die hier in Nederland gelden. Een wettenbundel is dan ook niet meer dan een verzameling van officiële teksten van regels die voor het onderwijs interessant en noodzakelijk zijn.

Inhoud wettenbundel

In een wettenbundel treft men voornamelijk wetten in formele zin aan. Wetten in formele zin zijn wetten die tot stand zijn gebracht door de regering en de Staten-Generaal. Het is belangrijk om te beseffen dat er naast wetten in formele zin nog vele andere regels bestaan die door lagere wetgevers zijn uitgevaardigd. Denk bijvoorbeeld aan gemeentelijke en provinciale verordeningen, maar ook aan Koninklijke Besluiten of ministeriële regelingen. In dit hoofdstuk zullen we ons echter concentreren op wetten in formele zin.

Zoals gezegd kent elke wet zijn eigen structuur. Toch is er naast deze verschillen ook een aantal overeenkomsten te benoemen. Alvorens in te gaan op de verschillende manieren waarop regelingen kunnen zijn opgebouwd, zullen hierna eerst de elementen opschrift (subparagraaf 1.1.1), aanhef en considerans (subparagraaf 1.1.2), corpus (subparagraaf 1.1.3) en slot (subparagraaf 1.1.4) worden besproken. Voornoemde elementen treft men in elke regeling aan.

1.1.1 Opschrift

Unieke naam

Het opschrift is de officiële naam van een regeling. Elke regeling heeft een unieke naam. Op deze manier kan er nooit verwarring ontstaan over welke wet men op een gegeven moment bedoelt. In het opschrift treffen we tevens informatie aan over het onderwerp van de regeling en de datum van ondertekening. Om een wet gemakkelijk te kunnen aanhalen, worden de meeste wetten voorzien van een citeertitel. De citeertitel is een officiële naam waarmee de betreffende wet wordt aangeduid. De citeertitel kan over het algemeen gevonden worden in het laatste artikel van de betreffende regeling.

Citeertitel

1.1.2 Aanhef en considerans

Aanhef

De aanhef van een regeling is het stuk tekst dat voorafgaat aan de inhoudelijke regeling. In de aanhef treft men vaak een stuk standaardtekst aan waarin het wetgevingsproces duidelijk zichtbaar is. Zo komt in de aanhef van de Algemene wet bestuursrecht duidelijk tot uiting dat bij de totstandkoming van de wet de Raad van State om advies is gevraagd. Dit is af te leiden uit de woorden '*Zo is het, dat Wij, de Raad van State gehoord, en met gemeen overleg...*' Tevens is uit de woorden '*Alzo Wij in overweging genomen hebben, dat ingevolge artikel 107, tweede lid, van de Grondwet de wet algemene regels van bestuursrecht dient vast te stellen*' af te leiden waarop de wetgevingsbevoegdheid is gebaseerd en waarom de wet is gemaakt. Dit laatste gedeelte noemt men de considerans (afkomstig uit het Latijnse consideratio = overweging). In de considerans komen als het ware de beweegredenen van de wetgever tot uiting.

Considerans

1.1.3 Corpus

Kern

De daadwerkelijke kern van de regeling wordt gevormd door de inhoudelijke wetsartikelen, de regeling zelf. Dit wordt het corpus (lichaam) van de

regeling genoemd. Het corpus bestaat uit genummerde wetsartikelen die
onderling een bepaalde samenhang vertonen. Voor een goed begrip van de
afzonderlijke wetsartikelen dient men dan ook veelal de wetsartikelen in onderling verband te bezien.

1.1.4   Slot

Elke persoon die in Nederland verblijft wordt geacht de wet te kennen. Het
is mede hierom dat wetten gepubliceerd moeten worden. Pas na publicatie   **Publicatie**
treden wetten in werking omdat eenieder dan kennis heeft kunnen nemen
van hetgeen de wet bevat. Het slot van een regeling wordt dan ook gevormd
door het bevel tot publicatie. Tevens treft men in het slot onder andere de
handtekeningen aan van de vorst en de verantwoordelijke ministers en/of
staatssecretarissen. Met het zetten van deze handtekeningen wordt een wet
namelijk officieel bekrachtigd.

TUSSENVRAAG 1.1   **T 1.1**

Zoek de Werkloosheidswet op in uw wettenbundel en beantwoord de volgende vragen:
a Geef aan wat de officiële citeertitel van deze wet is en in welk wetsartikel
   u dat kunt vinden.
b Citeer die gedeeltes van de wet waarin de aanhef en de considerans tot
   uiting komen.
c Welke wetsartikelen omvat het corpus van de regeling?

Zoek de Participatiewet op in uw wettenbundel en beantwoord de volgende
vragen:
d Wanneer is de voormalige Wet werk en bijstand aangepast en heeft de
   wet de citeertitel Participatiewet gekregen?
e Wanneer is de Participatiewet voor het eerst gewijzigd na haar inwerkingtreding op 1 januari 2015?
f Citeer die gedeeltes van de Participatiewet waarin de aanhef en de considerans tot uiting komen.

1.2 Boeken, hoofdstukken, titels, afdelingen en artikelen

Om ervoor te zorgen dat een studieboek een logische en overzichtelijke
structuur heeft, is ervoor gekozen om het onder te verdelen in hoofdstukken, paragrafen en soms ook subparagrafen. Op deze manier kan de lezer
van een boek de besproken onderwerpen in een groter geheel plaatsen en
beter begrijpen. Daarnaast kan met deze onderverdeling op een snelle en
makkelijke manier een specifiek onderwerp worden teruggevonden.
Een wet en ook een wettenbundel werken eigenlijk op dezelfde manier. Als
we de opbouw van verschillende wetten bekijken komen we onder andere de
volgende termen tegen:
• boek(en) (subparagraaf 1.2.1);
• hoofdstuk(ken)/titel(s) (subparagraaf 1.2.2);
• afdeling(en) (subparagraaf 1.2.3);
• artikel(en) (subparagraaf 1.2.4).

1.2.1 Boeken

Om een omvangrijke wet overzichtelijk en hanteerbaar te maken is deze *soms* opgedeeld in boeken. Door een wet in verschillende boeken op te delen wordt een eerste onderverdeling gemaakt. Door een dergelijke onderverdeling worden bepaalde regels die betrekking hebben op hetzelfde onderwerp bij elkaar geplaatst. Nemen we het Wetboek van Burgerlijke Rechtsvordering (Rv) als voorbeeld, dan is te zien hoe de wetgever deze wet heeft opgedeeld in vier boeken. Het eerste boek gaat over de wijze waarop geprocedeerd moet worden bij de rechtbanken, de hoven en de Hoge Raad. Alle regels die hierop betrekking hebben, vinden we in het eerste boek. In het tweede boek worden de regels beschreven over de wijze waarop beslissingen van deze instanties geëffectueerd kunnen worden. Het ligt voor de hand om deze regels pas te behandelen na het vastleggen van de regels die betrekking hebben op de procedure (eerste boek). In het tweede boek wordt immers ingegaan op de regels betreffende de tenuitvoerlegging van een uitspraak. De regeling van de tenuitvoerlegging vooronderstelt de aanwezigheid van een concrete uitspraak. In het kader van volgordelijkheid dient eerst een procedure te worden gevoerd alvorens de uitspraak ten uitvoer gelegd kan worden. In het derde boek wordt de wijze van procederen in enkele bijzondere procedures geregeld. In dit geval is het ook weer logisch eerst algemene regels te bespreken alvorens op de bijzondere regels in te gaan. In het vierde, tevens laatste, boek wordt de buitengerechtelijke procedure van arbitrage beschreven. Aangezien dit geen gerechtelijke procedure is en de voorgaande boeken allemaal over gerechtelijke procedures gaan, heeft de wetgever ervoor gekozen dit onderwerp in het laatste boek te plaatsen. De vier boeken tezamen vormen het Wetboek van Burgerlijke Rechtsvordering.

1.2.2 Titels en hoofdstukken

Naast boeken komen we in wetten vaak hoofdstukken of titels tegen. Titels en hoofdstukken zijn vormen waarin een wet verder wordt onderverdeeld. Bij de onderverdeling in boeken hebben we al gezien dat de wetgever regels die in nauw verband met elkaar staan in een en hetzelfde boek heeft geplaatst. Bij de onderverdeling in titels en hoofdstukken heeft de wetgever een nog verdergaande categorisering gemaakt. Als naar de eerste drie titels van het eerste boek van Rv wordt gekeken, dan zien we de volgende onderverdeling:
- algemene bepalingen (Titel 1);
- de vorderingsprocedure in eerste aanleg (Titel 2);
- de verzoekschriftprocedure in eerste aanleg (Titel 3).

Omdat het eerste boek alleen regels bevat over de wijze van procederen zullen de betreffende titels ook alleen over dit onderwerp gaan. In de eerste titel zien we algemene bepalingen terug omtrent de wijze van procederen. In de tweede titel wordt de procedure behandeld die aanvangt met een inleidend processtuk, niet zijnde een verzoekschrift. Regels over de verzoekschriftprocedure vinden we namelijk in de derde titel. Zoals te zien is zijn de regels omtrent de wijze van procederen niet alleen bij elkaar geplaatst in één boek, maar zijn ze ook verder onderverdeeld in titels.

1.2.3 Afdelingen

Afdelingen verdelen een titel weer verder onder. De tweede titel van het eerste boek van Rv handelt over de vorderingsprocedure in eerste aanleg. De verschillende afdelingen in deze titel hebben de betreffende regels weer verder gecategoriseerd. Zo handelt de eerste afdeling van deze titel over de

Onderverdeling Rv

1

algemene bepalingen die van toepassing zijn op de vorderingsprocedure in eerste aanleg. De tweede afdeling gaat in op de wijze van procederen (Boek 1) in een vorderingsprocedure (Titel 2) bij de kantonrechter (Afdeling 2). Op deze manier kan op een logische manier vanuit een wet steeds verder 'afgezakt' worden naar een specifieke regel.

1.2.4   Artikelen

De kern van een regeling wordt gevormd door wetsartikelen. Wetsartikelen zijn net als hoofdstukken, titels en afdelingen genummerd. Kenmerkend is dat de wetsartikelen vaak zijn genummerd door middel van cijfers. Daarnaast loopt de nummering vaak door. Zo begint het tweede boek van het Wetboek van Burgerlijke Rechtsvordering met artikel 430. Niet elk boek en elke titel of afdeling begint steeds weer met artikelnummer één. Op deze manier is het duidelijk dat het tweede boek niet op zichzelf staat, maar onderdeel uitmaakt van de totale wet. De wijze waarop wetsartikelen opgebouwd zijn, zal besproken worden in hoofdstuk 2. In figuur 1.1 is het hiervoor genoemde schematisch weergegeven.

FIGUUR 1.1 Opbouw Wetboek van Burgerlijke Rechtsvordering

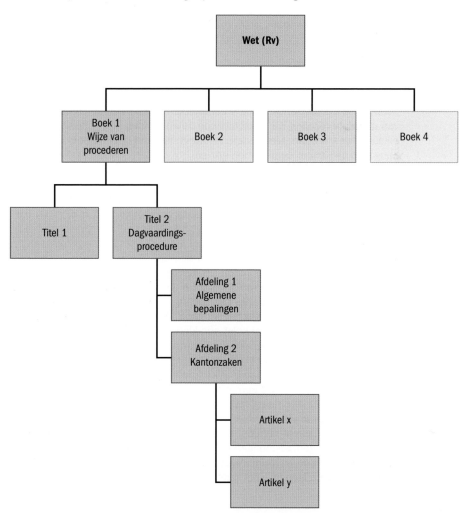

T 1.2

TUSSENVRAAG 1.2
a Beschrijf zo nauwkeurig mogelijk de indeling van de Wet op de rechterlijke organisatie en geef aan waarom u deze wel of niet logisch vindt.
b Geef aan waarom er door de wetgever bij de indeling gebruik is gemaakt
  van hoofdstukken, afdelingen en paragrafen en niet van boeken.
c In welk hoofdstuk en/of afdeling vindt u het wetsartikel waarin omschreven wordt welke gerechten tot de rechterlijke macht behoren?
d Zoek de Participatiewet op en geef aan voor welke indelingssystematiek
  de wetgever heeft gekozen.

◼1.3 Structuur van het Burgerlijk Wetboek

Het oorspronkelijke Burgerlijk Wetboek stamt uit 1838. Het wetboek had
ruim honderd jaar trouwe dienst erop zitten toen de toenmalige regering tot
de conclusie kwam dat het wetboek niet meer voldeed aan de eisen van die
tijd. Het wetboek moest worden gemoderniseerd. In 1947 kreeg de Leidse
hoogleraar E.M. Meijers van de regering de opdracht het gehele Burgerlijk
Wetboek te herzien. Hoewel in het 'oude' wetboek alle wetsartikelen waren
doorgenummerd, werd besloten het 'nieuwe' wetboek op te delen in verschillende boeken. Deze boeken tezamen vormen thans het ons bekende
'nieuw' Burgerlijk Wetboek (BW). Dat de procedure van wetgeving traag is,
blijkt uit het feit dat de vernieuwing van het BW tot op heden nog steeds
niet afgerond is.

Acht boeken
Om ervoor te zorgen dat deze omvangrijke regeling overzichtelijk en toegankelijk is, heeft de wetgever de regeling onderverdeeld in acht verschillende
boeken. De verschillende boeken behandelen steeds een deelonderwerp
van de totale regeling. De verschillende delen kunnen niet geheel los van
elkaar gezien worden. Met andere woorden: het ene deel moet in samenhang met een ander deel worden gezien.
Omdat het BW zoals gezegd nog niet geheel herzien is, zullen wij ons hierna
beperken tot de eerste zeven boeken. Na een korte uiteenzetting over de
inhoud van het BW (subparagraaf 1.3.1) zullen de gelaagde structuur van
(subparagraaf 1.3.2) en de schakelbepaling (subparagraaf 1.3.3) in het BW
worden besproken.

1.3.1 Inhoud van het BW

Boek 1 BW
Boek 1 BW gaat over het personen- en familierecht. In dit boek zijn onder
andere regels te vinden met betrekking tot de naam, de woonplaats, het huwelijk, adoptie en het gezag over minderjarige kinderen. Het zijn regels die
direct over een persoon of zijn familie gaan. Wie zijn eigenlijk de ouders van
een kind? Welke achternaam krijgt een kind als het geboren wordt? Hoe
treed je in het huwelijk? Allemaal vragen waarop het eerste boek van het
BW antwoord geeft.

In het juridische jargon noemen we mensen van vlees en bloed natuurlijke
personen. De wet kent naast natuurlijke personen ook rechtspersonen. Dit
zijn dus geen personen van vlees en bloed, maar personen die juridisch gezien wel bestaansrecht hebben. Dergelijke (rechts)personen kunnen onder
andere verenigingen, stichtingen en besloten vennootschappen (bv's) zijn. In
Boek 2 BW
Boek 2 BW heeft de wetgever regels opgenomen over deze verschillende
rechtspersonen. Eigenlijk vindt u net als in het eerste boek allerlei regels

over familiebanden van rechtspersonen. Is het ene bedrijf juridisch gezien familie van het andere bedrijf? Aangezien een bedrijf zelf niet kan nadenken en handelen, zijn er in dit boek ook regels opgenomen over de wijze waarop een onderneming bestuurd dient te worden. Welke bevoegdheden heeft de bestuurder van een bedrijf? Welke bevoegdheden hebben de aandeelhouders? Kortom, in het tweede boek treft men een hoeveelheid regels omtrent rechtspersonen aan.

Zodra een persoon geboren wordt of een rechtspersoon opgericht wordt, heeft hij/zij een vermogen. Ouders openen een spaarrekening voor hun kind of het kind krijgt een knuffel bij zijn geboorte. Een bedrijf koopt voor zijn productieproces een machine bij een ander bedrijf. Met andere woorden: elke natuurlijke persoon of rechtspersoon heeft een vermogen. Dit vermogen is uiteraard geen statisch geheel maar is continu in beweging. Zo zal een kind iets van zijn zakgeld willen kopen en een bedrijf zal de geproduceerde artikelen willen verkopen aan zijn klanten. Het vermogen van de betreffende (rechts)persoon is dus steeds aan verandering onderhevig. Het vermogen zal de ene keer toenemen en de andere keer afnemen. Algemene regels over de wijze waarop men vermogen kan verkrijgen en verliezen vinden we terug in Boek 3 BW.

Boek 3 BW

Indien iemand komt te overlijden, zou de vraag gesteld kunnen worden wie het vermogen van de betreffende persoon erft. Hoe kan iemand ervoor zorgen dat na zijn dood zijn vermogen toekomt aan een bepaalde persoon? In Boek 4 BW, dat gaat over het erfrecht, kunnen de antwoorden op deze vragen gevonden worden.

De wetgever vond het nodig om een aantal onderwerpen specifiek te regelen. Zoals gezegd wordt in het derde boek het algemeen vermogensrecht geregeld. Een aantal onderwerpen dat we in algemene zin terugvinden in Boek 3, is bijvoorbeeld gedetailleerder geregeld in Boek 5 en Boek 6 BW. Zo vinden we in Boek 5 regels over het goederenrecht terug. Het goederenrecht gaat over eigendom, erfpacht, erfdienstbaarheid enzovoort. In het zesde boek vinden we regels met betrekking tot verbintenissen en overeenkomsten. Omdat bepaalde overeenkomsten veel voorkomen en vragen om meer specifieke regels, heeft de wetgever in Boek 7 BW bijvoorbeeld regels omtrent de koopovereenkomst neergelegd. Maar ook de huurovereenkomst en de arbeidsovereenkomst vinden we in dit boek geregeld. Het betreft de categorie van de 'benoemde overeenkomsten'.

Boek 5 en
Boek 6 BW

Boek 7 BW

TUSSENVRAAG 1.3   T 1.3
a In welk boek/titel/artikel vindt u het eigendomsrecht omschreven?
b In welk boek/titel/afdeling/artikel wordt de schenkingsovereenkomst omschreven?
c Schrijf de namen op van Boek 3, 5, 6 en 7 BW en beschrijf in het kort de globale inhoud van het betreffende boek.

1.3.2   Gelaagde structuur van het BW
De wetgever heeft ervoor gekozen om het BW op te bouwen uit verschillende lagen. Deze wetgevingstechniek in het BW wordt de gelaagde structuur genoemd. Door het BW op te bouwen in verschillende lagen, is voorkomen dat bij elk onderwerp de algemene regels herhaald moeten worden. We zullen dit aan de hand van voorbeeld 1.1 illustreren.

VOORBEELD 1.1

De iPad van Tom

Tom heeft zijn oog laten vallen op een mooie iPad en besluit naar de Apple-store te gaan om de iPad te bekijken. De verkoper laat Tom weten dat de iPad €399 kost. Tom be-sluit de iPad te kopen en betaalt de verko-per €399. De verkoper overhandigt de doos met de iPad, waarna Tom tevreden de winkel uitloopt.

Rechtshandeling

In art. 3:33 BW (zie voor wijze van citeren paragraaf 1.6) wordt de totstandko-ming van een rechtshandeling geregeld. Een rechtshandeling is een handeling die een bepaald juridisch (rechts)gevolg teweegbrengt. In het betreffende arti-kel is te lezen dat hiervoor een wil aanwezig moet zijn, die zich door een ver-klaring heeft geopenbaard. In casu bestaat de wil van de verkoper eruit dat hij de iPad wil verkopen en de wil van Tom om de iPad te kopen. Doordat de ver-koper dit aan Tom meldt en Tom de €399 betaalt, hebben de verschillende 'willen' zich geopenbaard. De conclusie kan dan ook zijn dat er een rechts-handeling (een handeling met juridische gevolgen) tot stand is gekomen.

In dit geval ging het om de verkoop van een iPad. Een andere mogelijkheid is dat iemand de wil heeft om zijn gehele vermogen na zijn dood aan een persoon na te laten. Deze wil laat hij in een testament bij de notaris vastleg-gen. Aangezien er hier ook sprake is van een wil die zich door een verklaring heeft geopenbaard, komt ook hier een rechtshandeling tot stand.

Overeenkomst

Indien we teruggaan naar voorbeeld 1.1, dan zouden we kunnen conclude-ren dat er naast een rechtshandeling tevens sprake is van een overeen-komst. In art. 6:217 BW is namelijk te lezen dat voor een overeenkomst een aanbod van de een en een aanvaarding van de ander nodig is. In casu is dit het geval, aangezien de verkoper een iPad voor €399 aanbiedt en Tom het betreffende aanbod aanvaardt. Met andere woorden, er is zowel sprake van een rechtshandeling als van een overeenkomst. Dit in tegenstelling tot het voorbeeld van het testament. Immers bij het opmaken van een testament is er geen sprake van een aanbod en een aanvaarding. Kortom: het opmaken van een testament is wel een rechtshandeling maar geen overeenkomst.

Op basis van het hiervoor genoemde zouden we dus kunnen concluderen dat de algemene regel (de basisregel) over het ontstaan van een rechtshandeling het fundament vormt. De vereisten die gesteld worden aan meer specifieke onderwerpen, zoals de overeenkomst of het testament (bijzondere vormen van rechtshandelingen), vinden we terug in de boeken die daarop volgen.

Koopovereen-komst

Op basis van de gegeven casus zouden we nog een stap verder kunnen gaan. In Boek 7 treffen we namelijk nog specifieke regels aan omtrent een *koopovereenkomst*. Een koopovereenkomst is een specifiek geregelde over-eenkomst. Art. 7:1 BW zegt dat van een koopovereenkomst gesproken kan worden wanneer de een verplicht is een zaak te verschaffen en de ander daarvoor een prijs in geld moet betalen.

Samenvattend is er voor een koopovereenkomst dus nodig:
- een wil die zich door een verklaring heeft geopenbaard (art. 3:33 BW);
- een aanbod en een aanvaarding daarvan (art. 6:217 BW);
- een zaak waarvoor een prijs in geld wordt betaald (art. 7:1 BW).

Door middel van de gelaagde structuur wordt voorkomen dat zowel de elementen uit Boek 3 als die uit Boek 6 opnieuw omschreven moeten worden in Boek 7. De gelaagde structuur van het BW maakt het niet gemakkelijk te achterhalen, welke artikelen in een bepaalde situatie van toepassing zijn. Het is daarom noodzakelijk dat men de opbouw van een regeling weet te doorgronden. Overigens is dit niet een vaardigheid die men zich van de een op de andere dag kan eigen maken. Het vergt dan ook veel oefening.

Als men eenmaal de verschillende wetsartikelen heeft kunnen vinden, kan zich het probleem voordoen dat de artikelen tegenstrijdige informatie bevatten. In een dergelijk geval zal men de volgende regels moeten toepassen:

1 In geval van strijdige regels gaan de bijzondere wetsartikelen (specifieke   **Strijdige regels**
regel) voor de algemene wetsartikelen (hoofdregel). In de hiervoor genoemde casus (voorbeeld 1.1) betekent dit dat de regels uit Boek 7 voor de regels uit Boek 6 en 3 gaan en de regels uit Boek 6 gaan voor de regels uit Boek 3.
2 Ingeval de regels uit één en hetzelfde boek in strijd met elkaar zijn, gaat het meest specifieke wetsartikel voor het meer algemene wetsartikel.

In figuur 1.2 is de gelaagde structuur van het BW schematisch weergegeven.

FIGUUR 1.2 Opbouw Burgerlijk Wetboek

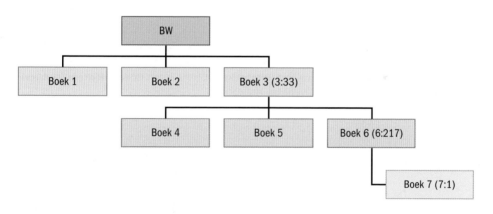

TUSSENVRAAG 1.4   T 1.4
a Na een avondje stappen blijkt de fiets van Daan te zijn gestolen. Martien heeft nog een oude fiets staan. Zij geeft haar reservefiets aan Daan en zegt: 'Je mag hem houden. Ik wil er verder niets voor terug.' Welke artikelen zijn van toepassing om te kunnen bepalen of hier een (schenkings)overeenkomst tot stand is gekomen?
b Stel dat wetsartikel 175 van Boek 7 van het BW in strijd is met wetsartikel 33 van Boek 3 BW. Welk wetsartikel gaat dan voor en waarom?

1.3.3   Schakelbepalingen in het BW

In subparagraaf 1.3.2 is de koopovereenkomst de revue gepasseerd. Uit art. 7:1 BW is duidelijk geworden dat we slechts over een koopovereenkomst kunnen spreken als de ene partij een zaak geeft aan de andere partij die hiervoor een prijs in geld betaalt. Stel dat de wederpartij niet een prijs in geld betaalt, maar in plaats daarvan een andere zaak geeft. In een dergelijk geval spreken we niet van een koopovereenkomst maar van een ruilovereenkomst. Aangezien beide overeenkomsten veel gelijkenis vertonen, heeft de wetgever niet geheel nieuwe regels willen uitvaardigen met betrekking tot de ruilovereenkomst. Hoewel het twee verschillende overeenkomsten zijn, worden de regels van de koopovereenkomst ook van toepassing verklaard op de ruilovereenkomst. Dat blijkt uit art. 7:50 BW. Dit wetsartikel zegt:

> 'De bepalingen betreffende koop vinden overeenkomstige toepassing, met dien verstande dat elke partij wordt beschouwd als verkoper voor de prestatie die zij verschuldigd is, en als koper voor welke haar toekomt.'

Kortom, door deze bepaling zijn alle regels over koop, zoals opgenomen in Titel 1 van Boek 7, eveneens op een ruilovereenkomst van toepassing.

Schakelbepaling

Een wetsartikel dat bepalingen van toepassing verklaart buiten bijvoorbeeld de afdeling, titel en/of wet waarin de betreffende bepalingen zijn opgenomen, wordt een *schakelbepaling* genoemd. In voornoemd geval is art. 7:50 BW de schakel die ervoor zorgt dat de bepalingen omtrent koop ook van toepassing zijn op de ruilovereenkomst. De schakelbepaling zorgt daarmee ook voor een bepaalde mate van gelaagdheid in het BW. Schakelbepalingen kan men op verschillende plaatsen in de wet tegenkomen. Meestal staan zij aan het begin of het einde van een afdeling, titel of hoofdstuk.

T 1.5

TUSSENVRAAG 1.5
a Leg uit waarom wetsartikel 98 van Boek 3 BW een schakelbepaling is.
b Leg uit wat wetsartikel 216 van Boek 6 BW bepaalt.
c Bent u van mening dat wetsartikel 105 lid 3 van Boek 5 BW een schakelbepaling is? Motiveer uw antwoord.
d Leg uit wat artikel 22 van de Wet werk en inkomen naar arbeidsvermogen bepaalt.

1.4 Structuur van de Algemene wet bestuursrecht

De Algemene wet bestuursrecht (Awb) regelt de verhouding tussen burger en (openbaar) bestuur (veelal de centrale of decentrale overheid). De Awb is een relatief jonge wet. In 1994 is begonnen met de invoering ervan. De wet **Tranches** bestaat uit vier gedeelten (tranches).

Elf hoofdstukken

In tegenstelling tot het BW kent de Awb geen boeken. De Awb is opgebouwd uit elf hoofdstukken. De hoofdstukken zijn verder onderverdeeld in titels en/of afdelingen. In subparagraaf 1.2.4 hebben we gezien dat in het Wetboek voor Burgerlijke Rechtsvordering de wetsartikelen doorgenummerd zijn. In het BW begint elk boek met een nieuwe nummering. De Awb heeft weer een andere vorm. In de Awb begint elk hoofdstuk weliswaar met een nieuwe nummering, maar de nummering van de wetsartikelen wordt voorafgegaan door het nummer van het hoofdstuk waarin het wetsartikel is geplaatst. Zo is artikel 1 van Hoofdstuk 3 als volgt genummerd: 3:1. Hoewel de wijze van noteren dezelfde is als die van het BW, wordt het anders uitgesproken. We zullen hierop terugkomen in paragraaf 1.6. Hierna gaan we in op de gelaagde structuur (subparagraaf 1.4.1) en de schakelbepalingen van de Awb (subparagraaf 1.4.2).

1.4.1 Gelaagde structuur van de Awb

De Awb is net als het BW op een gelaagde manier opgebouwd. Zowel de opbouw tussen de hoofdstukken als de opbouw binnen de hoofdstukken wordt gekenmerkt door een gelaagde structuur.

In art. 1:3 Awb wordt beschreven wat onder een besluit en een beschikking moet worden verstaan. Hieruit blijkt dat een beschikking een specifieke vorm van een besluit is. De term besluit is dus een overkoepelende term. In Hoofdstuk 3 en Hoofdstuk 4 worden nadere regels omtrent besluiten en beschikkingen gegeven. Om de artikelen uit deze hoofdstukken te kunnen begrijpen, zullen zij gelezen moeten worden in het licht van art. 1:3 Awb. Met andere woorden, de wetgever heeft de algemene regelingen uit Hoofdstuk 1 niet nogmaals opgenomen in de meer specifiekere hoofdstukken. Deze werkwijze duidt net als bij het BW op een gelaagde structuur.

1.4.2 Schakelbepalingen in de Awb

Ook in de Awb komen we schakelbepalingen tegen. Deze bepalingen verklaren evenals in het BW bepaalde regelingen van toepassing buiten de betreffende wet of afdeling of het betreffende hoofdstuk. Een goed voorbeeld daarvan vormt art. 10:45 Awb dat de bepaling over de vernietiging van een besluit door een bestuursorgaan, ook gedeeltelijk van toepassing verklaart op de schorsing van een besluit. Bij het lezen van toepasselijk verklaarde wetsartikelen dient men als het ware steeds het woord vernietiging te vervangen door het woord schorsing. Art. 10:36 Awb moet dus als volgt gelezen worden: een besluit kan alleen dan gedeeltelijk worden *geschorst*, indien gedeeltelijke instandhouding strookt met aard en inhoud van het besluit.

1.5 Structuur van de wettenbundel

Wettenbundels komt men in allerlei verschijningsvormen tegen. Het is dan ook goed om te beseffen dat een wettenbundel een verzameling van regelingen is die door een uitgever is samengesteld. Hoewel de wetteksten in de bundels hetzelfde zijn, verschilt elke wettenbundel qua indeling, omvang en vormgeving. Het hangt dan ook van de persoonlijke voorkeuren van eenieder af welke wettenbundel hij/zij gebruikt.
Meestal wordt er door een onderwijsinstelling een bepaalde wettenbundel voorgeschreven. Wij raden aan om de voorgeschreven wettenbundel te gebruiken aangezien de opgenomen regelingen per wettenbundel kunnen verschillen.

De regelingen die in wettenbundels zijn opgenomen, worden door een uitgever gegroepeerd. Zo worden zowel de regelingen van publiekrecht als die van privaatrecht bij elkaar geplaatst. De indeling is dus gebaseerd op samenhang en niet op bijvoorbeeld alfabetische volgorde. Indien het aantal door de uitgever geselecteerde regelingen te groot is om in een bundel te worden opgenomen, is er vaak voor gekozen om de regelingen te verdelen over twee boeken. In dergelijke gevallen treft men vaak een bundel privaatrechtelijke regelingen en een bundel publiekrechtelijke regelingen aan.

Indeling naar publiek- en privaatrecht

1

Tabs

Bij aanschaf van een wettenbundel worden er vaak zelfklevende *tabs* bijgeleverd. Deze tabs kunnen worden gebruikt om bepaalde regelingen gemakkelijker terug te kunnen vinden.

Aan de zijkant van de wettenbundel zijn ook nogal eens grijze vlakken aangebracht waardoor de ene regeling gemakkelijk te onderscheiden is van de andere regeling. Aan het begin van elke regeling kan een tab worden aangebracht waardoor de regeling gemakkelijk is op te slaan.

Margeteksten

Naast de grijze vlakken treffen we altijd zogenoemde *margeteksten* aan. Margeteksten geven in enkele woorden de inhoud van het betreffende wetsartikel weer. Hierdoor kan bij het zoeken naar een bepaald wetsartikel op eenvoudige wijze de kern van een wetsartikel worden achterhaald. De margeteksten maken geen officieel onderdeel uit van de wettekst maar zijn door de uitgever slechts ten behoeve van de gebruiker bij de wetsartikelen geplaatst. Om de precieze inhoud van een wetsartikel te achterhalen, moet het wetsartikel altijd in zijn geheel worden gelezen.

Verwijzings-artikelen

Naast de margeteksten treft men regelmatig *verwijzingsartikelen* aan. De verwijzingsartikelen kan men vinden achteraan een lid (onderdeel van een artikel) en/of wetsartikel. De verwijzingartikelen zijn tussen haakjes geplaatst. De betreffende artikelen verwijzen naar aanverwante wetsartikelen. Dergelijke verwijzingsartikelen kunnen een goede hulp zijn om een bepaalde toepasselijke bepaling te achterhalen. Net als bij de margeteksten zijn de verwijzingsartikelen opgenomen door de uitgever en maken zij dus geen officieel deel uit van de betreffende regeling.

1.6 Citeren uit een regeling

In paragraaf 1.7 zal het zoeken naar een wetsartikel centraal staan. In deze paragraaf zal eerst besproken worden hoe een eenmaal gevonden wetsartikel geciteerd/aangehaald moet worden.

Bij het uitzoeken van een juridisch probleem gaat men veelal op zoek naar een bepaling die enige duidelijkheid geeft over wat rechtens is. Indien men een dergelijke bepaling gevonden heeft en daarover een verhandeling of juridisch beroepsproduct moet schrijven, zal men de lezer duidelijk willen maken over welke bepaling men het heeft. In het juridische vak is het niet gebruikelijk om wetsartikelen geheel over te schrijven. Dit zou ten eerste onnodig veel tijd in beslag nemen en daarnaast heeft elke jurist de beschikking over een wettenbundel waarin de betreffende bepaling nagelezen kan worden. Om te voorkomen dat ieder zijn eigen citeerwijze gebruikt, is er in het juridische beroepenveld een aantal ongeschreven regels ontstaan die de wijze van citeren regelen. Hierna hebben wij de belangrijkste regels op een rij gezet.

Geen pagina-nummers

Wetsartikelen mogen nooit aangehaald worden met behulp van de paginanummers uit een wettenbundel. Dat is goed te begrijpen als bedacht wordt dat elke wettenbundel een andere indeling heeft en de paginanummers van wettenbundel A nooit exact corresponderen met de paginanummers van wettenbundel B.

Wijze van citeren

Bij het aanhalen van een bepaling dient alleen het wetsartikel en de betreffende regeling vermeld te worden. Titels, hoofdstukken en/of afdelingen worden niet vermeld. Indien art. 310 van het Wetboek van Strafrecht moet worden aangehaald, dan wordt dit als volgt genoteerd: art. 310 Sr. (artikel gevolgd door afkorting van de betreffende regeling).

Op deze algemene regeling bestaan echter uitzonderingen. Bestaat een wet uit meerdere boeken en begint elk boek met een nieuwe nummering, dan is het zaak het nummer van het boek *wel* te vermelden. In een dergelijk geval zou er anders verwarring kunnen ontstaan over welk wetsartikel men uit de betreffende wet bedoelt. Een goed voorbeeld hiervan vormt het BW. Zouden we artikel 33 van Boek 3 van het BW willen aanhalen, dan kunnen we niet volstaan met art. 33 BW. Immers, het is dan onduidelijk of artikel 33 van Boek 2, Boek 3, Boek 4 enzovoort wordt bedoeld. We beginnen met het noemen van het nummer van het boek, gevolgd door het artikel. In voornoemd geval schrijft men dan art. 3:33 BW. De Awb vormt ook zo'n uitzondering op de algemene regel. De Awb bestaat weliswaar niet uit verschillende boeken maar wel uit verschillende hoofdstukken. Deze hoofdstukken vangen steeds weer aan met een nieuwe nummering. Om deze reden dient ook hier het wetsartikel voorafgegaan te worden door het nummer van het hoofdstuk waarin het artikel is geplaatst. Artikel 2 van Hoofdstuk 6 schrijft men dus als volgt: art. 6:2 Awb.

De regeling die aangehaald wordt, schrijft men over het algemeen niet voluit. We schrijven dus niet art. 3:33 Burgerlijk Wetboek maar art. 3:33 BW. (Gaandeweg uw studie zult u zich de diverse gebruikelijke afkortingen van regelingen vanzelf eigen maken.)

Uitzonderingen

Het *uitspreken* van een dergelijke notatiewijze is weer anders dan het schrijven. In het geval van art. 3:33 BW zeggen we namelijk niet: 'drie dubbele punt drieëndertig BW' maar: 'artikel 33 Boek 3 BW'. Bij de Awb zeggen we niet: 'artikel 2 van Hoofdstuk 6 Awb' maar: 'artikel zes, twee Awb'.

Uitspreken

In veel gevallen moeten wetsartikelen in samenhang met elkaar gelezen worden. Stel dat we de lezer duidelijk willen maken dat in geval X de artikelen 3:33 BW en 3:35 BW in samenhang gelezen moeten worden. In een dergelijk geval plaatsen we dan een jo. (juncto) tussen de artikelen: art. 3:33 jo. 3:35 BW.

Om ervoor te zorgen dat de lezer (of toehoorder) precies weet welk gedeelte van een wetsartikel van toepassing is, moet zo precies mogelijk aangegeven worden op welk tekstgedeelte uit het betreffende wetsartikel gedoeld wordt. Aangezien wetsartikelen vaak onderverdeeld zijn in leden en/of subs (zie hiervoor hoofdstuk 2), moet het betreffende lid waar men het oog op heeft worden genoemd.

TUSSENVRAAG 1.6   **T 1.6**

Noteer de volgende artikelen op de juiste wijze en omschrijf de inhoud van de betreffende artikelen in eigen woorden:
a   artikel 287 van het Wetboek van Strafrecht;
b   artikel 273f van het Wetboek van Strafrecht;
c   artikel 74 van het zesde boek van het Burgerlijk Wetboek;
d   artikel 3 van het eerste hoofdstuk van de Algemene wet bestuursrecht;
e   artikel 151 van het eerste boek van het Burgerlijk Wetboek.

◼1.7 Zoekmethoden

Het zoekproces naar een bepaald wetsartikel is geen gemakkelijke opgave. De duizenden artikelen in een wettenbundel vergemakkelijken het zoekproces bepaald niet. Het is dan ook niet vreemd dat veel studenten zichzelf vaak de vraag stellen hoe zij het 'juiste' wetsartikel kunnen vinden. In deze paragraaf zullen twee zoekmethoden besproken worden, te weten de systematische methode (subparagraaf 1.7.1) en de registermethode (subparagraaf 1.7.2). Vooraf dient echter wel te worden opgemerkt dat de vaardigheid van het zoeken naar een wetsartikel alleen aangeleerd kan worden door *heel vaak* te oefenen (zoals dat overigens voor elke vaardigheid geldt).

1.7.1 Systematische methode

Uit het voorgaande is gebleken dat wetsartikelen niet zomaar ergens in een wet worden geplaatst, maar dat daar een bepaalde systematiek achter zit.

Van algemeen naar bijzonder

Zo zijn veel wetten opgebouwd van algemeen naar bijzonder. Daarnaast treft men vaak een bepaalde volgorde aan. Zo hebben we gezien dat het Wetboek van Burgerlijke Rechtsvordering (Rv) eerst de dagvaardingsprocedure behandelt en daarna pas de tenuitvoerlegging van een rechterlijke beslissing. Wil een jurist op basis van de systematische zoekmethode een bepaald wetsartikel kunnen vinden, dan is het noodzakelijk dat hij de opbouw van een wet kan doorgronden.

Inhoudsopgave

In wettenbundels treft men vaak aan het begin van een wet een inhoudsopgave aan. Uit deze inhoudsopgave kan worden opgemaakt hoe de betreffende wet is vormgegeven. Voorwaarde is uiteraard wel dat men weet dat de bepaling waarnaar men op zoek is in een bepaalde wet staat. We zullen dit aan de hand van voorbeeld 1.2 illustreren.

VOORBEELD 1.2

De echtscheiding

Het huwelijk van mevrouw Fokkens en de heer Zeilstra heeft zijn beste tijd gehad. Als zij u de vraag stellen aan welke voorwaarden voldaan moet worden om het huwelijk te ontbinden, zou u op basis van de systematische zoekmethode als volgt te werk kunnen gaan.

U moet weten dat de regeling die ziet op de ontbinding van het huwelijk tot het privaatrecht behoort. De bepalingen die betrekking hebben op het personen- en familierecht kunnen gevonden worden in het eerste boek van het BW. Hoewel u nog niet weet welk wetsartikel van toepassing is en/of wetsartikelen van toepassing zijn, hebt u met deze kennis al een behoorlijke schifting gemaakt. Als nu gekeken wordt naar de opbouw van het eerste boek, dan zien we in de inhoudsopgave dat Titel 9 over de ontbinding van het huwelijk gaat. Wordt de betreffende titel opgeslagen, dan zien we in art. 1:151 BW dat het huwelijk duurzaam moet zijn ontwricht.

Zoals uit voorbeeld 1.2 blijkt, is voor het hanteren van de systematische zoekmethode een bepaalde voorkennis vereist. Het is mede hierom dat in het begin van uw studie (waarin uw kennis nog beperkt zal zijn) deze methode geen gemakkelijke weg is om de juiste wetsartikelen te selecteren. Toch verdient op langere termijn deze zoekmethode de voorkeur. Immers als u zich de opbouw van een wet eigen maakt, zullen het begrip en de kennis over die wet steeds verder toenemen. Uiteindelijk bespaart het u veel tijd en zullen uw competenties op het juridisch vlak beter worden.

1.7.2 Registermethode

De registermethode gaat niet zozeer uit van de systematiek van een wet, maar is gebaseerd op het trefwoordenregister dat u achterin uw wettenbundel vindt. In iedere wettenbundel treft u een dergelijk register aan. De uitgever heeft achter de trefwoorden het wetsartikel opgenomen dat over het betreffende onderwerp handelt. Tevens treft u een Romeins cijfer aan. Dit Romeinse cijfer verwijst naar de regeling waarin het betreffende wetsartikel gevonden kan worden. Onderaan elke pagina van een regeling ziet u de verschillende Romeinse cijfers terug.

Trefwoorden
Romeins cijfer

De registermethode is vooral handig als u niet weet in welke regeling een bepaald wetsartikel teruggevonden kan worden. Op het eerste gezicht lijkt dit een veel snellere en efficiëntere zoekmethode dan de systematische zoekmethode. Ook deze methode vereist echter een specifieke vaardigheid. Bij het zoeken via het trefwoordenregister dient u zich steeds te bedienen van de juiste juridische termen. Ook dit zullen we illustreren aan de hand van een voorbeeld (voorbeeld 1.3).

VOORBEELD 1.3

De machine

Stel bedrijf X sluit een overeenkomst met bedrijf Y die inhoudt dat eerstgenoemde een machine moet leveren aan laatstgenoemde. Bedrijf X komt echter de afspraken uit de overeenkomst niet na. Bedrijf Y lijdt hierdoor schade en wil deze vergoed zien.
De vraag is nu hoe u bij de juiste bepaling terechtkomt die op deze overeenkomst van toepassing is. Alvorens in het trefwoordenregister te kunnen gaan zoeken zult u de situatie eerst moeten vertalen in een juridische

term. U moet met andere woorden een juridische term formuleren die de lading dekt. Stel, u heeft deze situatie gekwalificeerd als 'wanprestatie'. Indien u deze term zoekt in het trefwoordenregister zult u niet ver komen. De term wanprestatie komt namelijk niet voor. Zoekt u echter op de term 'tekortkoming in de nakoming' dan zal het trefwoordenregister u verwijzen naar art. 6:74 BW.

Uit voorbeeld 1.3 is duidelijk geworden dat het gebruik van het trefwoordenregister de vaardigheid vereist om dagelijkse termen om te kunnen zetten in juridische termen. Naarmate u zich het juridische jargon meer eigengemaakt heeft, zal dit steeds gemakkelijker gaan.

Oefenen met beide zoekmethoden
Zie voor een schematische weergave van de verschillende zoekmethoden figuur 1.3.

FIGUUR 1.3 Zoekmethoden

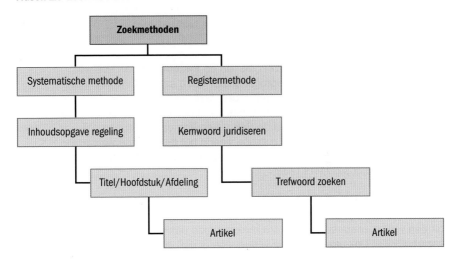

T 1.7

TUSSENVRAAG 1.7

Lees de volgende gedeelten uit diverse krantenartikelen en beantwoord vervolgens de daarbij behorende vragen.

HET PAROOL, 10 NOVEMBER 2017

Celstraf voor diefstal 117 laptops uit ziekenhuis

AMSTERDAM – Een 27-jarige man heeft deze week een celstraf van 15 maanden gekregen omdat hij tussen januari en mei van dit jaar maar liefst 117 laptops heeft gestolen uit het VUmc

a Zoek op basis van de systematische zoekmethode naar wetsartikelen waarin diefstal geregeld is. Geef daarbij de diverse stappen aan die u heeft gezet om het juiste wetsartikel te vinden.

b In welke wetsartikelen is geregeld wie belast is met de vervolging van strafbare feiten? Licht toe hoe u tot uw antwoord bent gekomen.

DE VOLKSKRANT, 6 NOVEMBER 2017

'Imago van Limburg als provincie van vriendjespolitiek is volstrekt onterecht'

Terwijl het hoger beroep in zijn corruptie-zaak dinsdag begint, is Jos van Rey nog raadslid en Statenlid. Er zijn nu eenmaal geen sancties voor politici, zegt commissaris van de Koning Theo Bovens. Dat zou hij graag anders zien.

c Zoek op basis van de registermethode naar het wetsartikel waarin de samenstelling van het provinciebestuur is geregeld. Leg uit waarom dat juist in die betreffende wet is geregeld.

d De provincie Limburg heeft ruim 1,1 miljoen inwoners. Uit hoeveel leden bestaan de Provinciale Staten van Limburg?
   Licht toe welke stappen u heeft gezet om tot uw antwoord te komen.

NRC, 7 MAART 2017
_____

Strijd om TMG ontaardt in juridisch gevecht

De ondernemingsraad en John de Mol vechten het besluit van de commissarissen aan bij de Ondernemingskamer. Zowel de Centrale Ondernemingsraad (COR) van Telegraaf Media Groep als John de Mol vechten de keus van TMG voor het Belgische Mediahuis aan bij de rechter. De COR ziet zich 'genoodzaakt' naar de rechter te stappen.

---

e Stel er zijn 1999 werkzame personen bij TMG. Uit hoeveel leden bestaat de ondernemingsraad dan? Leg uit hoe u tot uw antwoord bent gekomen.

f Welke algemene en bijzondere bevoegdheden heeft een ondernemingsraad volgens de wet? Geef aan in welk(e) wetsartikel(en) u het (de) antwoord(en) heeft gevonden.

Samenvatting

In dit eerste hoofdstuk staat de opbouw van wetten en wettenbundels centraal. Hoewel elke wet zijn eigen opbouw kent, is er een aantal gemeenschappelijke onderdelen te ontdekken. Zo kunnen in iedere wet de onderdelen opschrift, aanhef, considerans, corpus en slot teruggevonden worden. Naast deze algemene onderdelen treffen we in wetten boeken, titels, hoofdstukken, afdelingen en artikelen aan. Deze onderdelen verdelen het totale lichaam van wet verder onder.

Zowel het BW als de Awb is volgens de gelaagde structuur opgebouwd. Deze gelaagde structuur kan vooral teruggevonden worden in de betreffende boeken respectievelijk hoofdstukken die zich kenmerken door een opbouw van algemeen naar bijzonder. De gelaagde structuur komt ook tot uiting in diverse schakelbepalingen. Schakelbepalingen verklaren bepaalde gedeelten van een wet van overeenkomstige toepassing buiten het betreffende boek, titel, hoofdstuk, afdeling en/of wet waarin zij te vinden zijn.

Het vinden van toepasselijke bepalingen in een wettenbundel is geen gemakkelijke opgave. Aan de hand van een tweetal methodes kan een wetsartikel in een wettenbundel teruggevonden worden. Beide methodes vergen wel de nodige vaardigheden en kennis. Is een wetsartikel eenmaal gevonden, dan dient het wetsartikel op een juiste wijze te worden aangehaald. De wijze van aanhalen verschilt van regeling tot regeling.

2

Ontleden van wetsartikelen

Rechtsregels zijn vaak geschreven in algemene bewoordingen. De reden hiervan is dat in onze moderne en complexe samenleving het ondoenlijk zou zijn voor elke situatie een aparte rechtsregel te schrijven. Omdat onze maatschappij een democratie is en rechtsregels daarbij een belangrijke plaats innemen, zal het recht toegepast moeten worden in specifieke situaties.

Om de kloof tussen feitelijke situaties en algemeen geformuleerde rechtsregels te overbruggen, worden in dit hoofdstuk methodes besproken die daarbij behulpzaam kunnen zijn. Om deze methodes te kunnen begrijpen, zal eerst de opbouw van wetsartikelen worden besproken (paragraaf 2.1). Vervolgens zullen de wetsartikelen ontleed worden met behulp van de begrippen rechtsvoorwaarden en rechtsgevolgen (paragraaf 2.2). Voor het bepalen van de juiste rechtsvoorwaarden en rechtsgevolgen dienen artikelen in onderling verband te worden bezien (paragraaf 2.3). Omdat elk woord interpretatie behoeft, zal in de laatste paragraaf aan de hand van verschillende interpretatiemethoden worden uitgelegd hoe 'de betekenis' van een woord achterhaald kan worden (paragraaf 2.4).

2

⬛2.1 Opbouw van een wetsartikel

Lid
Sub

Artikelen zijn (soms) opgebouwd uit leden en/of subs. Een lid is een zelfstandig stuk tekst binnen een artikel. Subs zijn niet opzichzelfstaande stukken tekst die meestal onderdeel uitmaken van een opsomming. Art. 3 van de Politiewet 1993 (Polw 1993) luidt als volgt:

> '1. Ambtenaren van politie in de zin van deze wet zijn:
>   a. ambtenaren, aangesteld voor de uitvoering van de politietaak
>   b. ambtenaren, aangesteld voor de uitvoering van technische, administratieve en andere taken ten dienste van de politie
>   c. vrijwillige ambtenaren, aangesteld voor de uitvoering van de politietaak.
> 2. Onder ambtenaar van politie, aangesteld voor de uitvoering van de politietaak, worden mede begrepen: de bijzondere ambtenaren van politie, bedoeld in artikel 43.'

Kijkend naar art. 3 Polw 1993 zou gezegd kunnen worden dat het eerste lid onafhankelijk van het tweede lid gelezen kan worden. Met andere woorden: voor het begrijpen van het eerste lid hebben we niet direct het tweede lid nodig. Het is zogezegd een onafhankelijk stuk tekst van het artikel. Dit in tegenstelling tot bijvoorbeeld sub a.

Sub a heeft geen bestaansrecht zonder het stuk tekst uit lid 1. Sub a maakt onderdeel uit van lid 1 en is dus niet een opzichzelfstaand stuk tekst. Immers als slechts het stuk tekst 'ambtenaren, aangesteld voor de uitvoering van de politietaak' gelezen wordt, zal niemand begrijpen wat met de betreffende tekst wordt bedoeld. Pas als het in samenhang met 'Ambtenaren van politie in de zin van deze wet zijn:' gelezen wordt, zal de bedoeling helder zijn. Om duidelijk te maken dat subs onderdelen van een artikellid zijn worden ze met *letters* aangeduid. Artikelen en artikelleden worden over het algemeen met *nummers* aangeduid.

Sublid

In sommige gevallen is een artikellid door de wetgever nog verder onderverdeeld. In dergelijke gevallen wordt een sub verder onderverdeeld in een 'sublid'. Deze subleden worden aangeduid met een cijfer gevolgd door een bolletje. Op deze manier is duidelijk dat het gaat om een sublid en niet om een artikellid. Een voorbeeld hiervan zie je in art. 4 Reglement van Orde voor de ministerraad. Dergelijke subleden worden uitgesproken met de woorden 'onder 1', 'onder 2' enzovoort. Het voorafgaande is schematisch weergegeven in figuur 2.1.

T 2.1

TUSSENVRAAG 2.1
Zoek de volgende artikelen op in je wettenbundel en geef voor elk artikel aan welk gedeelte van de tekst behoort tot een 'lid', 'sub' of 'sublid':
a art. 2 Advocatenwet;
b art. 2:13 Awb;
c art. 32 Participatiewet;
d art. 72 WVW 1994;
e art. 9 Sr.

FIGUUR 2.1 Opbouw wetsartikel

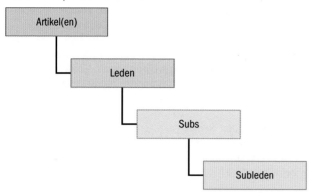

2.2 Rechtsvoorwaarden en rechtsgevolgen

Behalve dat wetsartikelen uit leden en/of subs bestaan, zijn ze uit rechtsvoorwaarden en rechtsgevolgen opgebouwd. Als jurist is het van groot belang de opbouw van wetsartikelen te kunnen doorgronden. Een jurist zal
vaardig moeten zijn in de ontleding ervan. Op deze manier kan hij beoordelen of een bepaald artikel van toepassing is op een feitelijke situatie of probleem. Eigenlijk is hij op zo'n moment bezig om de feitelijke situatie te vertalen naar een juridische situatie zodat een oplossing in het recht gevonden
kan worden.

Stel, u wilt een tentamen maken, maar de surveillant bij het tentamen laat u
niet toe. Als u samen met de surveillant geen oplossing kunt vinden voor dit
probleem, zult u willen nagaan of de surveillant u tot het tentamen moet
toelaten of niet. Neemt u eens aan dat de volgende regel in het examenre-
glement van uw opleiding staat: 'Iedere student moet direct voor aanvang
van het tentamen een geldige collegekaart van de opleiding kunnen tonen
om aan het tentamen te mogen deelnemen.'

Als we deze regel analyseren, zien we dat de betreffende opleiding een voorwaarde stelt om aan het tentamen te mogen deelnemen. De voorwaarde die
de opleiding stelt, is dat iedere student een geldige collegekaart moet kunnen tonen. Indien de student een dergelijke collegekaart kan tonen, heeft
dit tot gevolg dat hij aan het tentamen mag deelnemen. In rechtsregels worden net als in genoemd voorbeeld voorwaarden gesteld. Als voldaan wordt
aan bepaalde voorwaarden, treedt een bepaald gevolg in. De voorwaarden
worden in juridische zin *rechtsvoorwaarden* genoemd. De gevolgen die daar-   **Rechts-**
uit voortvloeien, noemen we *rechtsgevolgen*. Van belang is steeds te besef-   **voorwaarden**
fen dat rechtsvoorwaarden en rechtsgevolgen niet zonder elkaar kunnen. Im-   **Rechtsgevolgen**
mers, zonder rechtsgevolgen zouden de rechtsvoorwaarden geen enkel nut
hebben en andersom. In de praktijk blijkt het meestal handig achteraan een
wetsartikel te beginnen. Dit betekent dat men eerst het rechtsgevolg (subparagraaf 2.2.1) selecteert en daarna de rechtsvoorwaarden (subparagraaf
2.2.2 en 2.2.3).

2.2.1   Rechtsgevolgen

Het woord gevolg draagt in zich dat er iets aan voorafgaat. Zonder het voor-afgaande kennen we het gevolg niet. Het rechtsgevolg in een rechtsregel zou getypeerd kunnen worden als de conclusie van de rechtsregel. Immers, conclusies worden getrokken op basis van hetgeen eraan voorafgaat. In rechtsregels kom je soms meerdere rechtsgevolgen tegen. Soms is er ook een keuzemogelijkheid voor het ene en/of het andere rechtsgevolg. Zo luidt art. 310 Sr als volgt:

> 'Hij die enig goed dat geheel of ten dele aan een ander toebehoort wegneemt, met het oogmerk om het zich wederrechtelijk toe te eigenen, wordt, als schul-dig aan diefstal, gestraft met gevangenisstraf van ten hoogste vier jaren of geldboete van de vierde categorie.'

Op basis van dit artikel kan worden geconcludeerd dat als aan alle rechts-voorwaarden is voldaan, er een straf opgelegd wordt van ten hoogste vier jaren (rechtsgevolg a). Er bestaat echter ook een mogelijkheid om een geld-boete van de vierde categorie als straf op te leggen (rechtsgevolg b). Kort-om, er bestaat een keuzemogelijkheid voor het een en/of het ander. Hoewel het hier lijkt alsof er gekozen moet worden tussen het ene of het andere rechtsgevolg, geeft art. 9 Sr aan dat de straffen (rechtsgevolgen) ook naast elkaar opgelegd kunnen worden.

Twee soorten rechts-voorwaarden

Om te kunnen beoordelen of een rechtsgevolg intreedt, zal nagegaan moe-ten worden of aan alle rechtsvoorwaarden wordt voldaan. Een bepaalde rechtsregel zal dan ook ontleed moeten worden om duidelijk te krijgen welke de rechtsvoorwaarden precies zijn. Rechtsvoorwaarden komen in twee hoe-danigheden voor. Ten eerste in de hoedanigheid van *alternatieve* rechtsvoor-waarden (subparagraaf 2.2.2) en ten tweede in de hoedanigheid van *cumu-latieve* rechtsvoorwaarden (subparagraaf 2.2.3). In subparagraaf 2.2.4 wordt beschreven hoe artikelen ontleed kunnen worden aan de hand van deze verschillende rechtsvoorwaarden en rechtsgevolgen.

2.2.2   Alternatieve rechtsvoorwaarden

Het woord alternatief zegt het eigenlijk al. Het één of het ander. Er is een keuze, een alternatief, mogelijk. Stel dat eerdergenoemde regel over de deelname aan een tentamen als volgt zou luiden: 'Iedere persoon moet di-rect voor aanvang van het tentamen een geldige collegekaart of bewijs van inschrijving van de opleiding kunnen tonen om aan het tentamen te mogen deelnemen.'

Keuze

De student die aan het tentamen wil deelnemen, zal ervoor moeten zorgen dat hij een geldige collegekaart of een bewijs van inschrijving kan tonen. Hij heeft dus een keuze. Als er in een rechtsregel een alternatief wordt gebo-den waarbij aan de ene of de andere voorwaarde moet worden voldaan, dui-den we dergelijke voorwaarden aan met *alternatieve rechtsvoorwaarden*.

2.2.3   Cumulatieve rechtsvoorwaarden

Net als bij de alternatieve rechtsvoorwaarden zegt ook hier het woord al genoeg. Cumulatief wordt in het *Van Dale woordenboek* omschreven als: samenvoegend, ophopend. Bij cumulatieve rechtsvoorwaarden moeten de rechtsvoorwaarden dus bij elkaar worden opgeteld om het rechtsgevolg te laten intreden. Met andere woorden: aan zowel de ene als de andere

Samenvoegend

rechtsvoorwaarde moet zijn voldaan, willen de gevolgen intreden. Dit in te-genstelling tot de alternatieve rechtsvoorwaarden waarbij voldoende is dat één ervan is vervuld. Als de eerdergenoemde regel over de deelname aan een tentamen zou luiden: 'Iedere persoon moet direct voor aanvang van het tentamen een geldige collegekaart en bewijs van inschrijving van de opleiding kunnen tonen om aan het tentamen te mogen deelnemen' is de consequentie dat de student zowel zijn collegekaart als zijn bewijs van in-schrijving moet tonen (rechtsvoorwaarden) om aan het tentamen te kunnen deelnemen (rechtsgevolg).

2.2.4 Ontleden van artikelen

Al wat hiervoor staat over rechtsvoorwaarden en rechtsgevolgen zouden we als volgt kunnen noteren:
- Rechtsvoorwaarden noteren we met de letters Rv.
- Rechtsgevolgen noteren we met de letters Rg.
- Wanneer er sprake is van cumulatieve rechtsvoorwaarden nummeren we die met de cijfers 1, 2, 3 enzovoort.
- Wanneer er sprake is van alternatieve rechtsvoorwaarden gebruiken we de letters a, b, c enzovoort.

Op basis hiervan zullen hierna enkele artikelen worden ontleed. Als eerste art. 7:1 BW.
Zoals reeds is gezegd verdient het de voorkeur om eerst het rechtsgevolg vast te stellen. Immers als duidelijk is waar naartoe gewerkt moet worden, wordt het eenvoudiger om de 'condities waaronder' te benoemen.

Om erachter te komen wat het rechtsgevolg van een artikel is, kan men, na globale lezing van het artikel, zich het best afvragen wat de uitkomst is als aan alle voorwaarden is voldaan. Welke conclusie kan dan getrokken wor-den? Art 7:1 BW verbindt aan het voldoen van alle rechtsvoorwaarden het gevolg dat de overeenkomst gekwalificeerd moet worden als een koopover-eenkomst.
De tweede stap die dan gezet moet worden is het benoemen van de voor-waarden. Wat zijn de condities waaronder het rechtsgevolg tot stand komt? Als eerste zal er sprake moeten zijn van *een overeenkomst*. In hoofdstuk 1 is de gelaagde structuur van het BW besproken. Om erachter te komen wat een overeenkomst precies is, zal gekeken moeten worden naar Boek 6. Immers, in dit boek kunnen regels teruggevonden worden over overeenkom-sten in het algemeen. Art 7:1 BW zal dan ook in samenhang met andere ar-tikelen gelezen moeten worden. In paragraaf 2.3 wordt daar verder op inge-gaan. Ten tweede wordt de voorwaarde gesteld dat iemand *een ander een zaak geeft*. Net als bij de voorwaarde 'overeenkomst' zal ook voor de bete-kenis van het woord 'zaak' teruggegrepen moeten worden op andere artike-len. In dit geval speelt Boek 3 van het Burgerlijk Wetboek, dat gaat over het vermogensrecht, daar een belangrijke rol in. Als laatste zal de ander voor die zaak *een prijs in geld moeten betalen*. Is aan al deze voorwaarden vol-daan, dan treedt het eerdergenoemde rechtsgevolg in. Indien het voorgaan-de in schema gezet zou worden, komt dit er als volgt uit te zien:

Rv 1	:	Er is sprake van een overeenkomst.
Rv 2	:	Op grond van deze overeenkomst moet de ene partij een zaak geven.
Rv 3	:	Op grond van deze overeenkomst moet de andere partij een prijs in geld betalen.
Rg	:	Deze overeenkomst is een koopovereenkomst.

Zowel cumulatieve als alternatieve rechtsvoorwaarden

In dit voorbeeld is een artikel besproken waar louter en alleen sprake was van cumulatieve rechtsvoorwaarden. Er bestaan echter ook tal van artikelen waarin zowel cumulatieve als alternatieve rechtsvoorwaarden voorkomen. Art. 1:198 BW is daarvan een goed voorbeeld. In dit artikel wordt omschreven wanneer iemand in juridisch opzicht gekwalificeerd kan worden als de moeder van een kind (rechtsgevolg). De eerste voorwaarde waaraan voldaan moet worden, is dat de betreffende persoon een vrouw moet zijn. Uit deze vrouw moet het betreffende kind geboren worden (alternatieve rechtsvoorwaarde a). Echter dit is niet altijd vereist. Voor de wet is iemand ook moeder (alternatieve rechtsvoorwaarde b) indien het betreffende kind door deze vrouw is geadopteerd (NB De overige alternatieven zijn voor de overzichtelijkheid achterwege gelaten). Noteren we dit op eerdergenoemde wijze dan ontstaat het volgende schema:

Rv 1	:	Er is een vrouw.
Rv 2a	:	Uit deze vrouw is een kind geboren.
Rv 2b	:	Door deze vrouw is een kind geadopteerd.
Rg	:	Deze vrouw is moeder van dit kind.

In samenhang

Dit soort artikelen komt ook in ingewikkeldere vorm voor. In dergelijke artikelen is het niet altijd eenvoudig alle rechtsvoorwaarden te benoemen. In sommige gevallen moeten alle leden van een artikel worden ontleed alvorens vast te kunnen stellen of een bepaald rechtsgevolg intreedt. Neem bijvoorbeeld art. 6:162 BW. Om te kunnen bepalen of het rechtsgevolg intreedt, zullen het eerste, tweede en derde lid in samenhang gelezen moeten worden. Het rechtsgevolg is vrij gemakkelijk te destilleren uit het artikel. Immers uit art. 6:162 BW blijkt dat als aan alle rechtsvoorwaarden voldaan is, de *schade vergoed moet worden*. Maar wat zijn nu de voorwaarden waaraan voldaan moet worden? Hierna zullen wij dit schematisch weergeven.

Rv 1	:	Iemand pleegt een daad.
Rv 2	:	Deze daad is onrechtmatig.
Rv 3	:	Deze daad moet hem worden toegerekend.
Rv 4	:	Er is sprake van schade.
Rv 5	:	Deze schade is ontstaan uit de onrechtmatigheid van de daad.
Rg	:	Deze persoon moet de schade vergoeden.

Op basis van deze uiteenrafeling van art. 6:162 BW zou geconcludeerd kunnen worden dat er in het geheel geen sprake is van alternatieve rechtsvoorwaarden. Maar schijn bedriegt. Uit het tweede lid van het artikel kan afgeleid worden wat precies onder de tweede rechtsvoorwaarde 'onrechtmatig' verstaan moet worden. Het tweede lid zegt namelijk dat als onrechtmatige daad aangemerkt kan worden: *een inbreuk op een recht, een doen of nalaten in strijd met een wettelijke plicht of hetgeen volgens ongeschreven recht in het maatschappelijk verkeer betaamt.* De laatste zinsnede van het artikel voegt daar nog aan toe: *een en ander behoudens een rechtvaardigingsgrond.* Als we dit zouden verwerken in ons schema, dan zou dit er als volgt uitzien:

Rv 1	:	Iemand pleegt een daad.
Rv 2a	:	Deze daad bestaat eruit dat er een inbreuk op een recht van een ander wordt gepleegd.
Rv 2b	:	De daad bestaat eruit dat er iets wordt gedaan in strijd met een wettelijke plicht.
Rv 2c	:	De daad bestaat eruit dat iets wordt nagelaten in strijd met een wettelijke plicht.
Rv 2d	:	De daad bestaat eruit dat er iets wordt gedaan in strijd met ongeschreven recht zoals dat in het maatschappelijke verkeer betaamt.
Rv 2e	:	De daad bestaat eruit dat er iets wordt nagelaten in strijd met ongeschreven recht zoals dat in het maatschappelijke verkeer betaamt.
Rv 3	:	Deze daad moet hem worden toegerekend.
Rv 4	:	Er is sprake van schade.
Rv 5	:	Deze schade is ontstaan uit de onrechtmatigheid van de daad (causaal verband).
Rv 6	:	Er is geen rechtvaardigingsgrond voor deze daad aanwezig.
Rg	:	Deze persoon moet deze schade vergoeden.

De tweede rechtsvoorwaarde is op basis van het tweede lid verder uitgesplitst. Daarnaast is er op basis van datzelfde lid een voorwaarde toegevoegd. Zou een eventuele casus enkel en alleen opgelost worden aan de hand van het eerste lid, dan zouden we bedrogen uitkomen. Het is dus steeds zaak alert te zijn op eventuele andere rechtsvoorwaarden die voortvloeien uit andere leden of andere artikelen.

Ook de derde rechtsvoorwaarde kan verder onderverdeeld worden. Er is namelijk sprake van toerekening als het te wijten is aan zijn *schuld* of aan *een oorzaak welke krachtens de wet of de in het verkeer geldende opvattingen voor zijn rekening komt.* Verwerken we dit laatste in het schema, dan ziet het er als volgt uit:

Rv 1	:	Iemand pleegt een daad.
Rv 2a	:	Deze daad bestaat eruit dat er een inbreuk op een recht van een ander wordt gepleegd.
Rv 2b	:	De daad bestaat eruit dat er iets wordt gedaan in strijd met een wettelijke plicht.
Rv 2c	:	De daad bestaat eruit dat iets wordt nagelaten in strijd met een wettelijke plicht.
Rv 2d	:	De daad bestaat eruit dat er iets wordt gedaan in strijd met ongeschreven recht zoals dat in het maatschappelijk verkeer betaamt.
Rv 2e	:	De daad bestaat eruit dat er iets wordt nagelaten in strijd met ongeschreven recht zoals dat in het maatschappelijk verkeer betaamt.
Rv 3a	:	De daad is te wijten aan zijn schuld.

Rv 3b	:	De daad is te wijten aan een oorzaak die krachtens de wet voor zijn reke-ning komt.
Rv 3c	:	De daad is te wijten aan een oorzaak die krachtens de geldende ver-keersopvatting voor zijn rekening komt.
Rv 4	:	Er is sprake van schade.
Rv 5	:	Deze schade is ontstaan uit de onrechtmatigheid van de daad (causaal verband).
Rv 6	:	Er is geen rechtvaardigingsgrond voor deze daad aanwezig.
Rg	:	Deze persoon moet de schade vergoeden.

Alternatief rechtsgevolg

Als laatste volgt een uitwerking van het al eerder aangehaalde art. 310 Sr waarbij zowel sprake is van cumulatieve en alternatieve rechtsvoorwaarden als van een rechtsgevolg dat op een 'alternatieve' wijze geformuleerd is.

Rv 1	:	Iemand neemt een goed weg.
Rv 2a	:	Dit goed behoort geheel aan een ander toe.
Rv 2b	:	Dit goed behoort ten dele aan een ander toe.
Rv 3	:	Dit wegnemen vindt plaats met het oogmerk zich dit goed toe te eigenen.
Rv 4	:	Deze persoon eigent zich het goed toe.
Rv 5	:	De toe-eigening van het goed is wederrechtelijk.
Rg 1a	:	Deze persoon wordt gestraft met een gevangenisstraf van ten hoogste vier jaren.
Rg 1b	:	Deze persoon wordt gestraft met een geldboete van de vierde categorie.

De woorden 'schuldig aan diefstal' zien we hierin niet terug. Dit komt omdat deze woorden geen voorwaarden zijn maar (eigenlijk) een samenvatting van het voorafgaande. In sommige artikelen heeft de wetgever dergelijke samen-vattingen gebruikt. Dit komt echter meer niet dan wel voor.
Al wat hiervoor staat over rechtsvoorwaarden en rechtsgevolgen is in figuur 2.2 in schema gezet.

FIGUUR 2.2 Rechtsvoorwaarden en rechtsgevolgen

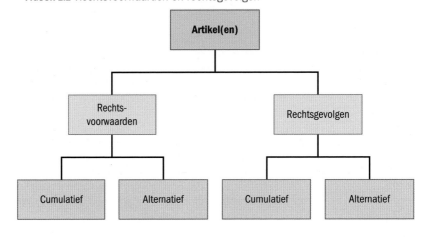

2.3 Samenhang tussen artikelen

Zoals een lid onderdeel uitmaakt van een artikel, zo maakt een artikel onderdeel uit van een regeling. Een artikel is niet een opzichzelfstaand stuk tekst. Veelal zal de betekenis van een artikel pas duidelijk worden als het in de context van de regeling gelezen wordt. In hoofdstuk 1 is de gelaagde structuur van het BW al de revue gepasseerd. Hieruit is duidelijk naar voren gekomen dat voor het kunnen begrijpen van bepaalde artikelen gekeken moet worden naar de betekenis van andere artikelen. Met andere woorden: een artikel moet gelezen worden in samenhang met andere artikelen. Ook in de tekst van subparagraaf 2.2.3 kwam de samenhang tussen verschillende leden en/of artikelen al duidelijk naar voren. Aan de hand van voorbeeld 2.1 zullen we dit nader illustreren.

VOORBEELD 2.1

De flipperkast

Stel, Charlotte exploiteert een café. Aangezien de studenten die haar café bezoeken van flipperen houden, besluit zij een flipperkast aan te schaffen. Nadat de flipperkast is geleverd blijkt het gewicht van de kogels in de flipperkast veel te zwaar te zijn. Het flippermechanisme raakt hierdoor defect. Charlotte neemt contact op met de leverancier en laat weten dat zij de koopsom terug wil en dat de flipperkast weer opgehaald kan worden. De leverancier geeft aan dat het defect aan de flipperkast niet aan hem te wijten is maar de schuld van de fabrikant is. Volgens de leverancier moet Charlotte maar contact opnemen met de fabrikant.

Als voorbeeld 2.1 juridisch wordt bekeken, zal een geoefend jurist al snel concluderen dat hier sprake is van een tekortkoming in de nakoming oftewel wanprestatie. In art. 6:74 BW (spreek uit: artikel 74 van Boek 6 BW) staat beschreven wanneer hiervan sprake is. Een van de rechtsvoorwaarden die in dit artikel genoemd wordt, is dat de tekortkoming de schuldenaar moet kunnen worden toegerekend. Vertaald naar voorbeeld 2.1 betekent dit dat het defect van het flippermechanisme en de te zware kogels (tekortkoming in de nakoming) de leverancier moet kunnen worden verweten, dan wel dat het defect voor zijn risico dient te komen (toegerekend). De leverancier beweert echter dat het defect te wijten is aan een fout van de fabrikant. Eigenlijk zegt hij hiermee dat het hem *niet kan worden toegerekend*. Om goed te kunnen begrijpen wat de term 'toerekening' nu precies inhoudt, zal gekeken moeten worden naar art 6:75 BW. Anders gezegd: voor een goed begrip van art. 6:74 BW is het noodzakelijk om art. 6:75 BW erbij te betrekken. Voor het oplossen van deze casus moeten deze artikelen dus in samenhang worden gelezen. Zoals we in paragraaf 1.6 al hebben gezien, wordt dit in het juridische taalgebruik aangeduid met de term juncto. Letterlijk betekent juncto 'in verband met'. Het ene artikel moet dus in verband met het andere artikel gelezen worden. Kortom: om erachter te komen aan welke voorwaarden precies voldaan moet worden om een bepaald rechtsgevolg te laten intreden, is het van groot belang om verder te kijken dan één bepaald artikel.

Juncto

T 2.2

TUSSENVRAAG 2.2
Zoek in uw wettenbundel de volgende artikelen op en ontleed deze artikelen in rechtsvoorwaarden en rechtsgevolgen. Betrek in uw antwoord ook de noodzakelijke rechtsvoorwaarden die uit aanverwante artikelen voortvloeien.
a art. 1:3 Awb;
b art. 1:233 BW;
c art. 5:22 BW;
d art. 6:74 lid 1 BW;
e art. 185 lid 1 WVW 1994.

2.4 Juridische betekenis van woorden en interpretatiemethoden

Met het ontleden van een wetsartikel zijn we er nog niet. Voordat we kunnen bepalen of het rechtsgevolg intreedt, zal bepaald moeten worden of de feitelijke situatie onder de betreffende rechtsvoorwaarde valt. De feitelijke werkelijkheid moet vertaald worden naar een juridische werkelijkheid. Zie voorbeeld 2.2.

VOORBEELD 2.2

De winkeldief

Marieke doet boodschappen bij Albert Heijn. Nadat zij de boodschappen uit haar mandje heeft afgerekend, vraagt de bewakingsmedewerker Marieke om haar jas open te doen. Als Marieke haar jas openmaakt, wordt door de bewakingsmedewerker geconstateerd dat zij een blikje bier, afkomstig uit de supermarkt, onder haar jas heeft. Marieke blijkt dit blikje niet bij de kassa te hebben betaald.

Letterlijk

Indien de feiten uit voorbeeld 2.2 letterlijk vertaald worden naar de juridische tekst zoals deze in art. 310 Sr is weergegeven, doet zich bij de eerste rechtsvoorwaarde al een probleem voor. In de eerste rechtsvoorwaarde wordt namelijk gesproken over: 'hij die'. Marieke is van het vrouwelijke geslacht en zou om deze reden al niet kunnen voldoen aan de omschrijving van art. 310 Sr. Als dit ook daadwerkelijk in de praktijk zo toegepast zou worden, zou dit tot gevolg hebben dat in Nederland alleen mannen schuldig bevonden kunnen worden aan diefstal. Eenieder zal van mening zijn dat dit niet de bedoeling van de wetgever geweest zal zijn. Het is daarom van belang te beseffen dat woorden in een rechtsregel interpretatie behoeven. Het woord 'hij' moet in het licht van dit artikel opgevat worden als een natuurlijk persoon (een mens). Dit kan dus zowel een man als een vrouw zijn. Dieren van het mannelijke of vrouwelijke geslacht vallen hier niet onder aangezien het om natuurlijke personen moet gaan.

Interpretatie

De rechtsvoorwaarde 'enig goed' is ook een rechtsvoorwaarde die vraagt om interpretatie. Wat moet onder enig goed worden verstaan? De wet geeft in art. 3:1 BW aan dat goederen alle zaken en alle vermogensrechten zijn. In art. 3:2 BW staat dat zaken de voor menselijke beheersing vatbare stoffelijke objecten zijn. Art. 3:6 BW geeft verdere invulling aan de term 'vermogensrechten'. Met andere woorden: om 3:1 BW te kunnen begrijpen, zal het betreffende artikel in samenhang met art. 3:2 en 3:6 BW moeten worden gelezen.

Men zou wat betreft de term 'zaken' kunnen zeggen dat art 3:2 BW enige duidelijkheid verschaft over hoe deze term moet worden uitgelegd. Dit artikel roept echter ook een volgende vraag op: wat moet verstaan worden onder de zinsnede 'voor menselijke beheersing vatbare stoffelijke objecten'? Ieder zal het snel eens zijn dat een stoel een voor menselijke beheersing vatbaar stoffelijk object is. Immers een mens kan een stoel 'beheersen'. De stoel is een afgebakend object dat door de mens meegenomen of verkocht kan worden. De mens heeft het in zijn macht. Wat betreft het woord 'stoffelijk object' zou gezegd kunnen worden dat hiervan sprake is als het tastbaar is voor de mens en/of een bepaalde waarde vertegenwoordigt. Zoals uit het voorgaande blijkt, moeten woorden geïnterpreteerd worden om te kunnen begrijpen wat hun betekenis is. In figuur 2.3 is dit schematisch weergegeven.

FIGUUR 2.3 Artikel 310 Sr

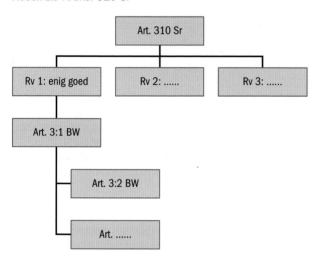

In voorbeeld 2.2 betreft het goed dat Marieke heeft meegenomen een blikje bier. Een blikje bier is een zaak in de zin van art. 3:2 BW. Een blikje bier is namelijk een voor menselijke beheersing vatbaar stoffelijk object. In casu is dus voldaan aan de rechtsvoorwaarde 'enig goed' uit art. 310 Sr.
Indien Marieke in plaats van een blikje bier bij de supermarkt mee te nemen een illegale wietplantage in haar slaapkamer houdt, ontstaat de volgende juridische werkelijkheid. De verwarmingslampen, die de wietplanten verwarmen, worden brandende gehouden door elektriciteit die illegaal wordt afgetapt. Om te kunnen bepalen of Marieke Vos de elektriciteit *steelt*, zal onderzocht moeten worden of elektriciteit onder de term 'enig goed' valt. Zo relatief simpel als het is om een blikje bier onder de term 'enig goed' te laten vallen, zo moeilijk is het om in dit geval te beoordelen of elektriciteit als 'enig goed' kan worden gekwalificeerd. Is elektriciteit een voor menselijke beheersing vatbaar stoffelijk object? De Hoge Raad heeft al lang geleden uitgemaakt dat elektriciteit onder de term 'enig goed' valt. Ondanks dat het geen stoffelijk object is, moest volgens de rechter toch geoordeeld worden dat elektriciteit een goed is in de zin van art. 310 Sr. De waarde die elektriciteit vertegenwoordigt in het economische verkeer, gaf daarbij de doorslag.

Juridische betekenis

Kortom, elk woord of elke zinsnede waaruit een rechtsregel is opgebouwd, zal geïnterpreteerd moeten worden. Pas dan zal duidelijk zijn wat de *juridische betekenis* van een woord of zinsnede precies is. Anders gezegd: geen enkel woord is te begrijpen zonder interpretatie van de lezer of de gebruiker. Zou het verhaal van Marieke gecombineerd worden met het eerder besprokekene over rechtsvoorwaarden en rechtsgevolgen, dan ontstaat het volgende schema:

Rv 1	:	Een *natuurlijke persoon* neemt een *(on)stoffelijk object weg dat voor menselijk beheersing vatbaar is*.
Rv 2a	:	Dit *(on)stoffelijk object dat voor menselijk beheersing vatbaar is* behoort geheel aan een ander toe.
Rv 2b	:	Dit *(on)stoffelijk object dat voor menselijk beheersing vatbaar is* behoort ten dele aan een ander toe.
Rv 3	:	Dit wegnemen vindt plaats met het oogmerk zich dit (on)stoffelijk object toe te eigenen.
Rv 4	:	De toe-eigening van het *(on)stoffelijk object dat voor menselijk beheersing vatbaar is* is wederrechtelijk.
Rg 1a	:	Deze persoon wordt gestraft met een gevangenisstaf van ten hoogste vier jaren.
Rg 1b	:	Deze persoon wordt gestraft met een geldboete van de vierde categorie.

Hierna zullen vier mogelijke interpretatiemethoden besproken worden: de grammaticale (subparagraaf 2.4.1), de wetshistorische (subparagraaf 2.4.2), de systematische (subparagraaf 2.4.3) en de teleologische methode (subparagraaf 2.4.4). De rechter kan bij uitleg van een rechtsregel, woord en/of zin gebruikmaken van een van deze of andere interpretatiemethoden. In subparagraaf 2.4.5 worden daarvan voorbeelden gegeven.

2.4.1   Grammaticale interpretatiemethode

Alledaagse spraakgebruik

Bij de grammaticale interpretatiemethode wordt gekeken naar de betekenis die het woord in het alledaagse spraakgebruik heeft. Het woordenboek zou bij een dergelijke methode een goed hulpmiddel kunnen zijn om de betreffende betekenis te achterhalen. In een uitspraak van de Centrale Raad van Beroep (één van de hoogste rechterlijke instanties in Nederland) werd er eind 2004 door partijen over de uitleg van het begrip 'student' gediscussieerd. Zie voorbeeld 2.3.

VOORBEELD 2.3

Student of studerende?

De Informatie Beheer Groep (IBG), thans DUO, had een 'student' laten weten dat per 31 december 2000 zijn studie als beëindigd werd beschouwd en dat hij dientengevolge per 1 januari 2001 rente over zijn lening (studieschuld) moest gaan betalen. Hoewel de student feitelijk nog studeerde, beschouwde de IBG de studie van de student als beëindigd aangezien hij per 1 september 2000 geen recht meer had op studiefinanciering. De IBG was van mening dat met 'studerende' in de zin van de Wet studiefinanciering 2000 diegene werd bedoeld die recht op studiefinanciering had. De 'student' was van mening dat met de term 'studerende' werd bedoeld diegene die beroepsonderwijs of hoger onderwijs volgde.

Destijds gold op basis van de Wet studiefinanciering 2000 dat iemand rente moest gaan betalen over zijn lening als hij ophield 'studerende' te zijn. Hoewel de student feitelijk nog studeerde, betoogde de IBG dat de man geen student meer was. Volgens de IBG bleek uit de parlementaire geschiedenis dat iemand als 'studerende' kon worden aangemerkt zolang hij recht had op studiefinanciering. De student betoogde echter dat de Wet studiefinanciering 2000 duidelijk was over wat onder 'student' moest worden verstaan. In art. 1.1 van die wet werd student omschreven als *degene die hoger onderwijs volgt*. Aangezien hij studeerde aan de Universiteit Leiden kon hij als 'student' worden aangemerkt.

In de uitspraak kwam de raad tot de conclusie dat de wet op dit vlak niet anders dan strikt *grammaticaal* uitgelegd moest worden. Ondanks dat bestudering van de parlementaire geschiedenis misschien tot andere uitkomsten zou hebben kunnen leiden (CRvB 19 november 2004, ECLI:NL:CRVB:2004:AR7395). Uit deze casus blijkt dat de jongen het begrip 'student' destijds heeft uitgelegd aan de hand van de *grammaticale* interpretatiemethode terwijl de IBG dat deed op basis van de *wetshistorische* interpretatiemethode.

2.4.2 Wetshistorische interpretatiemethode
Voordat een wet tot stand komt, wordt over haar inhoud flink in de Eerste en Tweede Kamer gedebatteerd. Om ervoor te zorgen dat in een later stadium voor eenieder precies duidelijk is wat over een dergelijke wet is gezegd, wordt alles woordelijk op papier vastgelegd. De stukken waar dit allemaal in is terug te lezen, worden de Handelingen van de Eerste en Tweede Kamer genoemd.

Handelingen van de Eerste en Tweede Kamer

Naast de grammaticale interpretatiemethode kennen we de wetshistorische interpretatiemethode. Bij deze methode probeert men op basis van de Handelingen van de Eerste en Tweede Kamer te achterhalen wat met het betreffende woord toentertijd bedoeld werd. Voorbeeld 2.4 is een voorbeeld van een interpretatiegeschil.

VOORBEELD 2.4

Op tijd betaald?

In art. 13 (voorheen art. 14) van het Besluit studiefinanciering staat dat studiebeurzen betaald worden tussen de twintigste en de dertigste dag van de maand. De studentenvakbond LSVb was eind jaren tachtig van de vorige eeuw van mening dat met deze laatste zinsnede bedoeld werd dat de studiebeurs tussen de twintigste en de dertigste dag van de voorafgaande maand moest worden betaald. De Nederlandse Staat was van mening dat de studiebeurs tussen de twintigste en de dertigste dag van de lopende maand op de rekening van de student bijgeschreven diende te zijn. Het geschil tussen de LSVb en de Nederlandse Staat is destijds aan de rechter voorgelegd.

Zoals uit voorbeeld 2.4 blijkt ging het geschil destijds over het feit of de studiefinanciering vooraf of achteraf betaald moest worden. Aan de rechter werd gevraagd hoe het betreffende artikel moest worden uitgelegd. Door de parlementaire geschiedenis te raadplegen, kwam de rechter tot de conclusie dat het artikel aldus moest worden uitgelegd dat de studiefinanciering

Parlementaire geschiedenis

achteraf betaald moest worden. In de parlementaire geschiedenis was namelijk de volgende zin te lezen:

> 'De betaling van de basisbeurs vindt plaats per kalendermaand en achteraf.
> Het streven is erop gericht om uitbetaling van de basisbeurs te behandelen als
> ware het een soort salarisbetaling.'
> Bron: Pres. Rb 's-Gravenhage, KG 1987/189

Bij de uitleg van dit artikel werd door de rechter dus de wetshistorische interpretatiemethode gebruikt. In hoofdstuk 5 zal verder ingegaan worden op
het leren lezen en gebruiken van parlementaire stukken.

2.4.3 Systematische interpretatiemethode

Een wettelijke bepaling staat nooit op zichzelf. Het maakt in meer of mindere mate onderdeel uit van een groter geheel. Bij de systematische inter-

**Afleiding uit
groter geheel**

pretatiemethode wordt de betekenis van een artikel/woord afgeleid uit het
systeem waarvan het onderdeel uitmaakt. Deze methode wordt in voorbeeld
2.5 geïllustreerd.

VOORBEELD 2.5

Afbeelding of feitelijkheid

Op 29 oktober 1983 vond er een vredesde-
monstratie plaats in Den Haag. Tijdens deze
demonstratie heeft ene H. zich samen met
anderen in het openbaar beledigend uitgelaten, doordat hij de Hitlergroet heeft uitgebracht en onder andere termen als 'NSB

okee' en 'Sieg Heil' heeft geroepen. De
rechter heeft H. uiteindelijk veroordeeld op
grond van het feit dat hij zich schuldig zou
hebben gemaakt aan het opzettelijk mondeling en *bij afbeelding* beledigen van anderen.

De vraag die uit voorbeeld 2.5 rijst is: kan een Hiltergroet gezien worden als
een afbeelding? De Hoge Raad was van mening dat het brengen van de Hitlergroet niet gezien kon worden als een afbeelding in de zin van art. 137c
Sr. Hij kwam tot deze conclusie omdat uit het *systeem* van de wet kon worden afgeleid dat de Hitlergroet niet onder het begrip afbeelding kan vallen.
De Hoge Raad zei dat in de volgende bewoordingen:

> 'Dat het begrip 'afbeelding' niet mag worden opgevat in die ruime zin die het
> Hof daaraan heeft toegekend, is o.m. af te leiden uit art. 266 S, waarin naast
> 'mondeling' of 'door ... geschrift of afbeelding', aan welke woorden in art. 137c
> dezelfde betekenis toekomt als in art. 266 Sr, wordt melding gemaakt van 'fei-
> telijkheden', onder welke term gebaren wel zijn te begrijpen.'
> Bron: HR 11 maart 1986, NJ 1987/462

2.4.4 Teleologische interpretatiemethode

Geen enkele wettelijke bepaling is zomaar opgesteld door onze wetgever.
Telkens heeft hij een bepaald doel voor ogen gehad bij het vervaardigen van
een wet. Zoals we hebben gezien, wordt bij de grammaticale interpretatiemethode naar de betekenis van het woord gekeken in het alledaagse
spraakgebruik. Bij de teleologische interpretatiemethode wordt er met een
geheel andere bril gekeken naar een wetsbepaling. Bij deze methode staat

niet zozeer de letterlijke betekenis van het woord centraal als wel het eigenlijke *doel* van de wet. Wij zullen dit aan de hand van voorbeeld 2.6 illustre-   **Doel van de wet**
ren.

VOORBEELD 2.6

Nederland Ontwapent

'Nederland Ontwapent' was de tekst die in grote blauwe neonletters prijkte aan een 25 meter hoge fabriekstoren. Op deze manier probeerde de eigenaar van het fabrieksgebouw een 32-tal hoogleraren te ondersteunen in hun betoog dat inhield dat de mensheid bezig was zichzelf uit te roeien. De betreffende eigenaar kreeg een boete opgelegd omdat hij art. 1 van de Verordening Landschapsschoon Noord-Holland overtrad. De eigenaar betoogde dat dit artikel van de verordening in strijd was met art. 7 Gw (Grondwet). In dit artikel staat dat niemand vooraf toestemming nodig heeft om door middel van drukpers gedachten of gevoelens te openbaren. De advocaat-generaal betoogde dat art. 7 Gw hier niet van toepassing was:

'Men zal toch moeilijk kunnen volhouden, dat het aanbrengen van neonletters op een fabriekstoren is aan te merken als het openbaren van gedachten of gevoelens door de drukpers. Immers welke ruime technische interpretatie men aan het woord 'drukpers' in art. 7 Gw ook zal willen geven, de in deze bepaling gegarandeerde vrijheid zal steeds tot het gedrukte geschrift en tot de gedrukte afbeelding beperkt blijven.'

De Hoge Raad was echter een andere mening toegedaan en kwam met behulp van de teleologische interpretatiemethode tot de volgende conclusie:

'Blijkens de bewezenverklaring is ten deze sprake van een op een toren aangebracht opschrift, weliswaar in kapitale drukletters, maar kennelijk niet zijnde een gedrukt of geschreven stuk, doch dit maakt voor de beslissing van deze zaak reeds daarom geen verschil omdat voor toepassing van de regel dat het aanbrengen – in vorenbedoelde zin – van gedrukte of geschreven stukken niet in het algemeen mag worden verboden of van een voorafgaand verlof der overheid afhankelijk mag worden gesteld, het aanbrengen van een opschrift als het onderhavige – nu dit als middel van bekendmaking in het maatschappelijk verkeer dezelfde functie heeft als het aanbrengen van geschriften in eigenlijke zin – met het aanbrengen van gedrukte of geschreven stukken op een lijn moet worden gesteld.'
Bron: HR 24 januari 1967, NJ 1967/270

De Hoge Raad was van mening dat de term drukpers uitgelegd moest worden naar het doel van de wet. Het doel van de wet – de vrijheid om zonder voorafgaande toestemming gedachten en gevoelens te openbaren – was voor de Hoge Raad dan ook belangrijker dan de manier waarop feitelijk uiting is gegeven aan gedachten en gevoelens.

2.4.5   Toepassing van interpretatiemethoden
In figuur 2.4 is schematisch weergegeven hoe interpretatiemethoden zich verhouden tot rechtsvoorwaarden en rechtsgevolgen.

FIGUUR 2.4 Interpretatiemethoden

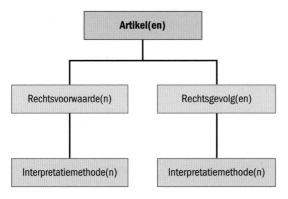

T 2.3

TUSSENVRAAG 2.3

Hierna vindt u vier citaten uit verschillende uitspraken.

a Geef per citaat aan welke interpretatiemethode wordt toegepast.
b Motiveer in uw eigen woorden waarom u van mening bent dat de door u gekozen interpretatiemethode van toepassing is.

CITAAT 2.1

3.5. Hieruit volgt dat een aangever voor de douanewaarde moet aanknopen bij de CIF-invoerprijs zoals deze in Verordening (EG) 1484/95 is gedefinieerd. De relevante bepalingen in Verordening (EG) 1484/95 werken om deze reden door naar de aangifte. Het bereiken van doel en strekking van Verordening (EG) 1484/95 wordt immers illusoir indien, zoals eiser bepleit, in de aangifte om het even welke prijs kan worden vermeld in plaats van de CIF-invoerprijs.

Bron: Gerechtshof Amsterdam, 17 april 2014, ECLI:NL:GHAMS:2014:1393

CITAAT 2.2

Noch in artikel 1 RVV 1990 noch in de wetsgeschiedenis wordt omschreven wat onder 'keren' moet worden verstaan. De uitleg van deze term zal derhalve mede afhangen van wat daaronder in het spraakgebruik wordt verstaan, alsmede van de feitelijke omstandigheden van het geval. Raadpleging van Van Dale Professioneel (Groot woordenboek van de Nederlandse taal) leert dat onder 'keren' onder meer wordt verstaan 'wenden, draaien, omdraaien' in de zin van 'in tegenovergestelde stand brengen' (Vergelijk: Hof Arnhem-Leeuwarden 8 februari 2017, ECLI:NL:GHARL:2017:927).

Bron: Rechtbank Amsterdam, 9 april 2018, ECLI:NL:RBAMS:2018:2234

CITAAT 2.3

Uit (…) de wet volgt dat in dit geval, waarin de curator de weg van artikel 58 FW (termijnstelling aan de pandhouder) niet heeft gevolgd, een overeenkomst tussen curator en pandhouder noodzakelijk is, wil de curator rechtmatig de verpande goederen kunnen verkopen. De pandhouder kan in die situatie op grond van artikel 57 FW immers zijn recht uitoefenen alsof er geen faillissement is. Wanneer de curator zonder toestemming van de pandhouder de verpande goederen verkoopt handelt hij in beginsel onrechtmatig jegens de pandhouder. In die zin komt de curator (anders dan deze in de memorie van antwoord sub 3.16 stelt) geen executiebevoegdheid toe.

Bron: Gerechtshof 's-Hertogenbosch, 27 maart 2018, ECLI:NL:GHSHE:2018:1291

CITAAT 2.4

Op grond van de vorenstaande feiten was de deurwaarder ter vervulling van zijn taak op grond van art. 444 Rv bevoegd zich de toegang tot de woning te verschaffen met behulp van de sterke arm. De hulpofficier van justitie was op grond van de hem in art. 444 Rv toegekende taken bevoegd de deurwaarder de gevraagde assistentie te verlenen. Uit dien hoofde kwam de hulpofficier van justitie de bevoegdheid toe van de slotenmaker te vorderen dat deze de toegangsdeur van de woning openen.

In de Memorie van toelichting – Wijziging van de Algemene wet op het binnentreden (opheffing machtigingsvereiste gerechtsdeurwaarders voor het zonder toestemming binnentreden in een woning) staat ter toelichting op het (nieuwe) art. 444 Rv het volgende: *'De gerechtsdeurwaarder moet in een concreet geval beoordelen of het belang waarmee het binnentreden is gediend opweegt tegen het belang van het beschermen van het huisrecht. Er moet sprake zijn van een evenredige verhouding tussen het doel waartoe wordt binnengetreden en de uitoefening van de binnentredingsbevoegdheid; indien het doel ook op een minder ingrijpende wijze kan worden bereikt, moet worden afgezien van het binnentreden zonder toestemming van de bewoner. (…)'.*

Reeds uit voorgaande memorie van toelichting volgt dat de aanwezigheid van de hulpofficier van justitie zich niet enkel beperkt tot toegang aan de voordeur, maar ook in de woning, om deuren en huisraad te openen.

Bron: Gerechtshof 's-Hertogenbosch, 1 mei 2014, ECLI:NL:GHSHE:2014:1326

Samenvatting

In dit hoofdstuk zijn de opbouw en de uitleg van wetsartikelen besproken. Een wetsartikel kan opgebouwd zijn uit artikelleden, subs en/of subleden. Artikelleden zijn in tegenstelling tot subs en subleden zelfstandige stukken tekst. Teneinde te kunnen beoordelen of een bepaald wetsartikel van toepassing is op een feitelijke situatie of probleem, moet een jurist artikelen kunnen ontleden. Een wetsartikel kan onderverdeeld worden in rechtsvoorwaarden en rechtsgevolgen. Bij rechtsvoorwaarden kan onderscheid gemaakt worden tussen cumulatieve en alternatieve rechtsvoorwaarden. Rechtsgevolgen kunnen enkelvoudig zijn, maar komen ook in meervoudige vorm voor. Om erachter te komen of een bepaald rechtsgevolg intreedt, is het van groot belang om niet enkel naar één specifiek artikel te kijken. In veel gevallen zullen alle noodzakelijke rechtsvoorwaarden voortvloeien uit meerdere artikelen. Voor een goed begrip van artikelen zullen verschillende artikelen dus in samenhang gelezen moeten worden. Als de rechtsvoorwaarden en rechtsgevolgen zijn vastgesteld, moeten ze geïnterpreteerd worden. Er zijn vier verschillende soorten interpretatiemethoden. Bij de grammaticale interpretatiemethoden speelt het alledaagse spraakgebruik een belangrijke rol om de betekenis van een woord te achterhalen. De wetshistorische interpretatiemethode maakt vooral gebruik van de ontstaansgeschiedenis van een wetsartikel. De parlementaire stukken spelen daarbij een belangrijke rol. Wordt de betekenis afgeleid uit het systeem waar het onderdeel van uitmaakt, dan wordt dit de systematische interpretatiemethode genoemd. Als laatste is de teleologische interpretatiemethode besproken waarbij het doel van de wet vooropstaat bij het achterhalen van de betekenis van een artikel.

3

Jurisprudentie zoeken en gebruiken

Dagelijks worden er vele uitspraken door rechters gedaan. Om te kunnen bepalen wat op een gegeven moment rechtens is, zal de rechter bronnen raadplegen waarin het recht te vinden is. In Nederland kennen we vier soorten *rechtsbronnen*: de wet, het verdrag, de gewoonte en de jurisprudentie. De wet is in de voorgaande hoofdstukken al uitgebreid besproken. In dit hoofdstuk zal de jurisprudentie centraal staan. Het verdrag en de gewoonte zullen in dit boek niet nader worden besproken.

Alvorens in te gaan op hoe de rechterlijke macht in Nederland is georganiseerd, zal hierna eerst de betekenis en waarde van jurisprudentie in onze samenleving besproken worden. Door middel van het bespreken van uitspraken op verschillende rechtsgebieden zal in paragraaf 3.3 tot en met paragraaf 3.7 uiteengezet worden hoe rechterlijke uitspraken zijn opgebouwd. Daarnaast zullen handvatten gegeven worden om een rechterlijke uitspraak te kunnen doorgronden. Als laatste zal in dit hoofdstuk ingegaan worden op de verschillende vindplaatsen van jurisprudentie.

3

§3.1 Wat is jurisprudentie en wat heb ik eraan?

Jurisprudentie betekent letterlijk: rechtsopvatting van de rechterlijke macht, zoals die blijkt uit genomen beslissingen. Wat betekent dit nu? De wetgever heeft bewust vage termen als redelijkheid en billijkheid, goed werkgeverschap, een goede huisvader, bewuste roekeloosheid, in redelijkheid niet tot zijn besluit kunnen komen en dergelijke gebruikt omdat hij weet dat niet alle mogelijke geschillen kunnen worden overzien. Ook komt het voor dat er in wetteksten woorden of zinnen gebruikt worden waarvan de wetgever bij het ontwerpen van die wettekst het idee had dat deze woorden of zinnen duidelijk waren. Soms denken partijen dat ze afspraken met elkaar duidelijk op papier hebben gezet, maar na verloop van tijd blijken de afspraken toch niet zo duidelijk als ze leken. Kortom: de gebruikte termen en woorden moeten geïnterpreteerd worden alvorens ze enige betekenis krijgen.

Als twee buren onenigheid hebben over de hoogte van de schutting, zullen algemeen geformuleerde rechtsregels pas uitkomst bieden als ze geïnterpreteerd worden door de lezer of gebruiker. In onze maatschappij is het veelal de rechter die in specifieke gevallen uitleg geeft aan algemeen geformuleerde rechtsregels. De rechter neemt beslissingen in geschillen die bestaan tussen burgers onderling of tussen burgers en de overheid. Steeds zal de rechter in concrete gevallen een uitspraak moeten doen. De rechter kan dit slechts doen door zijn uitspraken te motiveren. Dat betekent dat hij argumenten moet geven voor het door hem ingenomen rechtsoordeel. Hij doet dan uitspraak op grond van een bepaalde rechtsopvatting.

Belang van rechterlijke uitspraken

Hiermee is ook direct het belang van rechterlijke uitspraken gegeven. Een uitspraak van een rechter is in sommige gevallen namelijk niet alleen interessant voor partijen die hun geschil aan een rechter hebben voorgelegd, maar ook voor derden die zich vanuit hun professie met juridische zaken bezighouden. Zo zal het voor bijvoorbeeld een rechter of een advocaat van belang kunnen zijn om te weten wat er in eerdere uitspraken over een bepaald onderwerp is gezegd. Door onder andere de uitspraken van rechters te bestuderen, leert men de betekenis van rechtsregels kennen. Rechterlijke uitspraken vormen dus naast de wet een belangrijke bron waar recht gevonden kan worden. Rechterlijke uitspraken als bron van het recht worden jurisprudentie genoemd. Men zou kunnen zeggen dat jurisprudentie een van de kleuren is waarmee de wet wordt ingekleurd.

Nu is het leren lezen en begrijpen van rechterlijke uitspraken geen gemakkelijke bezigheid. Rechterlijke uitspraken zijn vaak complex geschreven teksten waarvan het taalgebruik niet altijd even toegankelijk is. Daarnaast is het vaak noodzakelijk om de organisatie van de rechterlijke macht te kennen, wil men een rechterlijke uitspraak goed kunnen begrijpen. Voordat hierna verschillende rechterlijke uitspraken geanalyseerd gaan worden, zal eerst een korte uitleg gegeven worden over de organisatie van de rechterlijke macht.

§3.2 Organisatie van de rechterlijke macht

In art. 112 van de Grondwet (Gw) wordt aan de rechterlijke macht de taak opgedragen om geschillen over burgerlijke zaken te berechten. Daarnaast geeft hetzelfde wetsartikel de rechterlijke macht de bevoegdheid in administratiefrechtelijke zaken (bestuursrecht) geschillen te beslechten. Uit art. 113 Gw kan worden afgeleid dat de rechterlijke macht tevens is opgedragen om strafbare feiten te berechten. Kortom, zowel civiel-, bestuurs- als strafrechtelijke beslissingen behoren tot het domein van de rechterlijke macht. Daarmee is echter nog niet duidelijk hoe de rechterlijke macht georganiseerd is. Welke gerechten behoren nu tot de rechterlijke macht? Uit art. 116 Gw vloeit de opdracht voor de wetgever voort om bij wet de gerechten aan te wijzen die tot de rechterlijke macht behoren. De wetgever heeft deze opdracht uit de Grondwet vervuld door in art. 2 van de Wet op de rechterlijke organisatie te benoemen welke gerechten tot de rechterlijke macht behoren. Dit zijn respectievelijk de rechtbanken, de gerechtshoven en de Hoge Raad.

In Nederland kennen we elf rechtbanken. Deze rechtbanken zijn onderverdeeld in locaties en sectoren. Elke rechtbank kent de volgende vier sectoren: kanton, civiel, straf en bestuur. In de sector kanton treffen we altijd een alleensprekende rechter aan (de kantonrechter). Bij de overige sectoren wordt er door één of drie rechters recht gesproken afhankelijk van de complexiteit of de aard van de zaak. Alle zaken die voor het eerst aan een rechter worden voorgelegd moeten aangebracht worden bij de rechtbank.

Elf rechtbanken
Vier sectoren

Indien een partij het niet eens is met de beslissing zoals die is genomen door een rechter bij de rechtbank, kan de betreffende partij in hoger beroep gaan bij het gerechtshof. De vier gerechtshoven die we in Nederland kennen zijn onderverdeeld in drie sectoren. Te weten de sector strafrecht, civiel recht en belastingrecht. Net als bij de rechtbank wordt ook bij het hof door respectievelijk één of drie rechters (raadsheren) rechtgesproken. Een rechter bij het gerechtshof wordt een raadsheer genoemd.

Gerechtshof

De Hoge Raad is ons hoogste rechtscollege en de enige in zijn soort. De Hoge Raad is gevestigd in Den Haag. Bij dit rechtscollege worden zaken behandeld waartegen beroep in cassatie is ingesteld. Cassatierechtspraak is een bijzondere vorm van rechtspraak. In tegenstelling tot de rechtbank en het gerechtshof kan er bij de Hoge Raad namelijk niet meer over feiten worden getwist. De vraag of Anton wel of niet door het rode stoplicht is gereden kan worden bediscussieerd bij de rechtbank of het gerechtshof maar zal bij de Hoge Raad als een vaststaand feit worden aangenomen. De Hoge Raad zal slechts oordelen over vragen als: is het recht op een juiste manier toegepast en/of heeft de rechter verzuimd bepaalde vormen (bijvoorbeeld hoor en wederhoor) in acht te nemen? Bij de Hoge Raad oordelen vijf rechters over een zaak. Indien een zaak door bijvoorbeeld zijn eenvoud geschikt wordt geacht om door minder rechters te worden behandeld, kunnen drie rechters een uitspraak doen. De rechters bij de Hoge Raad worden net als bij het gerechtshof raadsheren genoemd.

Hoge Raad

❸❸ Civiele rechtspraak bij de rechtbank

Soms hebben twee of meer partijen een civielrechtelijk geschil waarover ze onderling geen overeenstemming kunnen bereiken. In dergelijke gevallen kunnen partijen een onafhankelijke rechter inschakelen met het verzoek om over het geschil te oordelen. Deze rechter zal een beslissing geven waar beide partijen zich in beginsel aan moeten houden. Maar bij welke rechter moet het geschil nu worden voorgelegd? In subparagraaf 3.3.1 zullen we op deze vraag ingaan, alsmede op de procedure. In subparagraaf 3.3.2 wordt een uitspraak behandeld.

3.3.1 Rechtsgang

Eerste aanleg

In het civiele recht komen twee soorten rechters voor waar men een procedure in eerste instantie (eerste aanleg) kan starten. De rechtbanken zijn verdeeld in de hiervoor genoemde sectoren. Omdat er binnen iedere rechtbank een sector civiel en een sector kanton bestaat, is het belangrijk om te weten welke zaken aan welke sector moeten worden voorgelegd.

Vordering

De rechter bij de sector kanton wordt kantonrechter genoemd. Deze rechter is bevoegd om uitspraken te doen in zaken waarbij de vordering (de eis) het bedrag van €25.000 niet overstijgt. Naast deze vorderingen neemt de kantonrechter ook kennis van alle zaken die te maken hebben met arbeidsovereenkomsten, collectieve arbeidsovereenkomsten, huurovereenkomsten, huurkoop en pacht. In het geval dat er sprake is van een vordering die gestoeld is op één van voornoemde overeenkomsten is de hoogte van de vordering niet meer van belang (art. 93 Rv). Alle zaken waarbij de vordering bestaat uit meer dan €25.000 en zich afspeelt op een ander juridisch gebied dan de hiervoor genoemde, moeten worden voorgelegd aan de rechter van de sector civiel (art. 42 RO).

Als gevolg van de gefaseerde inwerkingtreding van de wetgeving waarmee digitaal procederen mogelijk wordt gemaakt (KEI-wetgeving) zijn gedurende enige tijd twee verschillende versies van het Wetboek van Burgerlijke Rechtsvordering geldend, één voor de gevallen waarin digitaal procederen geldt en één voor de gevallen waarin dat nog niet het geval is.
In dit boek zal echter slechts de wettelijke regeling voor niet-digitaal procederen worden behandeld. De regeling voor digitaal procederen zal hier niet besproken worden. De reden hiervoor is dat op het moment van het gereedkomen van dit boek verplicht digitaal procederen slechts is ingevoerd bij vorderingsprocedures met verplichte procesvertegenwoordiging bij de rechtbank Gelderland en Midden-Nederland en de Hoge Raad. Het is onduidelijk hoe en wanneer het digitaal procederen bij andere instanties zal worden ingevoerd.

In de meeste gevallen zal het één van de partijen zijn die de rechter zal verzoeken een oordeel te vellen in een bepaalde zaak. Om ervoor te zorgen dat de wederpartij inhoudelijk goed op de hoogte is van hetgeen gevorderd

Dagvaarding

wordt, moet de eisende partij een dagvaarding opstellen.

Gronden

Een dagvaarding is een officieel stuk waarin staat beschreven wat van de wederpartij wordt geëist (de vordering) en waarop deze eis gestoeld is (de gronden). Nadat de wederpartij de dagvaarding heeft ontvangen, wordt de rechter door middel van dezelfde dagvaarding op de hoogte gebracht van

Gedaagde
Conclusie van antwoord

het geschil. De wederpartij, die officieel gedaagde wordt genoemd, krijgt de gelegenheid om zijn visie op het geheel te geven. De gedaagde doet dit over het algemeen in een schriftelijk stuk. Dit schriftelijke stuk wordt een conclusie van antwoord genoemd. In een conclusie van antwoord geeft de gedaagde gemotiveerd aan waarom hij van mening is dat de rechter de vordering moet afwijzen.

In sommige gevallen moet een vordering niet ingesteld worden door middel van een dagvaarding maar door middel van een verzoekschrift. Een verzoekschrift is net als een dagvaarding een processtuk, maar is qua opzet anders van aard. Verzoekschriften moeten veelal gebruikt worden in zaken die betrekking hebben op het personen- en familierecht. Zo moet een echtscheidingsprocedure worden aangevangen met een verzoekschrift. In dergelijke procedures – verzoekschriftprocedures – voert de wederpartij schriftelijk verweer door middel van een zogenoemd verweerschrift. Naast de hiervoor genoemde procedures worden ook zaken waarbij niet direct een geschil tussen partijen is, ingeleid met een verzoekschrift. Hierbij kan gedacht worden aan zaken omtrent curatele of adoptie.

Verzoekschrift

Verweerschrift

De uitspraken die zowel de kantonrechter als de rechter van de sector civiel doet in zaken die gestart zijn met een dagvaarding worden vonnissen genoemd. Indien een zaak aangevangen is met een verzoekschrift, dan noemt men een uitspraak in een dergelijke zaak een beschikking.
Hierna behandelen we de basisstructuur van een civielrechtelijke uitspraak.

Vonnis

Beschikking

3.3.2 Een civielrechtelijke uitspraak in eerste aanleg
Omdat er elf rechtbanken in Nederland zijn en er geen landelijk voorgeschreven vorm bestaat waarin uitspraken geschreven moeten worden, komen uitspraken in eerste aanleg in vele gedaanten voor. Elke rechtbank heeft zijn eigen format aan de hand waarvan vonnissen en beschikkingen worden geschreven. Toch is er uit de grote verzameling van uitspraken van de verschillende rechtbanken een bepaalde basisstructuur te destilleren. Aan de hand van de hierna afgedrukte uitspraak van de rechtbank Amsterdam (ECLI:NL:RBAMS:2014:4230) zullen we deze basisstructuur bespreken. Steeds is een gedeelte van het vonnis afgedrukt, gevolgd door een bespreking van de voorkomende elementen. Vanwege de overzichtelijkheid hebben wij deze stukken tekst voorzien van een letter. Vanuit de vragen wordt er naar deze letters verwezen.

CITAAT 3.1 (A)
RECHTBANK AMSTERDAM
Afdeling privaatrecht
zaaknummer / rolnummer: C/13/554413 / HA ZA 13-1739
(voorheen zaaknummer / rolnummer: 488106 / HA ZA 11.1151)
Vonnis van 30 juli 2014

Elke uitspraak vangt aan met het benoemen van de instantie die de uitspraak heeft gedaan. In dit geval de rechtbank Amsterdam sector civiel (afdeling privaatrecht). Indien binnen een rechtbank meerdere locaties zijn dan wordt hier ook vermeld van welke locatie het betreffende vonnis afkomstig is. Zo bestaat de rechtbank Noord-Nederland bijvoorbeeld uit de locaties: Groningen, Leeuwarden en Assen. Om administratieve redenen is elke uitspraak voorzien van een kenmerk of rolnummer. Met behulp van dit nummer

Benoem instantie

Locatie

Rolnummer

Datum

kunnen alle stukken en gegevens die betrekking hebben op de zaak in het archief van de rechtbank teruggevonden worden. Elke uitspraak is verder voorzien van een datum. Deze datum is onder andere van belang om te kunnen bepalen wanneer de termijn van hoger beroep begint te lopen.

CITAAT 3.2 (B)

in de zaak van

[eiser],
wonende te [woonplaats], Verenigde Staten van Amerika,
eiser,
advocaat mr. L.G.J. Hendrix,

tegen

de naamloze vennootschap
KONINKLIJKE LUCHTVAART MAATSCHAPPIJ N.V.,
gevestigd te Amstelveen,
gedaagde,
advocaat mr. A. Knigge.

Namen
Woonplaatsen

Advocaat

In citaat 3.2 vinden we de namen en woonplaatsen van partijen. De eisende partij en zijn advocaat worden altijd als eerste genoemd. Hoewel partijen zich normaal gesproken in gerechtelijke procedures moeten laten vertegenwoordigen door een advocaat (procesvertegenwoordiger), geldt bij de kantonrechter geen verplichte procesvertegenwoordiging. Partijen mogen volgens art. 79 Rv bij de kantonrechter zowel door middel van een vertegenwoordiger als in persoon procederen. In deze zaak hebben beide partijen een advocaat aangezien geprocedeerd wordt bij de rechtbank sector civiel.

CITAAT 3.3 (C)
1 De procedure
1.1. Het verloop van de procedure blijkt uit:
– de dagvaarding van 30 maart 2011, met producties,
– de verwijzing van de zaak naar de parkeerrol van 13 juli 2011,
– de ambtshalve doorhaling van de zaak op de rol van 3 oktober 2012,
– de akte opbrenging zaak tevens akte overlegging producties van 27 november 2013,
– de conclusie van antwoord van 22 januari 2014, met producties,
– het tussenvonnis van 5 maart 2014, waarbij een comparitie is bepaald,
– het proces-verbaal van de op 12 juni 2014 gehouden comparitie van partijen, met de daarin genoemde processtukken en proceshandelingen.

1.2. Ten slotte is vonnis bepaald.

Procesgang

Onder het kopje 'verloop van de procedure' wordt de procesgang beschreven. Hier kan teruggevonden worden hoe de procedure vanaf het moment van de dagvaarding is verlopen. In ons voorbeeld is er op 30 maart 2011 een dagvaarding uitgebracht aan de wederpartij. De zaak heeft vervolgens enige tijd stilgelegen. Dit blijkt uit het feit dat de zaak op de zogenoemde parkeerrol is gezet. Nadat de zaak weer opnieuw onder de aandacht van de rechter is gebracht, heeft de gedaagde op de dagvaarding gereageerd met een conclusie van antwoord. De rechter heeft vervolgens een tussenbeslissing gegeven. In die tussenbeslissing is een comparitie (zitting) bepaald. De zitting heeft vervolgens op 12 juni 2014 plaatsgevonden.

Indien de rechter de zaak nog niet rijp acht voor een beslissing of een zitting geeft hij partijen de mogelijkheid om een tweede schriftelijk stuk in te dienen. In dit tweede schriftelijke stuk kunnen eiser en gedaagde reageren op elkaars standpunten die naar voren zijn gekomen in de eerste ronde. Deze schriftelijke stukken van eiser en gedaagde worden respectievelijk conclusie van repliek en dupliek genoemd.

Conclusie van repliek

Dupliek

CITAAT 3.4 (D)

2 De feiten

2.1.

[eiser] is op 31 maart 2009 aan boord van KLM vlucht KL0644 vertrokken vanuit New York (Verenigde Staten van Amerika) met als bestemming Amsterdam. Vervolgens is hij op 1 april 2009 aan boord van KLM vlucht KL589 Business Class vertrokken vanuit Amsterdam met als bestemming Accra (Ghana).

2.3.

Tijdens de vlucht naar Ghana is [eiser] als gevolg van een allergische reactie in een anafylactische shock geraakt. Een aan boord aanwezige arts heeft hulp verleend en heeft de gezagvoerder geadviseerd te landen. Het toestel is vervolgens in Madrid geland, waar [eiser] van boord is gegaan om in het ziekenhuis te worden behandeld. [eiser] is daarna niet alsnog naar Ghana gereisd, maar is naar zijn moederland Noorwegen gegaan en later van daaruit terug naar zijn woonplaats Miami.

Alvorens een goede beslissing te kunnen nemen over het juridische geschil in deze zaak moet de feitelijke situatie helder zijn. Wat heeft zich nu precies afgespeeld voorafgaand aan de procedure? Waarom is er eigenlijk een geschil tussen partijen ontstaan? Onder het kopje 'de feiten' wordt de context van de zaak weergegeven. Het zijn feiten zoals die door de rechter zijn vastgesteld. Die feiten kunnen voortvloeien uit het feit dat partijen het eens zijn over de voorgevallen werkelijkheid of omdat de rechter uit eigen onderzoek heeft vastgesteld wat er zich in werkelijkheid heeft afgespeeld. Ten aanzien van dit laatste punt kan bijvoorbeeld gedacht worden aan het horen van getuigen en/of deskundigen. De 'vaststaande feiten' zijn die feiten van waaruit een rechter een beslissing neemt. Anders gezegd: zij zijn de basis voor zijn uitspraak. In ons voorbeeld zijn beide partijen het erover eens dat eiser als gevolg van een allergische reactie in een anafylactische shock is geraakt. De rechter zal bij het vervolg van zijn uitspraak uitgaan van dit feit.

Context van de zaak

CITAAT 3.5 (E)
3 Het geschil
3.1.
[eiser] vordert bij vonnis uitvoerbaar bij voorraad, voor zover mogelijk, kort weergegeven:
I.   een verklaring voor recht dat KLM aansprakelijk is voor de door het ongeval door [eiser] geleden en nog te lijden schade;
II. veroordeling van KLM tot betaling van de voorlopig begrote schade van €1.116.114,43 en €4.779,43, te vermeerderen met rente, althans veroordeling tot betaling van schade nader op te maken bij staat;
III. veroordeling van KLM tot betaling van €150.000,– als voorschot op de schadevergoeding, tenminste van €22.241,60;
IV. veroordeling van KLM tot betaling van €4.500,– exclusief BTW aan buitengerechtelijke incassokosten;
V.   veroordeling van KLM in de kosten van het geding alsmede de nakosten.

3.2.
[eiser] legt aan zijn vordering – samengevat – primair ten grondslag dat KLM op grond van de vervoersovereenkomst en artikel 17 van het Verdrag tot het brengen van eenheid in enige bepalingen inzake het internationale luchtvervoer gesloten te Warschau op 12 oktober 1929, zoals gewijzigd bij Protocol van 's-Gravenhage van 28 september 1955 (hierna: het Verdrag van Warschau) aansprakelijk is voor de door hem als gevolg van de anafylactische shock geleden en te lijden schade. De anafylactische shock is veroorzaakt doordat KLM [eiser] aan boord van het vliegtuig voedsel heeft geserveerd waarvoor hij allergisch is, terwijl [eiser] van zijn allergie voor noten en schaaldieren melding had gemaakt. Dit levert een ongeval op in de zin van artikel 17 van het Verdrag van Warschau, waarvoor KLM als vervoerder aansprakelijk is. Subsidiair en meer subsidiair is voornoemde handelwijze van KLM en haar personeel onrechtmatig in de zin van de artikelen 6:162, 6:170 en 6:171 van het Burgerlijk Wetboek (hierna: BW).

Vordering

De vordering is uiteindelijk waar het voor partijen om draait. In veel gevallen is dit vertaald in een bedrag in geld. In deze zaak wordt er door eiser een bedrag van €1.116.114,43 gevorderd. Aangezien dit bedrag meer is dan €25.000 dient er, zoals we hiervoor al hebben kunnen lezen, geprocedeerd te worden bij de sector civiel. Naast deze hoofdvordering wordt er door eiser de wettelijk vastgestelde rente gevorderd. Over het algemeen zal de partij die de procedure verliest in de kosten van de procedure worden veroordeeld

Kosten-veroordeling

voor zover dit aan de rechter verzocht is. Een dergelijke kostenveroordeling is logisch als bedacht wordt dat de winnende partij kosten heeft moeten maken omdat zij door toedoen van de wederpartij in een gerechtelijke procedure is beland. Naast de vordering treffen we in dit gedeelte van de uitspraak de onderbouwing van de vordering aan. Het betreft de onderbouwing of samenvatting van de onderbouwing zoals die door eiser in de dagvaarding is geformuleerd. Eiser zal op een deugdelijke manier moeten beargumenteren op basis waarvan hij van mening is dat hij een dergelijk bedrag van gedaagde heeft te vorderen. Doet hij dit niet, dan loopt hij de kans de procedure te verliezen omdat er sprake is van onvoldoende onderbouwing van de vordering.

CITAAT 3.6 (F)
3.3.
KLM heeft de vordering gemotiveerd weersproken. Op de stellingen van partijen wordt hierna, voor zover voor de beoordeling van belang, nader ingegaan.

Zo belangrijk als het voor eiser is om zijn vordering goed te onderbouwen, zo belangrijk is het voor gedaagde om haar verweer deugdelijk te beargumenteren. In het recht geldt vaak het gezegde: wie zwijgt stemt toe! In een uitspraak worden onder het kopje 'geschil' tevens vaak de belangrijkste argumenten uit de conclusie van antwoord van gedaagde weergegeven. In deze zaak is gedaagde van mening dat zij niet aansprakelijk is voor de door eiser als gevolg van de anafylactische shock geleden en te lijden schade. In ons voorbeeld ontbreekt op deze plek de samenvatting van het standpunt van gedaagde. De rechtbank verwijst naar het vervolg van de uitspraak.

Beargumenteren

CITAAT 3.7 (G)
4 De beoordeling
4.1.
Ter beoordeling ligt voor of KLM op grond van de vervoersovereenkomst aansprakelijk is jegens [eiser] voor de gevolgen van de anafylactische shock.

4.2.
Tussen partijen is in geschil op grond van welk verdrag die vraag moet worden beantwoord. Volgens [eiser] is het Verdrag van Warschau van toepassing, maar volgens KLM het Verdrag tot het brengen van eenheid in enige bepalingen inzake het internationale luchtvervoer zoals gesloten is te Montreal op 28 mei 1999 (hierna: het Verdrag van Montreal). In beide verdragen is de aansprakelijkheid van de luchtvervoerder geregeld in artikel 17 en deze artikelen bepalen beide – kort gezegd en voor zover hier van belang – dat de luchtvervoerder aansprakelijk is voor schade ontstaan in geval van lichamelijk letsel van een passagier wanneer het ongeval dat het letsel heeft veroorzaakt, heeft plaats gehad aan boord van het vliegtuig.

4.3.
Volgens vaste jurisprudentie die onder het Verdrag van Warschau is gewezen, is een 'ongeval' een 'unexpected and unusual event or happening that is external to the passenger'. Onder het Verdrag van Montreal dient het begrip 'ongeval' op dezelfde wijze te worden uitgelegd. Voor de vraag of KLM aansprakelijk is voor de anafylactische shock van [eiser] is daarom doorslaggevend of (de oorzaak van) deze shock als een 'ongeval' in deze zin is aan te merken, ongeacht of het Verdrag van Warschau of het Verdrag van Montreal van toepassing is. Gelet daarop zal, mede omdat partijen het debat over de vraag welk verdrag van toepassing is niet ten volle hebben gevoerd, de rechtbank in het midden laten welk van de twee verdragen hier dient te worden toegepast.

4.4.
Bij de beoordeling van de vraag of hier sprake is van een 'ongeval' stelt de rechtbank voorop dat de anafylactische shock op zichzelf als onverwachte

en ongewone gebeurtenis kan worden beschouwd, maar dat de allergie van [eiser] voor noten en schaaldieren die tot de shock heeft geleid in beginsel alleen een interne reactie is die, zonder andere bijkomende omstandigheden, dus juist niet buiten zijn persoon is gelegen en dus niet 'external to the passenger' is.

4.5.

[eiser] stelt zich op het standpunt dat toch sprake is van een gebeurtenis die buiten zijn persoon ligt, omdat KLM hem een maaltijd heeft toegediend die producten bevatte waarvoor hij had aangegeven allergisch te zijn. [eiser] stelt dat hij niet alleen de stewardess die hem in de business class bediende, maar ook andere leden van de cabinebemanning heeft ingelicht over zijn allergie door te zeggen: 'I am deadly allergic to nuts and shellfish'. Vervolgens, zo stelt hij, heeft de stewardess met hem de verschillende hoofdgerechten op de menukaart doorgenomen en aangewezen welke daarvan hij mocht hebben en van welke daarvan zij dat niet wist. Er was maar één voorgerecht. Dat was een couscousgerecht, waarvan de stewardess niet heeft gezegd dat hij het niet mocht hebben. Kort na het eten van het voorgerecht en vóór het hoofdgerecht is de allergische reactie opgetreden, zodat geconcludeerd moet worden dat de couscous (sporen van) noten en/of schaaldieren en/of daarvan afgeleide producten moet hebben bevat. Daarmee staat, volgens [eiser], vast dat KLM hem ondanks zijn waarschuwing toch voedsel heeft gegeven waarvoor hij allergisch is en daarmee is in zoverre sprake van een buiten zijn persoon gelegen gebeurtenis.

4.6.

KLM betwist de door [eiser] gegeven lezing van de gang van zaken aan boord. Hoe de feiten precies liggen, kan echter in het midden blijven. Ook als de lezing van [eiser] wordt gevolgd, is naar het oordeel van de rechtbank namelijk geen sprake van een 'ongeval' in de zin van de Verdragen van Warschau en Montreal. Daartoe wordt het volgende overwogen.

4.7.

Als de lezing van [eiser] wordt gevolgd, dan heeft hij gezegd dat hij 'dodelijk allergisch' is voor 'noten en schaaldieren'. Het was dan vervolgens aan KLM om hem geen voedsel te serveren waarvan duidelijk was dat dit noten en/of schaaldieren bevatte. Vast staat dat [eiser], behalve het couscousgerecht, geen ander door KLM aan boord geserveerd voedsel heeft gegeten. KLM heeft de ingrediëntenlijst van het couscousgerecht overgelegd en hierop staan geen noten en/of schaaldieren vermeld. Dat het gerecht desondanks dergelijke producten bevatte, is gesteld noch gebleken en kan daarom niet worden aangenomen. [eiser] heeft wel de mogelijkheid geopperd dat er een nootje in het gerecht terecht is gekomen, maar bij gebrek aan concrete aanknopingspunten dat dit daadwerkelijk het geval is geweest, moet die suggestie als louter theoretisch en dus te vaag terzijde worden gesteld. Als het gerecht niettemin tot een allergische reactie heeft geleid (KLM betwist ook dat en stelt dat de reactie wellicht is veroorzaakt door zelf meegebracht voedsel), dan ligt het voor de hand dat de allergie van [eiser] omvangrijker was dan hij zelf wist. De, door [eiser] ter comparitie erkende, mogelijkheid blijft dan open dat hij ook allergisch is voor overgebrachte sporen van noten en/of schaaldieren en voor producten die afgeleiden daarvan bevatten. [eiser] heeft niet gesteld dat hij de stewardess heeft verteld dat zijn allergie zo ernstig was; hij stelt alleen te hebben gezegd allergisch te zijn voor noten en schaaldieren. Het was echter aan [eiser] om KLM op de hoogte te stellen van de ernst van zijn allergie en niet aan KLM om er bij hem op door te vragen. Van de stewardess mag immers geen vergaande medische kennis worden verwacht. Onder deze omstandigheden is geen sprake van nalatigheid van KLM in de jegens [eiser] te betrachten zorg, die zou kunnen maken dat de onverwachte en ongewone gebeurtenis van de anafylactische shock 'external to the passenger' is. Dat betekent dat de allergische reactie van [eiser] niet is te kwalificeren als een gebeurtenis die buiten zijn persoon ligt, maar moet worden beschouwd als een louter interne reactie. Dit leidt tot de conclusie dat geen sprake is van een 'ongeval' in de zin van de Verdragen van Warschau en Montreal. De primaire grondslag van de vordering kan dus niet leiden tot aansprakelijkheid van KLM voor schade die [eiser] als gevolg van de anafylactische shock heeft geleden.

4.8.
Subsidiair en meer subsidiair beroept [eiser] zich op de artikelen 6:162 BW, 6:170 BW en 6:171 BW. Hetgeen hiervoor is overwogen leidt echter ook tot de conclusie dat KLM geen jegens [eiser] in acht te nemen (zorgvuldigheids) norm heeft geschonden en dat de stewardess geen fout heeft gemaakt, zodat de vordering op die grondslag evenmin toewijsbaar is, nog daargelaten of het mogelijk is naast de verdragsrechtelijke ook nationaalrechtelijke bepalingen aan de vordering ten grondslag te leggen.

4.9
Al het voorgaande leidt er toe dat de vordering van [eiser] zal worden afgewezen. Hetgeen partijen overigens nog hebben gesteld en aangevoerd, kan niet tot een ander oordeel leiden en behoeft daarom geen (nadere) bespreking.

4.9.
[eiser] zal als de in het ongelijk gestelde partij in de proceskosten worden veroordeeld. De kosten aan de zijde van KLM worden begroot op:
– griffierecht €3.537,00
– salaris advocaat €6.422,00 (2,0 punten × tarief €3.211,00)
Totaal €9.959,00.

De gevorderde nakosten zijn toewijsbaar zoals hierna in de beslissing is vermeld.

Door de vordering en het verweer naast elkaar te leggen en deze te bezien in het licht van de feiten komt men bij de juridische kern van een geschil. In een procedure kunnen partijen strijd hebben over de feiten, over de toepassing van het recht op de feiten of over beide elementen. Zij kunnen de rechter bijvoorbeeld vragen een beslissing te nemen over:

Kern van een geschil

* welke feiten rechtens tussen partijen gelden;
* hoe een specifieke rechtsregel uitgelegd moet worden;
* hoe een afspraak in het licht van het recht uitgelegd moet worden.

Indien partijen een rechter vragen om een beslissing te nemen over hoe het recht uitgelegd of toegepast moet worden, spreken we van een rechtsvraag.

De rechter geeft onder het kopje 'beoordeling van het geschil' gemotiveerd aan hoe de rechtsvraag beantwoord moet worden. Voor een jurist is dit gedeelte van een uitspraak het meest interessant. Immers, hier wordt de puzzel van het recht een stukje verder ingekleurd of bevestigd. Als naar de hiervoor beschreven motivering wordt gekeken, kan bijvoorbeeld het volgende geconcludeerd worden. Partijen zijn het niet eens of de voorgevallen gebeurtenissen onder de term 'ongeval' vallen als bedoeld in het verdrag. De rechter zegt: '… dat de allergische reactie van [eiser] niet is te kwalificeren als een gebeurtenis die buiten zijn persoon ligt, maar moet worden beschouwd als een louter interne reactie. Dit leidt tot de conclusie dat geen sprake is van een 'ongeval' in de zin van de Verdragen van Warschau en Montreal.' Door deze uitspraak is voor derden een klein stukje duidelijker geworden wat onder de term 'ongeval' in de zin van de betreffende verdragen verstaan moet worden.

CITAAT 3.8 (H)
5 De beslissing
De rechtbank
5.1.
wijst de vordering af,

5.2.
veroordeelt [eiser] in de proceskosten, aan de zijde van KLM tot op heden begroot op €9.959,00,

5.3.
veroordeelt [eiser] in de na dit vonnis ontstane kosten, begroot op €131,00 aan salaris advocaat, te vermeerderen, onder de voorwaarde dat [eiser] niet binnen 14 dagen na aanschrijving aan het vonnis heeft voldaan en er vervolgens betekening van de uitspraak heeft plaatsgevonden, met een bedrag van €68,00 aan salaris advocaat en de explootkosten van betekening van de uitspraak,

5.4.
verklaart dit vonnis wat betreft de kostenveroordelingen uitvoerbaar bij voorraad.
Dit vonnis is gewezen door mr. W.M. de Vries, mr. L. van Berkum en mr. B. van Berge Henegouwen en in het openbaar uitgesproken op 30 juli 2014.

Beslissing

In citaat 3.8 is de uiteindelijke beslissing van de rechter geformuleerd. De rechter kan de vordering geheel of gedeeltelijk toe- of afwijzen. Voor partijen zal dit veelal de belangrijkste passage van de uitspraak zijn. Zoals uit het voorgaande duidelijk is geworden hebben juristen vooral interesse in de motivering van de beslissing.

T 3.1

TUSSENVRAAG 3.1
Bestudeer de uitspraak van de rechtbank Rotterdam van 10 augustus 2006 (ECLI:NL:RBROT:2006:AY6157) en beantwoord de volgende vragen:
a Geef aan waarom deze zaak dient bij de rechtbank Rotterdam sector kanton.

b Wie is gemachtigde van eiseres?

c Deel het vonnis op met behulp van de letters A tot en met H zoals dit is gedaan in het hiervoor in acht citaten uitgewerkte voorbeeld.

d Beschrijf in enkele zinnen waar het geschil in deze zaak om draait.

e Wat vordert eiseres en op grond waarvan?

f Wat is het verweer van gedaagde?

g Formuleer in maximaal twee zinnen waar het juridisch in deze zaak om draait.

h Wat is de kern van de motivering van de rechter om de vordering af te wijzen?

3.4 Civiele rechtspraak bij het gerechtshof

3

Als één van de partijen het niet eens is met de beslissing zoals die in eerste aanleg is gedaan, kan zij in hoger beroep gaan. Tegen een uitspraak van de rechtbank kan in principe, uitzonderingen daargelaten, beroep aangetekend worden bij het gerechtshof. In deze paragraaf zal een uitspraak in hoger beroep besproken worden. Een uitspraak van het gerechtshof wordt in dagvaardingsprocedures een arrest genoemd en in verzoekschriftprocedures een beschikking. Aangezien de rechter in hoger beroep de zaak in zijn geheel overdoet, zal de uitspraak niet in zijn geheel besproken worden. Immers, vele elementen in een uitspraak in hoger beroep zijn hetzelfde als in een uitspraak in eerste aanleg. We bespreken dan ook slechts de kenmerkende elementen van een uitspraak in hoger beroep (PRG 2003/6125).

Arrest
Beschikking

CITAAT 3.9 (A)
De beoordeling
1. Het Hof gaat uit van de feiten zoals die door de rechtbank onder punt 2 'de vaststaande feiten' van het bestreden vonnis zijn vastgesteld, nu tegen deze vaststelling in hoger beroep niet is opgekomen.

2. Het gaat in deze zaak om het volgende. Verhuurder heeft een huurovereenkomst met huurder gesloten voor de driekamerwoning aan de (...) tweede etage, te Rotterdam. Huurder heeft in het gehuurde een hennepplantage gehad die in december 2001 door de politie is ontmanteld. Daarbij heeft de politie in twee slaapkamers onder meer 132 bloeiende hennepplanten en 6.318 gram oogst in beslag genomen. In de woning werd schade geconstateerd doordat een gat in de buitenmuur was gehakt ten behoeve van ventilatie en ook een gat in de binnenmuur was gehakt om de slaapkamers te betreden. Huurder heeft illegaal stroom afgetapt. Daartoe heeft hij in de meterkast een hoofdzekering bijgeplaatst, hierop een bypass aangesloten, waarop zeven assimilatielampen waren aangesloten. De combinatie van de gebruikte – en veel te lichte kabel – en het afgenomen vermogen creëerde een zeer brandgevaarlijke situatie.

Omdat partijen het vaak over de voorgevallen feiten wel eens zijn heeft het weinig zin om in hoger beroep nogmaals hierover van gedachten te wisselen. Daarom wordt in hoger beroep vaak door middel van citaat 3.9 onder 1 verwezen naar het feitenrelaas zoals dit in eerste aanleg is vastgesteld.

Voorgevallen
feiten

Voor de geïnteresseerde buitenstaander is het dan ook niet altijd een gemakkelijke opgave om de feiten te achterhalen. In veel gevallen zal een gehele uitspraak gelezen moeten worden alvorens men zich een goed beeld heeft kunnen vormen van de voorgevallen feiten. In sommige gevallen wordt er een korte samenvatting gegeven van de kern van de zaak. In het arrest van het hof dat hier besproken wordt, valt te lezen dat de betreffende huurder een hennepplantage in zijn woning had met alle gevaren van dien (citaat 3.9 onder 2).

CITAAT 3.10 (B)
4. Grief I luidt als volgt:
'Ten onrechte overweegt de kantonrechter dat op grond van de in genoemd vonnis omschreven omstandigheden in onderling verband tegen elkaar afwegend en rekening houdende met het grote belang van huurder om de huurovereenkomst te kunnen voortzetten, thans onvoldoende grond is voor toewijzing van de gevorderde ontbinding van de huurovereenkomst en ontruiming van het gehuurde en vervolgens de vordering af te wijzen.' In de toelichting bij de grief wordt aangevoerd dat de combinatie van de gebruikte kabel en het afgenomen vermogen een brandgevaarlijke situatie met de elektrische installatie creëerde. Hierbij stelt verhuurder dat huurder een levensgevaarlijke situatie heeft geschapen en dat de medehuurders een groot gevaar hebben gelopen en dat nu nog lopen. Verhuurder klaagt erover dat de rechtbank alleen heeft gekeken naar de omstandigheden van huurder.

Wanneer één van de partijen in hoger beroep gaat, valt zij de uitspraak in eerste aanleg aan. Uiteraard dient de betreffende partij het gerechtshof de redenen aan te geven waarom zij van mening is dat de bestreden uitspraak niet correct is. Deze redenen worden **grieven** genoemd en moeten worden verwoord in een officieel processtuk. Dit processtuk noemen we de **memorie van grieven**. De partij die de beslissing van de rechtbank aanvalt, wordt **appellant** genoemd. Een appellant is dus de eiser in hoger beroep. Het is belangrijk om te beseffen dat dit niet noodzakelijkerwijs dezelfde partij is die in eerste aanleg eiser was. Immers het is heel wel mogelijk dat de gedaagde in eerste aanleg hoger beroep aantekent. Hierdoor wordt de gedaagde in eerste aanleg appellant (eiser) in hoger beroep.

De wederpartij in hoger beroep wordt **geïntimeerde** genoemd. Deze partij verweert zich tegen de grieven die door appellant zijn aangevoerd. Dit doet zij in de **memorie van antwoord**. In citaat 3.10 wordt door appellant aangevoerd dat de kantonrechter ten onrechte onvoldoende grond heeft gezien om de huurovereenkomst te ontbinden met huurder omdat er door de rechter te veel is gekeken naar de omstandigheden van laatstgenoemde. Hieruit kan afgeleid worden dat de verhuurder in casu appellant is en de huurder geïntimeerde.

CITAAT 3.11 (C)
5. Huurder meent dat de rechtbank bij haar beoordeling wel rekening heeft gehouden met alle omstandigheden van het geval, ook met de zogenaamde, voor huurder nadelige omstandigheden.

De kern van het verweer van geïntimeerde is dat de rechtbank wel degelijk rekening heeft gehouden met alle omstandigheden van het geval en dat daarom geconcludeerd kan worden dat de voor de huurder gunstige uitspraak van de rechtbank in stand moet blijven.

Kern van het verweer

CITAAT 3.12 (D)
6. Uitgangspunt bij de beoordeling van de vordering van verhuurder is dat een tekortkoming in de nakoming van een van de op huurder uit de huurovereenkomst voortvloeiende verbintenissen grond voor (gehele of gedeeltelijke) ontbinding oplevert, tenzij de tekortkoming, gezien haar bijzondere aard of betekenis, deze ontbinding niet rechtvaardigt.

3

Het gerechtshof brengt in citaat 3.12 de zaak terug tot twee juridische kernvragen. Volgens het hof gaat het ten eerste om de vraag of de gedragingen van de huurder als een tekortkoming in de nakoming van de huurovereenkomst gekwalificeerd kunnen worden. Indien deze eerste vraag bevestigend wordt beantwoord, dan zal het hof zich nog moeten afvragen of de betreffende tekortkoming van dien aard of betekenis is dat het middel van ontbinding gerechtvaardigd is. Deze passage is interessant voor een jurist aangezien hier de vragen worden gesteld die bij beantwoording verder invulling kunnen geven aan de termen 'bijzondere aard of betekenis' zoals die opgenomen zijn in art. 6:265 BW.

Juridische kernvragen

CITAAT 3.13 (E)
7. Vast staat dat huurder in het gehuurde een hennepplantage heeft gehad, dat huurder ten behoeve van de exploitatie van die plantage zowel in de buitenmuur als in een binnenmuur een gat heeft gehakt en dat de door huurder voor de exploitatie aangebrachte (te lichte) elektriciteitskabel gelet op het door hem afgenomen elektrisch vermogen, een zeer brandgevaarlijke situatie in het gehuurde – gelegen in een pand waarin ook andere huurders woonachtig zijn – heeft gecreëerd.
8. Voorts kan er, zoals in het vonnis waarvan beroep onbestreden is overwogen, van worden uitgegaan dat de onderhavige exploitatie van de hennepplantage als bedrijfsmatig en strijdig met de bestemming van het gehuurde kan worden gekarakteriseerd. Het door huurder aangevoerde leidt niet tot een ander oordeel.
9. Het onder 7 en 8 overwogene impliceert dat de tekortkoming van huurder waar verhuurder zich op beroept, ook gelet op de aard van de overeenkomst, niet als van geringe betekenis kan worden aangemerkt. Het Hof neemt bij dit oordeel in ogenschouw, dat het gehuurde huurder tot onderdak dient, doch tekent daarbij aan dat de tekortkoming van huurder een brandgevaarlijke situatie heeft opgeleverd, ook voor de andere huurders in het pand.
10. Huurder heeft onvoldoende feiten gesteld waaruit zou kunnen worden afgeleid dat de (bijzondere) aard van zijn tekortkoming, gezien de aard van de overeenkomst, aan ontbinding in de weg staat.
11. Met betrekking tot hetgeen huurder in verband met de gevolgen die ontbinding van de huurovereenkomst voor hem zal hebben – kort gezegd

daarop neerkomend dat een gedwongen verhuizing negatieve gevolgen zal hebben voor hem als afkickend drugsverslaafde en lijdend aan hiv alsmede dat een verhuizing onrust mee zal brengen voor zijn elfjarige dochter, voor wie hij gedeeltelijk de zorg heeft, en de kans dat een andere woningbouwvereniging niet zal willen verhuren aan iemand van wie een vorige huurovereenkomst wegens wanprestatie is ontbonden – overweegt het Hof, dat ontbinding voor huurder ingrijpend zal (kunnen) zijn, doch dat het door hem aangevoerde, alle omstandigheden in aanmerking genomen, niet van dien aard is, dat ontbinding in dit geval niet gerechtvaardigd zou zijn, of – verder strekkend – dat verhuurder zich naar maatstaven van redelijkheid en billijkheid niet op haar bevoegdheid tot ontbinding zou mogen beroepen.

Beantwoording

In citaat 3.13 geeft het hof antwoord op de in citaat 3.12 genoemde vragen. Deze beantwoording vormt de kern van dit arrest. Zoals hieruit blijkt, acht het hof de omstandigheden van geïntimeerde niet van dusdanig bijzondere aard of betekenis dat ontbinding niet gerechtvaardigd zou zijn.

CITAAT 3.14 (F)

12. Het voorgaande leidt tot de gevolgtrekking, in het licht waarvan de tweede grief geen bespreking meer behoeft, dat verhuurder terecht geappelleerd heeft en dat de gevorderde ontbinding als na te melden toegestaan is. Het Hof zal de gevorderde ontruiming op een termijn als hierna vermeld toewijzen.
13. De eerste grief slaagt. Het bestreden vonnis zal worden vernietigd. Huurder zal als de in het ongelijk gestelde partij worden veroordeeld in de kosten van beide instanties.

Conclusie

Het hof komt dan ook tot de conclusie dat de aangevoerde grief door appellant slaagt en vernietigt het vonnis van de rechtbank. Dit betekent dat de huurovereenkomst dus ontbonden wordt en dat huurder veroordeeld wordt in de kosten van beide instanties.

T 3.2

TUSSENVRAAG 3.2

Bestudeer de uitspraak van het gerechtshof Leeuwarden van 15 juni 2010 (ECLI:NL:GHLEE:2010:BN0407) en beantwoord de volgende vragen:
a Geef aan waarom deze zaak dient bij het gerechtshof Leeuwarden.
b Deel het arrest op met behulp van de letters A tot en met F zoals dit is gedaan in het voorbeeld van subparagraaf 3.3.2.
c Waar is deze zaak in eerste aanleg behandeld?
d Wie was eiser in eerste aanleg en wie gedaagde?
e Wie is in hoger beroep appellant (eiser in hoger beroep) en wie is geïntimeerde (gedaagde in hoger beroep)?
f Beschrijf in enkele zinnen waar het geschil in deze zaak om draait.
g Wat vordert appellant en waarom?
h Formuleer in maximaal twee zinnen waar het juridisch in deze zaak om draait.
i Wat is de kern van de motivering van de raadsheren om het bestreden vonnis te bekrachtigen?

⬛3.5 Civiele rechtspraak bij de Hoge Raad

Is een van de partijen het niet eens met een beslissing in hoger beroep, dan kan deze als laatste nog naar de hoogste Nederlandse rechter, de Hoge Raad, (in cassatie gaan). De beslissingen van de Hoge Raad zijn van groot belang voor onze rechtsontwikkeling, omdat zij door de lagere rechters worden gebruikt voor de oplossing van gelijksoortige geschillen. Een van de aspecten die opvalt als een beslissing van de Hoge Raad wordt gelezen, is dat deze beslissingen vele bladzijden aan tekst omvatten. De hoeveelheid aan tekst in deze uitspraken heeft verschillende oorzaken. Ten eerste worden in uitspraken van de Hoge Raad de beslissingen van de rechter in eerste aanleg en hoger beroep weergegeven. Ten tweede moet een partij die in cassatie gaat cassatiemiddelen aanvoeren. Cassatiemiddelen zijn de gronden die aangevoerd worden tegen de beslissing in hoger beroep. Zoals reeds in paragraaf 3.2 is gezegd kan er bij de Hoge Raad niet meer gediscussieerd worden over de feiten. In de cassatiemiddelen vinden we dan ook geen klachten over de vastgestelde feiten maar over bijvoorbeeld de toepassing van het recht. Doordat deze cassatiemiddelen uiterst zorgvuldig en genuanceerd geformuleerd worden, nemen zij vele pagina's in beslag.

Cassatie-middelen

De derde reden is gelegen in het feit dat de Hoge Raad alvorens hij een beslissing neemt een schriftelijk advies aan het Openbaar Ministerie vraagt. De ambtenaren die de Hoge Raad van een dergelijk advies voorzien zijn de advocaat-generaal (afgekort A-G) of de procureur-generaal (afgekort P-G). Dit advies is een omvangrijk wetenschappelijk stuk waarin nauwgezet alle aspecten van de zaak aan de orde komen. In bijna ieder advies wordt uitgebreid verwezen naar schrijvers van boeken en bijdragen in vakbladen waarin standpunten worden verdedigd die op het geschil betrekking hebben. De adviezen van de A-G en de P-G worden conclusies genoemd.

Procureur-generaal

Conclusies A-G en P-G

Het laatste aspect dat debet is aan de grote omvang van arresten is de zogenoemde noot. Als een uitspraak van de Hoge Raad zeer ingewikkeld of interessant is voor de rechtspraktijk, wordt er in sommige gevallen een noot bij geschreven. Een noot is een wetenschappelijke verhandeling van een juridisch deskundige over de betreffende zaak. Deze juridisch deskundige is vaak hoogleraar op het rechtsgebied waarover de zaak handelt. In de noot maakt de annotator (zo wordt de schrijver van een noot genoemd) een koppeling met eerdere uitspraken van de Hoge Raad die betrekking hebben op hetzelfde juridische onderwerp dat in de betreffende zaak centraal staat. Omdat een noot wordt geschreven over een reeds gedane uitspraak van de Hoge Raad, maakt hij daarvan als zodanig dus geen onderdeel uit. Hierna zal de opbouw van een arrest besproken worden (ECLI:NL:HR:2001:AB1338). Uiteraard worden alleen die onderdelen besproken die afwijken van de reeds besproken uitspraken.

Noot

Annotator

CITAAT 3.15 (A)

1. Het geding in feitelijke instanties

Verweerders in cassatie – verder te noemen: [verweerder] – hebben bij exploit van 21 april 1994 eiseres tot cassatie – verder te noemen: [eiseres] – gedagvaard voor de rechtbank te Roermond en veroordeling van [eiseres] gevorderd tot betaling van €394.122 vermeerderd met de wettelijke rente

3

vanaf 4 april 1994, alsmede tot vergoeding van de door [verweerder] ter zake vanaf week 13-1994 geleden schade, nader op te maken bij staat. [Eiseres] heeft de vordering bestreden.

Bij tussenvonnis van 11 mei 1995 heeft de rechtbank een gerechtelijke plaatsopneming, een comparitie van partijen en een deskundigenbericht bevolen alsmede een deskundige benoemd.

Nadat de rechtbank bij een tweede tussenvonnis een tweede deskundige had benoemd, heeft de rechtbank bij eindvonnis van 16 oktober 1997 de vorderingen van [verweerder] afgewezen.

Tegen de vonnissen heeft [verweerder] hoger beroep ingesteld bij het gerechtshof te 's-Hertogenbosch.

Bij memorie van antwoord heeft [eiseres] incidenteel beroep ingesteld. [Verweerder] heeft geconcludeerd tot verwerping van het incidentele beroep en tot bekrachtiging van het tussenvonnis van 11 mei 1995, zonodig met verbetering van gronden.

Bij arrest van 26 april 1999 heeft het Hof [verweerder] niet-ontvankelijk verklaard in zijn hoger beroep tegen het tussenvonnis van 7 juni 1995, het vonnis van 16 oktober 1997 vernietigd en, opnieuw rechtdoende, [eiseres] veroordeeld tot vergoeding van schade, door [verweerder] geleden als gevolg van de levering door [eiseres] van een met Ethidimuron verontreinigd vat ijzerchelaat, deze schade op te maken bij staat, waarin begrepen de wettelijke rente vanaf 4 april 1994 en het incidentele beroep verworpen.

Het arrest van het Hof is aan dit arrest gehecht.

Citaat 3.15 geeft op chronologische wijze de processuele stappen weer die tot aan de uitspraak van de Hoge Raad zijn genomen. Dat procederen lang kan duren, blijkt uit het feit dat de uitspraak van de Hoge Raad dateert van 27 april 2001 terwijl de dagvaarding in eerste aanleg al uitgebracht is op 21 april 1994, ruim zeven jaar eerder.

Alvorens de uitspraak inhoudelijk te lezen, is het voor het kunnen begrijpen van de uitspraak van belang om eerst uit te maken in welke hoedanigheid partijen geprocedeerd hebben in hoger beroep en eerste aanleg. In casu is eiser in eerste aanleg dezelfde partij als appellant in hoger beroep en verweerder in cassatie. Het zal geen verbazing wekken dat de tekst uit citaat 3.15 een stuk gemakkelijker te begrijpen is als de lezer de kwaliteit van partijen duidelijk op zijn netvlies heeft staan.

CITAAT 3.16 (B)

2. Het geding in cassatie

Tegen het arrest van het Hof heeft [eiseres] beroep in cassatie ingesteld. De cassatiedagvaarding is aan dit arrest gehecht en maakt daarvan deel uit.[Verweerder] heeft geconcludeerd tot verwerping van het beroep. De zaak is voor partijen toegelicht door hun advocaten en voor [verweerder] mede door mr. T.F.E. Tjong Tjin Tai, advocaat bij de Hoge Raad.

De conclusie van de advocaat-generaal A.S. Hartkamp strekt tot verwerping van het beroep. Het arrest van het Hof is aan dit arrest gehecht.

In citaat 3.16 wordt kort uiteengezet wat tot aan de uitspraak de stand van zaken is in de cassatieprocedure.

CITAAT 3.17 (C)

3. Beoordeling van het middel

3.1 In cassatie kan van het volgende worden uitgegaan

(i) [Verweerder] exploiteert een rozenkwekerij. Als meststof gebruikt hij onder meer een ijzerhoudend product, ijzerchelaat, dat onder de merknaam BioFer op de markt wordt gebracht door Epenhuijsen Chemie en onder meer wordt verkocht door [eiseres].

(ii) Omstreeks 10 juni 1993 heeft [verweerder] van [eiseres] een vat BioFer gekocht en geleverd gekregen. [Verweerder] heeft het product vanaf medio juli 1993 in het druppelsysteem van de kwekerij in gebruik genomen en als voedings- en meststof toegediend aan de in zijn kassen gekweekte rozenplanten. De groei van de planten liep vervolgens snel terug, de bladontwikkeling werd minimaal, het blad vertoonde verdrogingsverschijnselen en de houdbaarheid na verkoop van de rozen liep sterk terug.

3.2 In dit geding heeft [verweerder] jegens [eiseres] de hiervoren onder 1 vermelde vordering ingesteld. [Verweerder] heeft aan de vordering ten grondslag gelegd dat [eiseres] jegens haar wanprestatie heeft gepleegd dan wel onrechtmatig heeft gehandeld door haar een voor rozen bestemde voedingsstof en meststof te leveren die een herbicide bevatte, ten gevolge waarvan ernstige schade is ontstaan aan de door [verweerder] geteelde rozen. De rechtbank heeft de vordering afgewezen.

3.3 Het Hof heeft [eiseres] veroordeeld tot vergoeding van schade, door [verweerder] geleden als gevolg van de levering door [eiseres] van een vat met het herbicide Ethidimuron verontreinigd ijzerchelaat, welke schade dient te worden opgemaakt bij staat en dient te worden vereffend volgens de wet. Het Hof heeft daartoe, voor zover in cassatie van belang, het volgende overwogen. In grief I heeft [eiseres] betoogd dat de overweging van de rechtbank, die inhoudt dat de enkele omstandigheid dat het geleverde niet voldeed aan de overeenkomst, tot aansprakelijkheid van [eiseres] zou leiden, onjuist is. Het Hof oordeelt dat deze overweging van de rechtbank niet kan worden aanvaard, aangezien de aansprakelijkheid rechtstreeks uit de nonconformiteit wordt afgeleid, zonder dat blijkt of de rechtbank zich rekenschap heeft gegeven van de overige vereisten voor een zodanige aansprakelijkheid. Een en ander kan [eiseres] echter niet baten, aangezien naar het oordeel van het Hof voor industrieel vervaardigde zaken geldt dat naar verkeersopvattingen gebreken daaraan voor risico van de verkoper komen, ook als hij die gebreken niet kende noch behoorde te kennen.

3.4 Het Hof heeft voorts overwogen dat [eiseres] in beginsel aansprakelijk is als de ondeugdelijkheid van het geleverde komt vast te staan, aangezien gebreken aan het product voor risico komen van [eiseres] en van andere omstandigheden die desondanks tot overmacht moeten leiden, niet is gebleken. Gelet op het feit dat er geen exoneratiebeding gold, behoeft naar het oordeel van het Hof niet te worden onderzocht of en in hoeverre het voor een verkoper mogelijk is zich te exonereren voor verplichtingen die de kern van de verbintenis uitmaken.

Inhoudelijk wordt de zaak besproken onder het kopje 'beoordeling van het middel'. De Hoge Raad beargumenteert in dit gedeelte van de uitspraak in hoeverre het cassatiemiddel terecht is aangewend. De Hoge Raad begint met het uiteenzetten van de feiten zoals die door de feitelijke rechters zijn vastgesteld en daarmee het uitgangspunt vormen van de uitspraak in cassatie.

Na weergave van de feiten worden de belangrijkste overwegingen die de rechters in eerste aanleg en hoger beroep aan hun beslissingen ten grondslag hebben gelegd besproken. In dit gedeelte van de uitspraak kan men uitvoerige citaten tegenkomen van rechters in feitelijke instanties. Het is dan ook zaak om steeds na te gaan wie in de uitspraak aan het woord is.

3

CITAAT 3.18 (D)
3.5 Het middel richt zich tegen het hiervoor in 3.3 vermelde oordeel. Het strekt ten betoge dat het Hof ten onrechte heeft geoordeeld dat de verkeersopvattingen meebrengen dat er een rechtsregel bestaat, die onafhankelijk van de concrete omstandigheden van het geval ertoe leidt dat voor industrieel vervaardigde zaken geldt dat gebreken daaraan voor risico van de verkoper komen, ook als hij de gebreken niet kende noch behoorde te kennen. Daarbij dient er volgens het middel tevens van te worden uitgegaan dat het gebrek geheel buiten toedoen van [eiseres] is ontstaan en dat [eiseres] de zaken niet zelf heeft geproduceerd.

Eiser in cassatie geeft in zijn cassatiemiddelen aan waarom hij van mening is dat het recht niet goed is toegepast en/of vormen zijn verzuimd. In de door ons besproken uitspraak is eiseres van mening dat het hof ten onrechte heeft geoordeeld dat de term 'verkeersopvattingen' in art. 6:75 BW met zich meebrengt dat gebreken die kleven aan industrieel vervaardigde zaken voor rekening en risico komen van de verkoper. Volgens het hof maakt het daarbij niet uit of de verkoper wist of behoorde te weten dat de zaken gebrekkig waren. De Hoge Raad wordt dus gevraagd om uit te leggen of hetgeen het hof heeft verwoord juist is. Moet de term 'verkeersopvatting' aldus worden uitgelegd dat gebreken aan industrieel vervaardigde producten voor rekening van de verkoper komen?

Verkeers-
opvatting

CITAAT 3.19 (E)
3.6 Bij de beoordeling van de vraag of [eiseres] gehouden is de door [verweerder] geleden schade te vergoeden heeft als uitgangspunt te gelden dat het ijzerchelaat door de verontreiniging met Ethimiduron niet aan de overeenkomst beantwoordde. Er is derhalve sprake van een tekortkoming in de nakoming van de overeenkomst, die ingevolge art. 6:74 BW tot schadevergoeding verplicht, tenzij de tekortkoming de schuldenaar niet kan worden toegerekend. Nu in cassatie, in ieder geval veronderstellenderwijs, ervan moet worden uitgegaan dat [eiseres] het ijzerchelaat niet zelf heeft geproduceerd, dat het gaat om een gebrek dat geheel buiten haar toedoen is ontstaan en dat zij kende noch behoorde te kennen, zodat de tekortkoming niet aan haar schuld is te wijten, terwijl de tekortkoming evenmin krachtens de wet of een rechtshandeling voor haar rekening komt, moet, zoals het Hof met juistheid heeft overwogen, de vraag of zij aan [eiseres] moet worden

toegerekend, worden beantwoord aan de hand van de in het verkeer geldende opvattingen (art. 6:75). De verkeersopvattingen brengen mee dat in een
geval als het onderhavige een tekortkoming bestaande in een gebrek van
een verkocht product in beginsel voor rekening van de verkoper komt, ook
als deze het gebrek kende noch behoorde te kennen. Dit zal slechts anders
kunnen zijn in geval van, door de verkoper zo nodig te bewijzen, bijzondere
omstandigheden. Het bestaan van dergelijke bijzondere omstandigheden,
waarop in het onderhavige geval overigens geen beroep is gedaan, zal niet
snel mogen worden aangenomen. Dit een en ander vindt ook steun in de
parlementaire geschiedenis van het te dezen niet toepasselijke, immers
voor consumentenkoop geldende art. 7:24 (vgl. hetgeen daaromtrent is
weergegeven in de conclusie van de advocaat-generaal Hartkamp onder 9,
met name noot 5). Voor zover het middel onder 7 klaagt dat de door het Hof
aanvaarde regel een feitelijke risicoaansprakelijkheid voor de leverancier
van 'industrieel vervaardigde zaken' introduceert, miskent het dat volgens
het uitgangspunt van art. 6:74 deze leverancier aansprakelijk is, tenzij de
tekortkoming hem op de voet van art. 6:75, onder meer krachtens in het
verkeer geldende opvattingen, niet kan worden toegerekend. Evenmin valt in
te zien waarom deze regel op gespannen voet zou staan met de regeling
van de productenaansprakelijkheid, die niet op contractuele aansprakelijkheid maar op aansprakelijkheid uit de wet betrekking heeft, en de daarmee
verband houdende regeling van art. 7:24 lid 2. Aan de in deze bepaling
neergelegde regeling van de aansprakelijkheid van de leverancier in geval
van consumentenkoop ligt de gedachte ten grondslag dat hij, anders dan in
een geval als het onderhavige, zijn aansprakelijkheid jegens de consument
niet kan beperken of uitsluiten. Uit hetgeen hiervoor is overwogen volgt dat
het oordeel van het Hof juist is, zodat onderdeel 1 faalt.

Met uiterste precisie beantwoordt de Hoge Raad de rechtsvraag die door
eiseres is gesteld. In de eerste alinea wordt duidelijk afgebakend waar de
beantwoording op toeziet. Uit de wettekst van art. 6:75 BW is op te maken
dat een tekortkoming in de nakoming de schuldenaar niet kan worden toegerekend indien het niet te wijten is aan zijn schuld. Daarnaast moet het
niet op basis van de gesloten overeenkomst en/of wetsartikel voor zijn rekening komen. Als laatste moet de tekortkoming ook niet op basis van de geldende verkeersopvattingen voor zijn rekening komen. De argumentatie van
de Hoge Raad geeft nu juist met betrekking tot deze laatste term verdere
duidelijkheid. Op basis van het voorgaande heeft de Hoge Raad een onduidelijk stuk wettekst verder ingekleurd. Door deze verdere inkleuring is voor   **Verdere**
gelijksoortige situaties in de toekomst duidelijk wat onder de term verkeers-   **inkleuring**
opvattingen uit art. 6:75 BW begrepen moet worden.

TUSSENVRAAG 3.3   T 3.3
Bestudeer de uitspraak van de Hoge Raad van 14 juni 2013
(ECLI:NL:HR:2013:BZ4104) en beantwoord de volgende vragen:
a Waar is deze zaak in eerste aanleg en hoger beroep behandeld?
b Deel het arrest op met behulp van de letters A tot en met E zoals dit is
   gedaan in het voorbeeld van subparagraaf 3.3.2.
c Geef in eigen woorden weer over welke vraag de Hoge Raad volgens u
   moet oordelen.
d Wat is de kernoverweging van de rechtbank geweest om de vordering af
   te wijzen?

e Wat is de kernoverweging van het hof geweest om de vordering alsnog toe te wijzen?

f Welke kernoverweging van de Hoge Raad ligt ten grondslag aan zijn oordeel om het arrest van het hof te vernietigen?

3.6 Afdeling bestuursrechtspraak bij de Raad van State

Tot nu toe heeft in dit hoofdstuk bij de bespreking van verschillende uitspraken de rechtsverhouding tussen burgers onderling centraal gestaan. In deze paragraaf zal een uitspraak van de Afdeling bestuursrechtspraak van de Raad van State besproken worden waarbij de rechtsverhouding tussen de individuele burger en de overheid centraal staat.

Het is een taak van de overheid om op sommige terreinen in onze samenleving regulerend op te treden. Zou de overheid dit niet doen, dan zou de maatschappij een chaos worden waarbij iedereen doet waaraan hij behoefte heeft. Om dit te voorkomen, moet er door burgers op verschillende terreinen toestemming gevraagd worden aan de overheid. De overheid bestuurt het land op zowel centraal als decentraal niveau.

Stel, Abel wil een grote dakkapel op zijn huis plaatsen; hij zal daarvoor eerst toestemming moeten vragen aan het besturende orgaan van de gemeente. Het is immers denkbaar dat de buren van Abel geen zonlicht meer in hun tuinen krijgen nadat de dakkapel is geplaatst.

Bestuursorgaan

Het orgaan van de gemeente dat hierover een beslissing neemt, wordt bestuursorgaan genoemd. Het bestuursorgaan moet aan de hand van de wet beslissen of het bouwen van een dakkapel is toegestaan. Bij het nemen van die beslissing dient het onder andere de belangen van Abel en de buurman tegen elkaar af te wegen. Een dergelijke beslissing van een bestuursorgaan

Besluit

wordt een besluit genoemd. Stel dat na het nemen van het besluit Abel of zijn de buurman ontevreden is over de beslissing, bestaat er dan een mogelijkheid om iets tegen de beslissing van het bestuursorgaan te doen?

Bezwaar

Als een bestuursorgaan een beslissing (besluit) heeft genomen, kan de burger daartegen bezwaar aantekenen bij hetzelfde bestuursorgaan (uitzonderingen daargelaten). Omdat in een bezwaarschriftenprocedure het bezwaar bij hetzelfde bestuursorgaan ingediend moet worden, wordt deze procedure

Bestuurlijke heroverwegings- procedure

ook wel de bestuurlijke heroverwegingsprocedure genoemd. In ons voorbeeld zal Abel of zijn buurman dus bezwaar moeten maken bij het betreffende bestuursorgaan van de gemeente.

Beroep

Indien een burger na de bestuurlijke heroverweging nog steeds niet tevreden is met de beslissing kan hij, uitzonderingen daargelaten, in beroep gaan bij de rechtbank sector bestuursrecht. Tegen een uitspraak van deze rechter kan vervolgens in hoger beroep gegaan worden bij de Afdeling bestuurs-

Hoger beroep

rechtspraak van de Raad van State. In sommige gevallen zal echter hoger beroep moeten worden ingesteld bij de Centrale Raad van Beroep of het College van Beroep voor het bedrijfsleven.

De Raad van State is qua (algemeen) bestuursrechtelijke zaken het hoogste beroepsorgaan in ons land. Hierna zullen we de opbouw van een uitspraak van de Afdeling bestuursrechtspraak van de Raad van State bespreken (ECLI:NL:RVS:2006:AY7566).

Net als in de hiervoor besproken civiele uitspraken vinden we onder 'procesverloop' de tot aan de uitspraak doorlopen procedure.

CITAAT 3.20 (A)
1. Procesverloop
Bij besluit van 13 december 2004 heeft de burgemeester van Drimmelen (hierna: de burgemeester) aan [vergunninghouder], h.o.d.n. Rendez-Vous Privé (hierna: [vergunninghouder]) een vergunning verleend voor de exploitatie van een seksinrichting, prostitutiebedrijf ofwel privéhuis, op het perceel [locatie] te [plaats], gemeente Drimmelen (hierna: de inrichting).

Bij besluit van 1 april 2005 heeft de burgemeester het daartegen door appellanten gemaakte bezwaar ongegrond verklaard onder herstel van de motivering van het besluit van 13 december 2004.

Bij uitspraak van 27 december 2005, verzonden op dezelfde dag, heeft de rechtbank Breda (hierna: de rechtbank), voor zover thans van belang, het daartegen door appellanten ingestelde beroep ongegrond verklaard. Deze uitspraak is aangehecht.

Tegen deze uitspraak hebben appellanten bij brief, bij de Raad van State ingekomen op 7 februari 2006, hoger beroep ingesteld. De gronden zijn aangevuld bij brief van 2 maart 2006. Deze brieven zijn aangehecht.

Bij brief van 31 maart 2006 heeft de burgemeester van antwoord gediend.

Bij brief van 3 april 2006 heeft [vergunninghouder], die in de gelegenheid is gesteld als partij aan het geding deel te nemen, een memorie ingediend.

De Afdeling heeft de zaak ter zitting behandeld op 22 augustus 2006, waar appellanten in persoon, bijgestaan door mr. G.J.M. de Jager, advocaat te Tilburg, en de burgemeester, vertegenwoordigd door G.C.J. Slabbekoorn en M.E. van 't Zand, beiden werkzaam bij de gemeente, zijn verschenen. Tevens is daar verschenen [vergunninghouder], vertegenwoordigd door A.N.J.M. van Opstal, vergunninghouder.

In casu is op 13 december 2004 een besluit genomen door de burgemeester van Drimmelen waartegen beroep bij de rechtbank is ingesteld. Op 7 februari 2006 zijn appellanten in hoger beroep gegaan tegen de uitspraak van de rechtbank. In het bestuursrecht wordt degene die hoger beroep instelt appellant genoemd. Noch de belanghebbende (burger of rechtspersoon), noch het bestuursorgaan is verplicht om zich in een bestuursrechtelijke procedure te laten vertegenwoordigen door een advocaat. Dat neemt niet weg dat in veel gevallen de burger er wel voor kiest om een advocaat in de arm te nemen. Dat is ook in deze zaak het geval.

Appellant

CITAAT 3.21 (B)

2. Overwegingen

2.1 Ingevolge artikel 3.2.1, eerste lid, van de Algemene Plaatselijke Verordening Drimmelen (hierna: de APV) is het verboden om zonder vergunning van het bevoegde bestuursorgaan een seksinrichting of escortbedrijf te exploiteren of te wijzigen.

In artikel 3.2.2 van de APV zijn (gedrags)eisen vermeld die worden gesteld aan de exploitant of de beheerder.

Ingevolge artikel 3.3.2, eerste lid, aanhef en onder a, van de APV wordt de vergunning geweigerd indien de exploitant of de beheerder niet voldoet aan de in artikel 3.2.2 gestelde eisen. Ingevolge artikel 3.3.2, tweede lid, aanhef en onder b en c, van de APV, voor zover thans van belang, kan de vergunning worden geweigerd in het belang van het voorkomen of beperken van overlast en in het belang van het voorkomen of beperken van aantasting van het woon- en leefklimaat.

Onder 'overwegingen' wordt begonnen met het scheppen van het kader in welk licht de beroepsgrond moet worden beoordeeld. In dit geval moet op basis van de plaatselijke verordening beoordeeld worden of de vergunning terecht door de burgemeester aan de vergunninghouder is afgegeven. Hierbij is van belang hoe de zinsneden 'belang van voorkomen of beperken van overlast' en 'belang van voorkomen of beperken van aantasting van woon- en leefklimaat' moeten worden uitgelegd. Hierbij zullen de rechtbank en de Afdeling slechts toetsen of de burgemeester in redelijkheid tot zijn beslissing heeft kunnen komen. Dat betekent dat de burgemeester een bepaalde vrijheid heeft om hierover te oordelen. Dit past ook in de lijn van de *trias politica* van Montesquieu. Deze theorie zal hier verder niet behandeld worden maar kan teruggevonden worden in een inleidend boek over staats- en bestuursrecht.

CITAAT 3.22 (C)

2.3 Appellanten, die schuin tegenover de inrichting wonen, op een afstand van ongeveer 44 meter, stellen overlast te ondervinden van de auto's die het parkeerterrein van de inrichting op- en afrijden, te weten het geluid van het grind, het dichtslaan van deuren, getoeter en het schijnen van de koplampen in hun woning, en voorts van het regelmatig op de weg parkeren door bezoekers van de inrichting.

Met de rechtbank is de Afdeling van oordeel dat weliswaar aannemelijk is dat sprake is van enige hinder bij het op- en afrijden van auto's van het parkeerterrein, maar dat die hinder niet zodanig is dat de burgemeester de vergunning in redelijkheid niet heeft kunnen verlenen. Daarbij heeft de rechtbank terecht in aanmerking genomen dat de oprit naar het parkeerterrein aan de straatzijde met klinkers is bestraat en het grind waarop de auto's rijden pas begint aan de achterkant van de inrichting waar de parkeerplaatsen zijn gesitueerd, dat de snelheid van de voertuigen wanneer deze het grind berijden zeer gering is en het gaat om een relatief klein aantal verkeersbewegingen. De rechtbank heeft verder met juistheid overwogen dat de capaciteit van het parkeerterrein als voldoende dient te worden aangemerkt en dat niet is gebleken van (meer dan incidentele) overtredingen met betrekking tot het parkeren van voertuigen door bezoekers van de inrichting. Aan de vergunning is voorts het voorschrift verbonden dat de exploitant of de beheerder erop dient toe te zien dat bezoekers van de seksinrichting hun voertuigen parkeren op de daarvoor bestemde parkeerplaats behorende bij deze inrichting. Indien dit voorschrift niet wordt nageleefd, kunnen appellanten de burgemeester verzoeken handhavend op te treden.

In het tweede gedeelte onder het kopje 'overwegingen' worden de klachten van appellanten weergegeven. Appellanten stellen dat zij overlast van de seksinrichting ondervinden omdat de klanten bij hun bezoeken aan de inrichting veel lawaai maken. Dit lawaai zou bestaan uit getoeter, dichtslaande autoportieren en knarsend grind bij het op- en afrijden van de parkeerplaats. Verder schijnen de koplampen van de voertuigen op hinderlijke wijze in de ramen van de huizen die tegenover de seksinrichting staan. Uit de uitspraak is op te maken dat de rechtbank kennelijk heeft geoordeeld dat de burgemeester van Drimmelen de vergunning op juiste gronden heeft kunnen verlenen. Appellanten zijn echter van mening dat de rechtbank bij haar beoordeling onvoldoende gewicht heeft toegekend aan de hinder die zij als omwonenden ondervinden. Dat is dan ook de reden dat zij de Afdeling vragen om de uitspraak van de rechtbank te vernietigen. De Afdeling is het echter niet met de aangevoerde gronden van appellanten eens en neemt de motivering van de rechtbank over. Daarmee blijft de uitspraak van de rechtbank dus in stand.

3.7 Strafrechtelijke rechtspraak bij de Hoge Raad

Als laatste in deze reeks uitspraken zal een strafrechtelijk arrest van de Hoge Raad worden besproken. Een strafrechtelijk arrest wijkt op een aantal punten af van de hiervoor besproken civiel- en bestuursrechtelijke uitspraken.

In het strafrecht wordt een verdachte altijd vervolgd door het Openbaar Ministerie. De tegenpartij van de verdachte is dus de overheid. Het slachtoffer van een misdrijf kan niet zelfstandig een verdachte vervolgen. De officier van justitie is de ambtenaar die belast is met het vervolgen van een verdachte in eerste aanleg. In hoger beroep wordt een dergelijke ambtenaar advocaat-generaal genoemd. Deze moet overigens niet verward worden met de advocaat-generaal bij de Hoge Raad die door middel van een conclusie ons hoogste rechtscollege adviseert.

Advocaat-generaal

Bij strafrechtelijke procedures in cassatie kan er net als bij civielrechtelijke procedures niet meer gediscussieerd worden over feiten. De Hoge Raad beoordeelt slechts of de lagere rechter het recht goed heeft toegepast en/ of vormen heeft verzuimd. Aan de hand van de volgende uitspraak (ECLI:NL:HR:2006:AU9428) zullen we de opbouw van een strafrechtelijk arrest bespreken.

CITAAT 3.23 (A)
1. De bestreden uitspraak
Het Hof heeft in hoger beroep – met vernietiging van een vonnis van de rechtbank te Alkmaar van 9 februari 2004 – de verdachte ter zake van 'moord' veroordeeld tot twaalf jaren gevangenisstraf en daarbij bevolen dat de verdachte ter beschikking zal worden gesteld met bevel tot verpleging van overheidswege. Voorts heeft het Hof de vordering van de benadeelde partij toegewezen en aan de verdachte een betalingsverplichting opgelegd een en ander zoals in het arrest vermeld.

1.2 De in de bestreden uitspraak gebezigde bewijsmiddelen zijn aan dit arrest gehecht.

Een strafrechtelijk arrest begint met de eindbeslissing van de laatste feitelijke instantie. In deze zaak is de verdachte door het gerechtshof in Amsterdam veroordeeld tot een gevangenisstraf van twaalf jaren en tbs wegens het plegen van een moord. Moord (art. 289 Sr) en doodslag (art. 287 Sr) zijn twee juridische delicten die één kenmerkend verschil hebben. In beide gevallen berooft de dader iemand van het leven, maar bij moord doet hij dat met voorbedachten rade. De vraag die gesteld zou kunnen worden is: wanneer is er sprake van voorbedachte rade?

CITAAT 3.24 (B)
2. Geding in cassatie
Het beroep is ingesteld door de verdachte. Namens deze heeft mr. A.M. Moszkowicz, advocaat te Amsterdam, bij schriftuur een middel van cassatie voorgesteld. De schriftuur is aan dit arrest gehecht en maakt daarvan deel uit. De advocaat-generaal Machielse heeft geconcludeerd dat de Hoge Raad het beroep zal verwerpen.
Onder 'geding in cassatie' kan de naam van de advocaat van de verdachte die een cassatiemiddel heeft ingediend teruggevonden worden. In dit geval de bekende advocaat Abraham Moszkowicz. Tevens vinden we hier de naam van de A-G die de Hoge Raad door middel van zijn conclusie heeft geadviseerd over het voorgestelde middel in cassatie.

CITAAT 3.25 (C)
3. Beoordeling van het middel
3.1 Het middel is gericht tegen de bewezenverklaring voor zover inhoudende dat de verdachte met de voor moord vereiste voorbedachte raad heeft gehandeld.

Het Openbaar Ministerie beslist op basis van onderzoek dat een verdachte wegens vermeende strafbare feiten voor de rechter terecht moet staan. Het Openbaar Ministerie roept een verdachte door middel van een dagvaarding op om voor de rechter te verschijnen. Een onderdeel van de dagvaarding is de tenlastelegging. In een tenlastelegging wordt het feit omschreven dat

Tenlastelegging

aan de verdachte ten laste wordt gelegd. De rechter zal vervolgens moeten uitmaken of verdachte het feit ook heeft begaan en of hij hiervoor gestraft moet worden. Deze beoordeling door de rechter gebeurt aan de hand van een viertal inhoudelijke vragen die in de wet zijn omschreven in art. 350 Sv. Voor het goed kunnen begrijpen van het arrest zullen we twee van de vier vragen hier kort bespreken.

De eerste vraag waarop de rechter antwoord moet geven is of het tenlastegelegde feit te bewijzen is. Het Openbaar Ministerie zal dus bewijsmiddelen moeten aandragen waaruit de rechter tot de conclusie kan komen dat het tenlastegelegde feit door verdachte is begaan. Het is dus van groot belang dat de officier van justitie voldoende bewijsmiddelen heeft verzameld om het tenlastegelegde te kunnen bewijzen. Als de rechter de eerste vraag positief beantwoordt, zal hij zich vervolgens moeten afvragen of het feit dat begaan is ook strafbaar is gesteld. Uit de wet moet namelijk blijken dat een gedraging zoals verdachte die heeft begaan ook strafbaar is. Hier legt de rechter eigenlijk de feiten zoals die door verdachte zijn begaan op de eventueel toepasselijke wetsbepaling.

In deze zaak is de advocaat van verdachte van mening dat het hof op basis van de feiten, zoals die uit de bewijsmiddelen blijken, niet had mogen concluderen dat er bij verdachte sprake is geweest van voorbedachte rade. Met andere woorden: het hof heeft het recht volgens advocaat Moszkowicz niet goed toegepast.

CITAAT 3.26 (D)

3.2 Ten laste van de verdachte is bewezen verklaard dat
'hij op 4 april 2003 te Hoogkarspel, gemeente Drechterland, opzettelijk en met voorbedachten rade [slachtoffer] van het leven heeft beroofd, immers heeft verdachte met opzet en na kalm beraad en rustig overleg van korte afstand met een revolver driemaal een kogel in het hoofd van die [slachtoffer] geschoten waardoor hersen- en weefselschade en verbloeding is ontstaan, tengevolge waarvan voornoemde [slachtoffer] is overleden'.

3.3 De gebezigde bewijsmiddelen houden, voor zover hier van belang, het volgende in
– de verdachte heeft op 4 april 2003 's morgens zijn schietwapen opgehaald en is aan het eind van de dag naar Hoogkarspel gegaan naar een plek in de nabijheid waarvan het latere slachtoffer [slachtoffer] werkte;
– nadat hij zijn auto zodanig had geparkeerd dat hij meteen weer zou kunnen wegrijden, heeft hij bij het uitstappen zijn geladen schietwapen meegenomen en heeft hij zich in afwachting van de komst van [slachtoffer] met het wapen in de hand verdekt opgesteld;
– toen [slachtoffer] eraan kwam en in haar auto ging zitten, is hij met het wapen in de hand naar haar toegelopen en heeft hij van korte afstand driemaal in haar hoofd geschoten, waardoor zij kwam te overlijden.

3.4 Het Hof heeft ten aanzien van de voorbedachte raad het volgende overwogen '4. Met de advocaat-generaal en in tegenstelling tot de raadsman oordeelt het Hof 'moord' bewezen. Het Hof acht hiertoe in het bijzonder het volgende van belang. De verdachte heeft [slachtoffer] op vrijdag 4 april

2003 opzettelijk om het leven gebracht. De woensdag daarvoor heeft hij zich ziek gemeld en op donderdag 3 april heeft hij zich met ingang van zaterdag 5 april beter gemeld (zie verklaring [getuige 1], dossierpagina 79). Op de ochtend van 4 april 2003 is verdachte met een schietklare revolver, voorzien van zes scherpe patronen, in zijn auto van huis vertrokken. In de loop van de middag heeft de verdachte besloten te gaan naar het latere slachtoffer, die toen nog op haar werk was. De verdachte heeft in Hoogkarspel zijn auto in een straat geparkeerd op een plaats die een paar honderd meter verwijderd was van de plaats van het delict (dossierpagina 29), terwijl het – indien het hem slechts te doen was geweest [slachtoffer] te spreken – meer voor de hand had gelegen zijn auto te parkeren op veel kortere afstand van het werk en de auto van het slachtoffer. De verdachte heeft alvorens te parkeren zijn auto gekeerd opdat hij bij terugkeer direct kon wegrijden in de door hem gewenste richting. De verdachte heeft zijn wapen meegenomen naar de plaats waar hij verwachtte [slachtoffer] te zullen treffen. Hij heeft niet op [slachtoffer] gewacht op de parkeerplaats waar haar auto stond geparkeerd, maar op enige afstand en met een getrokken wapen (zie verklaring van [getuige 2]), kennelijk (half) verscholen vanachter een muur van de St. Laurentiuskerk. Toen verdachte [slachtoffer] naar haar auto zag gaan is hij naar haar toegelopen en heeft hij haar daarna vrijwel direct van dichtbij door het hoofd geschoten. Nadat zij op de grond terecht was gekomen heeft hij haar nog tweemaal door het hoofd geschoten.

Het Hof stelt allereerst vast dat verdachte geen plausibele verklaring heeft gegeven voor het feit dat hij een wapen bij zich droeg. Zijn verklaring dat [slachtoffer] had gedreigd de 'F-side van Ajax' op hem af te zullen sturen en dat hij hiervoor vreesde toen hij in de ochtend van 4 april 2003 voor het huis van zijn ouders een auto geparkeerd zag staan waarin mensen waren gezeten die een Ajax-shirt droegen, acht het Hof volstrekt ongeloofwaardig. Voor haar was er na de oplossing van het financiële geschil geen reden om hem te (laten) bedreigen. Er is voorts geen enkele aanwijzing dat [slachtoffer] beschikte over de mogelijkheden om dit volgens verdachte door haar geuite dreigement waar te maken. Bovendien zou zijn aldus opgewekte vrees nog niet verklaren waarom hij een wapen zou moeten meenemen naar de plaats waar hij [slachtoffer] bij verrassing zou opwachten.

Verdachte heeft op enig moment zijn schietklare wapen uit zijn jas gehaald en hij heeft met het wapen in de hand vanachter een muur van de kerk staan spieden naar het bedrijfspand waarin [slachtoffer] werkzaam was en naar [slachtoffer] zelf die aanstalten maakte met haar auto te vertrekken. Met name deze omstandigheid acht het Hof – op zichzelf beschouwd en in samenhang met de verdere inhoud van de gebezigde bewijsmiddelen – redengevend voor het bewijs van de voorbedachte rade. Verdachte heeft geen redelijke, die redengevendheid ontzenuwende verklaring gegeven voor het feit dat hij zijn vuurwapen had getrokken geruime tijd voordat hij [slachtoffer] aansprak. Sterker nog, hij heeft dit gegeven altijd ontkend.

Verdachte heeft aldus handelend voldoende tijd gehad zich te beraden op zijn te nemen of al genomen besluit [slachtoffer] van het leven te beroven. Hij heeft mitsdien voldoende gelegenheid gehad over de gevolgen van zijn voorgenomen daad na te denken en zich daarvan rekenschap te geven. Mogelijk had [slachtoffer] het misdrijf waarvan zij slachtoffer is geworden kunnen afwenden door op een voor verdachte bevredigende wijze te reageren op zijn aanwezigheid ter plekke, zijn bestaande gevoelens van krenking weg te nemen en verdere krenking te voorkomen. Dit doet evenwel aan het bestaan van de voorbedachte raad niet af, en het is met name niet onverenigbaar met een eventueel door verdachte opgevat voornemen om [slacht-offer] van het leven te beroven indien zij niet een hem tevreden stemmend antwoord zou geven op de – naar zijn zeggen – door hem aan haar gestelde vraag.

Op grond van voornoemde feiten en omstandigheden is het Hof van oordeel dat de verdachte het slachtoffer met voorbedachten rade om het leven heeft gebracht.'

3

De Hoge Raad begint in voorgaand gedeelte van de uitspraak met wat door het hof bewezen is verklaard. Vervolgens wordt aangegeven op basis van welke bewijsmiddelen het hof het bewezenverklaarde heeft aangenomen. Als laatste geeft de Hoge Raad de overwegingen weer die ten grondslag liggen aan het door het hof bewezenverklaarde. Het hof heeft in deze zaak bewezen verklaard dat verdachte met voorbedachten rade heeft gehandeld. De overwegingen die het hof hieraan ten grondslag heeft gelegd, worden door de Hoge Raad geciteerd onder 3.4. De lezer dient zich goed te realiseren dat de woorden van het hof afkomstig zijn en niet van de Hoge Raad.

CITAAT 3.27 (E)
3.5 Zoals de Hoge Raad, in navolging van eerdere jurisprudentie, in zijn arrest van 27 juni 2000, NJ 2000, 605 heeft geoordeeld, is voor een bewezenverklaring van voorbedachte raad – in deze zaak in de op moord toegesneden tenlastelegging en de bewezenverklaring nader uitgedrukt met de woorden 'na kalm beraad en rustig overleg' – voldoende dat komt vast te staan dat de verdachte tijd had zich te beraden op het te nemen of het genomen besluit, zodat hij de gelegenheid heeft gehad na te denken over de betekenis en de gevolgen van zijn voorgenomen daad en zich daarvan rekenschap te geven.

Vanaf 3.5 begint de inhoudelijke beoordeling van het cassatiemiddel. Hier beschrijft de Hoge Raad zijn overwegingen die leiden tot de onder 3.6 beschreven uitspraak. In casu zegt de Hoge Raad dat in het algemeen voor een bewezenverklaring van voorbedachte rade voldoende is dat: 'komt vast te staan dat de verdachte tijd had zich te beraden op het te nemen of het genomen besluit, zodat hij de gelegenheid heeft gehad na te denken over de betekenis en de gevolgen van zijn voorgenomen daad en zich daarvan rekenschap te geven'. Hiermee geeft de Hoge Raad de maatstaf aan waarlangs hij zal beoordelen of dit in casu het geval is.

CITAAT 3.28 (F)

3.6 Het Hof heeft blijkens hetgeen hiervoor onder 3.4 is weergegeven als vaststaand aangenomen dat de verdachte voldoende tijd heeft gehad zich te beraden op zijn te nemen of al genomen besluit het slachtoffer van het leven te beroven. In het bijzonder gelet op de hiervoor onder 3.3 vermelde, uit de gebezigde bewijsmiddelen blijkende feiten en omstandigheden, is die vaststelling niet onbegrijpelijk. Uitgaande van die vaststelling heeft het Hof kunnen oordelen dat de levensberoving door de verdachte niet het gevolg is geweest van een ogenblikkelijke gemoedsbeweging maar dat voor hem de tijd en de gelegenheid hebben bestaan als hiervoor onder 3.5 bedoeld en dus sprake is van voorbedachte raad.

Het middel komt tevergeefs tegen dat oordeel op. Waar het Hof spreekt van 'een eventueel door de verdachte opgevat voornemen', heeft het, gelet op de context van die passage, als zijn – niet van een onjuiste rechtsopvatting blijkgevende – oordeel tot uitdrukking gebracht dat ook indien zou moeten worden aangenomen dat de verdachte de uitvoering van zijn eerder genomen besluit afhankelijk zou hebben gesteld van de wijze waarop [slachtoffer] op hem zou reageren, zulks aan het bestaan van voorbedachte raad niet afdoet. Voor zover het middel op een andere lezing van die passage berust, mist het feitelijke grondslag.

In citaat 3.28 geeft de Hoge Raad zijn overwegingen weer waarom het cassatiemiddel onterecht is voorgesteld. De Hoge Raad is van mening dat het hof op basis van de bewijsmiddelen heeft mogen aannemen dat verdachte voldoende tijd heeft gehad zich te beraden op zijn te nemen of al genomen besluit om het slachtoffer van het leven te beroven.

CITAAT 3.29 (G)
5. Beslissing
De Hoge Raad verwerpt het beroep.

Dit arrest is gewezen door de vice-president F.H. Koster als voorzitter, en de raadsheren B.C. de Savornin Lohman en J.W. Ilsink, in bijzijn van de waarnemend griffier L.J.J. Okker-Braber, en uitgesproken op 4 april 2006.

In citaat 3.29 vinden we de uiteindelijke beslissing. De Hoge Raad verwerpt het cassatiemiddel en laat de uitspraak van het hof daarmee in stand.

T 3.4

TUSSENVRAAG 3.4
Bestudeer de uitspraak van de Hoge Raad van 11 juni 2002 (ECLI:NL:HR:2002:AE1316) en beantwoord de volgende vragen:
a Waar is deze zaak in eerste aanleg en in hoger beroep behandeld?
b Deel het arrest op met behulp van de letters A tot en met G zoals dit is gedaan in het voorbeeld van subparagraaf 3.3.2.
c Geef in eigen woorden weer over welke vraag de Hoge Raad volgens u moet oordelen.
d In welke drie deelvragen valt het cassatiemiddel uiteen?
e Wat is de kernoverweging van het gerechtshof om tot het oordeel te komen dat er geen sprake is van noodweer?

f   Uit welke zinsnede van de conclusie van A-G Machielse kan afgeleid worden dat de Hoge Raad niet meer over feiten oordeelt?

g   Wat moet volgens A-G Machielse onder de term 'aanranding' in art. 41 Sr verstaan worden?

h   Welke kernoverweging van de Hoge Raad ligt ten grondslag aan zijn oordeel om het arrest van het gerechtshof te casseren?

3.8   Waar kan ik jurisprudentie vinden?

In de voorgaande paragrafen is de opbouw van diverse uitspraken besproken. Duidelijk is geworden wat het belang van een uitspraak voor een derde kan zijn. De motivering die de rechter aan zijn uitspraak ten grondslag legt, is daarbij het meest interessant. Hoe vindt een jurist nu op een snelle manier een uitspraak waarvan de inhoud interessant is voor een zaak die hij aan het behandelen is? Anders gezegd: hoe vindt de jurist een voor hem bruikbare uitspraak waarmee hij zijn argumenten in een zaak kan ondersteunen? De vraag is gemakkelijker gesteld dan beantwoord. Als eerste dient men zich ervan bewust te zijn dat niet alle uitspraken die door rechters worden uitgesproken ook gepubliceerd worden. Dit laatste hangt samen met het feit dat niet elke uitspraak interessant is voor derden. Immers, in veel uitspraken staat het doorhakken van knopen op het gebied van het feitenrelaas centraal en is vervolgens de toepassing van de feiten op de wettelijke regeling verre van complex. Daarnaast worden er vele uitspraken gedaan waarbij de eerdere uitleg van een bepaald stuk wettekst wordt bevestigd. Het heeft in een dergelijk geval weinig meerwaarde om deze bevestigende uitspraak te publiceren.

Niettemin blijft er, naast de vele ongepubliceerde uitspraken, een groot aantal uitspraken over dat wel voor publicatie in aanmerking komt. Maar wie draagt nu eigenlijk zorg voor de publicatie van dergelijke uitspraken? Grofweg zouden twee soorten instellingen kunnen worden onderscheiden. Ten eerste de commerciële instellingen. Over het algemeen zijn dit grote uitgeverijen die de uitspraken bewerken en publiceren in de door hun uitgegeven tijdschriften en/of vakbladen. Deze uitgeverijen beheren tevens vaak zelf opgezette databases waarin voor de rechtspraktijk belangrijke uitspraken digitaal worden opgenomen. Deze databases kunnen vaak tegen betaling worden geraadpleegd. Ten tweede bestaan er databases van niet-commerciële instellingen. Deze databases met rechterlijke uitspraken kunnen over het algemeen gratis worden geraadpleegd.

De redacties van zowel de commerciële als de niet-commerciële instellingen bepalen welke uitspraken gepubliceerd worden in de betreffende databases en/of tijdschriften. In een tijdschrift dat louter en alleen arbeidsrechtelijke uitspraken publiceert (*Jurisprudentie Arbeidsrecht*, afgekort JAR) zal men uiteraard geen strafrechtelijke uitspraken tegenkomen. Maar er zijn ook tijdschriften die over de meest belangrijke uitspraken op verschillende rechtsgebieden publiceren. Het *Nederlands Juristenblad* (afgekort NJB) is hier een   **NJB** goed voorbeeld van. In dit tijdschrift worden zowel Europees-, civiel-, bestuurs- als strafrechtelijke uitspraken gepubliceerd. Het is dus heel goed mogelijk dat een arbeidsrechtelijke uitspraak zowel in het NJB gepubliceerd wordt als in het tijdschrift JAR.

In de subparagrafen 3.8.1 en 3.8.2 zal besproken worden hoe gepubliceerde uitspraken op een relatief eenvoudige manier teruggevonden kunnen worden in hetzij tijdschriften hetzij databases.

3.8.1 Vaktijdschriften en jurisprudentietijdschriften

Lange tijd bestonden er slechts enkele vakbladen waarin rechtspraak werd opgenomen. De belangrijkste uitgave is gedurende lange tijd de *Nederlandse Jurisprudentie* (NJ) geweest. In deze uitgave worden belangrijke vonnissen en arresten op alle rechtsgebieden gepubliceerd. Iedere jaaruitgave van de NJ bestaat uit twee dikke delen, met veel rechtspraak van de Hoge Raad. Iedere uitspraak krijgt een nummer. Zo hebben we NJ 2013, 391. Deze aanduiding wordt de vindplaats genoemd. Als iemand ter ondersteuning van een standpunt naar NJ 2013, 391 verwijst, dan houdt dit in dat in nummer 391 van jaargang 2013 een uitspraak is te vinden die het ingenomen standpunt ondersteunt. Uiteraard is het raadzaam deze uitspraak erbij te halen om te controleren of de betrokken persoon gelijk heeft. De NJ verschijnt ongeveer twintig keer per jaar en wordt in katerns aan de abonnees gezonden. Zij is tot op de dag van vandaag in boekvorm (dat wil zeggen in twee banden waarin de katerns makkelijk kunnen worden opgeborgen) aan te treffen in de bibliotheek van advocatenkantoren van allerlei signatuur en in universiteitsbibliotheken. Nog steeds is de NJ een belangrijke bron van verwijzing naar gepubliceerde rechterlijke uitspraken.

Uit de NJ is een ander jurisprudentietijdschrift voortgekomen: *Rechtspraak van de Week* (RvdW). De reden voor dit tijdschrift is de volgende geweest. De NJ is mede zo belangrijk omdat daarin naast de conclusies van de A-G ook annotaties (noten) zijn opgenomen van gezaghebbende wetenschappers (auteurs). Door deze annotaties duurt het wel een tijdje voordat het arrest daadwerkelijk kan worden gepubliceerd. De annotator moet de uitspraak immers zelf bestuderen en hij zal daarover in zijn noot een beredeneerde opvatting willen verdedigen. Vanwege de vele werkzaamheden die hij (daarnaast) moet verrichten, is de tijd die verstrijkt tussen het geven van de rechterlijke beslissing en de datum van publicatie wel eens een probleem. Om dit probleem op te lossen, is ervoor gekozen de arresten zonder noot alvast op te nemen in de RvdW, om die vervolgens later opnieuw in de NJ mét annotatie op te nemen. De beslissing is dan al gepubliceerd (en kan door praktijkjuristen worden gebruikt); de wetenschappelijke inbedding van de uitspraak door de annotator in het systeem van het recht komt later. Zoals de naam al zegt, verschijnt de RvdW (nagenoeg) iedere week. Men vindt er ook uitspraken van de Hoge Raad in, die de NJ uiteindelijk niet 'halen', want in de NJ komen niet alle uitspraken die de Hoge Raad doet. Als een uitspraak zowel in de NJ als in de RvdW is opgenomen, wordt altijd alleen naar de NJ verwezen.

Een volgend tijdschrift van min of meer algemene aard op het terrein van het civiele recht is *De Praktijkgids* (Prg.). Dit blad bevat vooral beslissingen van lagere rechters op het terrein van het vermogensrecht, het arbeidsrecht en het huurrecht. Deze lagere rechtspraak is soms ook van een annotatie voorzien door een auteur die als deskundige op het betreffende rechtsgebied bekendstaat. Enkele keren per jaar bevat een nummer een overzichtsartikel van recent verschenen jurisprudentie, uiteraard onder meer in *De Praktijkgids* zelf. De manier van verwijzing is: Prg. 2013/123.

Vele jaren was *De Praktijkgids* een bijzonder tijdschrift vanwege de aandacht voor lagere rechtspraak. Inmiddels is deze bijzondere status van het blad niet meer aan de orde, omdat er op allerlei rechtsgebieden vakbladen zijn verschenen met uitspraken van kantonrechters, rechtbanken en gerechtshoven.

NJ

Vindplaats

RvdW

Prg.

3

Een in 2004 verschenen tijdschrift met een algemeen karakter is *Jurisprudentie in Nederland* (JIN). In dit blad staan uitspraken opgenomen op het terrein van het arbeidsrecht, het personen- en familierecht, het ondernemingsrecht, het civielrecht, het strafrecht en het bestuursrecht. Het verschijnt maandelijks. Ieder nummer bevat een aantal annotaties.

JIN

De laatste jaren heeft het aantal tijdschriften waarin rechtspraak is opgenomen, een enorme vlucht genomen. Vooral de lagere rechtspraak is daarmee voor de juridische beroepsgroepen ontsloten. Lange tijd werden naast *De Praktijkgids* slechts enkele bladen uitgegeven die uitspraken van lagere rechters hebben opgenomen, maar op slechts één rechtsgebied. Een voorbeeld daarvan is *Schip en Schade* op het terrein van het handelsrecht. In de jaren negentig van de vorige eeuw is deze categorie indrukwekkend gegroeid. In 1992 werd bijvoorbeeld het blad *Jurisprudentie Arbeidsrecht* (JAR) uitgegeven, waarin overigens geen annotaties zijn opgenomen. Dit blad heeft tot op de dag van vandaag een groot aantal abonnees en is onmisbaar voor de praktijkjurist die zich serieus met het arbeidsrecht bezig houdt. De uitgever van JAR heeft daarna ook de succesvolle *Jurisprudentie Bestuursrecht* (JB) en *Jurisprudentie Ondernemingsrecht* (JOR) op de markt gebracht. Andere uitgevers hebben op dit succes ingespeeld door eveneens rechtspraaktijdschriften op betreffende rechtsgebieden uit te geven. Op zichzelf is dat niet verwonderlijk, gelet op de voortschrijdende specialisatie binnen de juridische beroepsgroepen. Het is tegenwoordig bijna onmogelijk de 'algemene rechtspraktijk' te doen, zonder kans te lopen onjuiste adviezen te geven. De ontwikkelingen zijn zo snel gegaan en de complexiteit van de rechtsgebieden is zo toegenomen, dat het hele recht niet meer valt te overzien. De behoefte aan gespecialiseerde informatie heeft een enorme vlucht genomen en daarmee de stroom van rechtspraakbladen. Op het terrein van het arbeidsrecht wordt bijvoorbeeld (naast dat de NJ, de RvdW, de Prg. en JIN arresten en vonnissen in hun kolommen opnemen) naast JAR ook nog *Rechtspraak Arbeidsrecht* (RAR) uitgegeven. Deze ontwikkeling doet zich eveneens op andere belangrijke rechtsgebieden voor.

JAR

JB
JOR

RAR

3.8.2   Databanken en zoekmethoden

Het op een snelle manier uitspraken terugvinden in databases vraagt om een specifieke vaardigheid. Net als bij het gebruik van zoekmachines op internet zal ook bij het gebruik van juridische databases gewerkt moeten worden met zoektermen. Het vergt dan ook enige oefening om de juridisch juiste zoektermen te hanteren. In deze paragraaf zullen bij wijze van voorbeeld twee juridische databases besproken worden. Ten eerste de gratis toegankelijke database van rechtspraak.nl en ten tweede de betaalde Nederlandse Jurisprudentie (NJ) database van Kluwer.

Rechtspraak.nl

Rechtspraak.nl is een gratis database waarin vanaf december 1999 uitspraken van verschillende rechtscolleges gevonden kunnen worden. De redactie van rechtspraak.nl heeft een aantal criteria geformuleerd op basis waarvan zij een selectie van te publiceren uitspraken maakt. Deze selectiecriteria zijn terug te vinden op http://zoeken.rechtspraak.nl. Hierna noemen wij de belangrijkste:

Selectiecriteria

- uitspraken die aandacht hebben getrokken in de publiciteit;
- uitspraken die van belang zijn voor het openbare leven;
- uitspraken die uitwerking kunnen hebben op de toepassing van wetten en regelingen;

- uitspraken waarin voor het eerst een standpunt over een bepaald onderwerp wordt ingenomen;
- uitspraken waarin voorgaande casuïstiek wordt samengevoegd tot één jurisprudentielijn, waaronder mede begrepen uitspraken waarin een motivering is opgenomen die tot voorbeeld kan dienen;
- uitspraken waarin een bestaande jurisprudentielijn wordt verlaten;
- uitspraken waarin een bestaande jurisprudentielijn wordt genuanceerd;
- uitspraken waarin een bestaande jurisprudentielijn analoog wordt toegepast op andere gevallen.

Alvorens een uitspraak wordt gepubliceerd, wordt zij bewerkt. Dit betekent dat de uitspraak wordt geanonimiseerd en dat soms uitspraken worden teruggebracht tot de juridisch relevante en interessante kern. Indien bepaalde tekstgedeelten uit de uitspraak zijn weggelaten, wordt dit vaak aangeduid met (...) of [...]. Tevens wordt in sommige gevallen aan het begin van de uitspraak een samenvatting van de kernoverweging van de rechter gegeven. In de in paragraaf 3.7 besproken uitspraak over 'moord' kan op rechtspraak.nl de volgende samenvatting teruggevonden worden.

CITAAT 3.30

Moord; voorbedachte raad; voorwaardelijk voornemen. Voor bewezenverklaring van voorbedachte rade – i.c. nader uitgedrukt met de woorden 'na kalm beraad en rustig overleg' – is voldoende dat komt vast te staan dat verdachte tijd had zich te beraden op het te nemen of het genomen besluit, zodat hij de gelegenheid heeft gehad na te denken over de betekenis en de gevolgen van zijn voorgenomen daad en zich daarvan rekenschap te geven (HR NJ 2000, 605). Het Hof heeft niet onbegrijpelijk vastgesteld dat verdachte voldoende tijd heeft gehad zich te beraden op zijn te nemen of al genomen besluit het slachtoffer van het leven te beroven. Die vaststelling is niet onbegrijpelijk. Uitgaande van die vaststelling heeft het Hof kunnen oordelen dat de levensberoving door verdachte niet het gevolg is geweest van een ogenblikkelijke gemoedsbeweging maar dat voor hem de tijd en de gelegenheid hebben bestaan als hiervoor bedoeld en dus sprake is van voorbedachte raad. Waar het Hof spreekt van 'een eventueel door verdachte opgevat voornemen', heeft het als zijn – niet van een onjuiste rechtsopvatting blijkgevende – oordeel tot uitdrukking gebracht dat ook als verdachte de uitvoering van zijn eerder genomen besluit afhankelijk zou hebben gesteld van de wijze waarop X op hem zou reageren, zulks aan het bestaan van voorbedachte raad niet afdoet.

Een dergelijke samenvatting maakt dus in geen geval onderdeel uit van de uitspraak. Het is slechts een samenvatting die door de redactie is opgesteld. De redactie is van mening dat met de samenvatting de belangrijkste overweging van de rechter is weergegeven. Voor de lezer kan deze samenvatting een handig hulpmiddel zijn om op een snelle manier te beoordelen of de betreffende uitspraak relevant voor hem is.

European Case Law Identifier

Tevens vindt men boven de uitspraak een unieke code. Deze code begint met de hoofdletters ECLI. Dit staat voor European Case Law Identifier. Deze vier letters worden gevolgd door een landcode. Voor Nederland worden de letters NL gebruikt. Aansluitend wordt een code van het gerecht weergege-ven. Voor het gerechtshof te Amsterdam wordt bijvoorbeeld de code GHAMS gebruikt. Als laatste worden het jaar waarin de uitspraak is gedaan en een unieke zaakcode vermeld. Het geheel vormt een unieke code waaronder de uitspraak terug te vinden is in de database. Een dergelijk nummer is erg handig als men naar een bepaalde uitspraak wil verwijzen. De 'moordzaak' kan teruggevonden worden onder ECLI:NL:HR:2006:AU9428.

Hiermee zijn we aanbeland bij de wijze waarop men de database van recht-spraak.nl kan doorzoeken. Als men de zogenoemde ECLI-code weet, kan men dit nummer invullen op de daarvoor bestemde plaats en wordt men vervolgens direct naar de betreffende uitspraak doorgelinkt. Indien men ech-ter de ECLI-code niet weet, maar bijvoorbeeld wel de datum waarop de uit-spraak is gewezen, kan men ook door middel van de datum de betreffende uitspraak vinden.

ECLI-code

In veel gevallen is men bijvoorbeeld niet specifiek op zoek naar uitspraak 'X' maar zoekt men naar een uitspraak die informatie verschaft over een be-paald onderwerp. Stel dat wij hadden willen weten wat er onder de term 'voorbedachte rade' verstaan moest worden. In een dergelijk geval kunnen, door middel van het invullen van deze term in het zoekveld 'tekst', alle uit-spraken getoond worden die te maken hebben met deze juridische term. Op deze manier wordt in de database niet gezocht naar een specifieke uitspraak maar wordt door middel van het zogenoemde trechtermodel gezocht naar re-levante uitspraken op dit gebied. Om ervoor te zorgen dat men niet te veel 'treffers' krijgt, moet gezocht worden met een of meerdere goed afgebaken-de zoektermen. Voor een uitgebreide handleiding over het gebruik van de da-tabase rechtspraak.nl verwijzen wij naar de website http://uitspraken.recht-spraak.nl.

Kluwer portal
De Kluwer portal is een digitale omgeving die voor hogescholen en universi-teiten is gebouwd en waarmee verschillende jurisprudentiedatabases zijn te raadplegen. Omdat voor deze databases betaald moet worden, zijn zij over het algemeen alleen via het netwerk van een onderwijsinstelling te benade-ren. Zoals gezegd kent de Kluwer portal verschillende databases op het ge-bied van jurisprudentie. Zo maken bijvoorbeeld de databases Nederlandse Jurisprudentie, Kort Geding, Praktijkgids en Verkeersrecht onderdeel uit van dit portal. Deze databases werken eigenlijk allemaal op dezelfde manier. Hieronder zullen we dan ook alleen de database Nederlandse Jurisprudentie (NJ) bespreken (niet te verwarren met het hiervoor genoemde tijdschrift *Ne-derlandse Jurisprudentie*).

Zodra de gebruiker in het startscherm van de database komt, kan hij op ver-schillende manieren de database doorzoeken. Om te beginnen kan er ge-zocht worden met een zogenoemd NJ-nummer. Net als bij de database van rechtspraak.nl heeft elke uitspraak in de NJ een uniek nummer. Na de let-ters NJ begint het nummer met het jaartal waarin de uitspraak is gepubli-ceerd, gevolgd door een 'slash' en maximaal drie cijfers. Bijvoorbeeld NJ 2014/001.

NJ-nummer

Uiteraard kan er ook gezocht worden met behulp van zoektermen. De tek-sten van de uitspraken zijn net als bij rechtspraak.nl vaak bewerkt. Bij de NJ

Essentie

vinden we voorafgaand aan de uitspraak een zogenoemde essentie. Dit is net als bij rechtspraak.nl een stuk tekst dat de kern (volgens de redactie van Kluwer) van de betreffende uitspraak weergeeft. Als men de database gaat doorzoeken met behulp van zoektermen moet men zich ervan bewust zijn dat er in verschillende tekstgedeelten gezocht kan worden. Men kan bijvoorbeeld in 'alle tekst' zoeken, hetgeen wil zeggen dat in zowel de tekst van de officiële uitspraak als in de tekst van de samenvatting gezocht gaat worden. Daarentegen is het ook mogelijk om alleen de samenvattingen/essenties van uitspraken te doorzoeken op de ingegeven zoekterm. Hiermee beperkt men dus de tekstgedeelten waarin gezocht wordt.

Stel, we zoeken wederom met de term 'voorbedachte rade'. Als 'alle tekst' doorzocht gaat worden met deze zoekterm zullen er vele uitspraken geselecteerd worden die niet relevant zijn. Immers vele uitspraken zullen in de kern niet specifiek gaan over de term voorbedachte rade ondanks dat deze term misschien wel in de gehele tekst van de uitspraak voorkomt. In veel gevallen is het dan ook handig om de database slechts te doorzoeken aan de hand van de tekst zoals die is opgenomen in de essentie. Indien de term 'voorbedachte rade' ingevuld wordt in het zoekveld 'essentie' zullen slechts die uitspraken geselecteerd worden waar het betreffende woord in het tekstgedeelte 'essentie' voorkomt. Hierdoor wordt er eigenlijk een extra filter gezet op het zoekprogramma. Voor een uitgebreide handleiding over het gebruik van de verschillende databases in de Kluwer portal wordt verwezen naar de portal zelf.

T 3.5

TUSSENVRAAG 3.5

a Zoek op www.rechtspraak.nl naar uitspraak ECLI:NL:RBDHA:2016:15014 en omschrijf kort waarover de uitspraak gaat.

b Zoek op de Kluwer portal naar de uitspraak met publicatienummer NJ 2013/89 en omschrijf kort waarover de uitspraak gaat.

Een bedrijf plaatst op haar website verschillende aanbiedingen voor hoogslapersets. Vele klanten bestellen via internet de betreffende hoogslapersets. De genoemde prijs blijkt echter te berusten op een vergissing. De vraag is of de consumenten gerechtvaardigd hebben mogen vertrouwen op de informatie op de website.

c Zoek op www.rechtspraak.nl naar de betreffende uitspraak en schrijf het ECLI-nummer op. Beschrijf hierbij tevens de zoektermen die u hebt gebruikt om bij de uitspraak te komen.

d Is het bedrijf volgens de rechter gehouden de hoogslapersets aan de klanten te leveren?

Een man wordt onder aan een bekende kerktoren in Nederland dood aangetroffen. De verdachte in de zaak bekent in eerste instantie dat zij haar vriend van de toren heeft geduwd. Later trekt zij deze verklaring weer in. Zij blijkt psychisch niet helemaal in orde.

e Zoek op www.rechtspraak.nl naar de betreffende uitspraak en schrijf het ECLI-nummer op. Beschrijf hierbij tevens de zoektermen die u hebt gebruikt om bij de uitspraak te komen.

f Wordt de verdachte door de rechter veroordeeld?

Samenvatting

In dit hoofdstuk zijn achtereenvolgens de organisatie van de rechterlijke macht, de opbouw van rechterlijke uitspraken en het zoeken naar jurisprudentie behandeld. Rechterlijke uitspraken als bron van het recht worden jurisprudentie genoemd. Om het recht effectief te kunnen bestuderen, dient een jurist rechterlijke uitspraken te kunnen doorgronden. Hoewel er niet een vast stramien is voor de opbouw van rechterlijke uitspraken kan er wel degelijk een bepaalde structuur in ontdekt worden.

Elke uitspraak begint met het benoemen van de instantie en de partijen. Daarna worden de feiten en de standpunten van partijen uiteengezet. De kern van een rechterlijke uitspraak wordt gevormd door de motivering van de beoordeling van het geschil. Elke uitspraak eindigt met de uiteindelijke beslissing van de rechter(s).

Het lezen van uitspraken vergt veel oefening. Hetzelfde geldt voor het zoeken naar toepasselijke jurisprudentie. Naast de vele tijdschriften waarin jurisprudentie op vele verschillende rechtsgebieden wordt gepubliceerd, bestaan er ook diverse databanken. In deze databanken kan onder andere met behulp van zoektermen en data van uitspraken gezocht worden naar jurisprudentie. Naast de gratis databanken bestaan er verschillende betaalde databanken waarin jurisprudentie is gepubliceerd.

3

4

Het gebruik van juridische literatuur

In de vorige hoofdstukken hebben we gezien dat woorden in wetsartikelen lang niet altijd duidelijk zijn. In veel gevallen heeft de wetgever daar uitdrukkelijk voor gekozen; hij maakt dan gebruik van woorden als redelijk en billijk, goed en zorgvuldig. Wat deze woorden in een concrete situatie inhouden, wordt aan de rechter overgelaten. De wetgever heeft bewust deze vage woorden gebruikt, omdat hij bij de totstandkoming van de wettelijke regeling besef heeft van het feit dat hij lang niet alle mogelijke toekomstige conflict-situaties kan overzien. Vage bewoordingen bieden dan uitkomst. De rechter wordt een zekere richting gewezen voor de oplossing van het te beoordelen conflict, maar heeft in het concrete geval voldoende vrijheid om een op maat gesneden oordeel te vellen. Soms heeft de wetgever een steek laten vallen; hij heeft zich onbewust onduidelijk uitgedrukt. De wettelijke bepaling roept vragen op die door de rechter zullen moeten worden beantwoord.

In beide gevallen willen juristen weten, hoe de rechter in dit soort individuele geschillen heeft geoordeeld. Dat is vooral zo, indien de Hoge Raad uitspraak heeft gedaan. Niet alleen kunnen de lagere rechters zich in de toekomst mede op de uitspraken van de Hoge Raad baseren als zij zelf in soortgelijke zaken uitspraak moeten doen, ook advocaten, deurwaarders en juristen werkzaam in het bedrijfsleven, willen die uitspraken van de Hoge Raad kennen en toepassen wanneer zij hun cliënten of hun werkgever willen adviseren, hoe zij juridisch het beste kunnen handelen. Wat rechters, rechts-hulpverleners en bedrijfsjuristen vaak ook willen weten, is hoe een bepaalde uitspraak (vooral die van de Hoge Raad) moet worden gelezen en begrepen in het licht van eerdere rechterlijke uitspraken. Is er een duidelijke lijn in die rechtspraak te ontwaren? Is de laatste uitspraak van de Hoge Raad een be-vestiging van de regel, of gaat het om een nuancering of om een uitzonde-ring daarvan?

Hoe komt een praktijkjurist erachter, wat het antwoord op dit soort vragen is? Met het stellen van deze vraag komen we op het onderwerp van de vaardigheid in dit hoofdstuk: de *juridische literatuur*. In de rechtswereld zijn er deskundigen, vooral werkzaam aan een universiteit, die juridische boeken en artikelen schrijven over onderwerpen die in de rechtspraktijk van belang zijn. Zij beschrijven ontwikkelingen, plaatsen rechterlijke uitspraken in hun context en geven daarover hun mening. Kortom, de juridische literatuur is de rechtspraktijk *behulpzaam* bij:

- het zoekproces naar de juiste rechterlijke uitspraken op een bepaald rechtsgebied;
- het analyseren van deze uitspraken;
- het plaatsen van deze uitspraken in hun juridische context (het toepasselijke juridische leerstuk);
- het innemen van een standpunt over deze uitspraak.

Als we het hebben over de juridische literatuur, kunnen we daarbinnen ten minste vier soorten onderscheiden:

- het handboek;
- de monografie;
- de praktijkcommentaren;
- het (wetenschappelijke) artikel.

In de volgende paragrafen zullen we deze soorten achtereenvolgens bespreken. In paragraaf 4.5 vatten we alles nog eens samen in een stappenplan.

4.1 Handboek

Als iemand zich breed wil oriënteren op een bepaald rechtsgebied of een overzicht wil krijgen van een onderwerp binnen dit rechtsgebied, is het zinvol een voor dit rechtsgebied geschreven *handboek* te raadplegen. In een handboek wordt niet één onderwerp besproken maar de belangrijkste onderwerpen die zich op het betreffende rechtsgebied voordoen. Een handboek kan bestaan uit (en bestaat meestal uit) één boek, maar ook uit een serie boeken. Een voorbeeld van deze laatste categorie is de zogenoemde *Asser-serie* op het terrein van het vermogensrecht. Deze serie bestaat uit in totaal ongeveer twintig boeken die alle een onderdeel van het vermogensrecht in kaart brengen. Ieder boek is geschreven en bewerkt door een juridisch expert op het hem toebedeelde onderwerp. Een handboek op het terrein van bijvoorbeeld het strafrecht is van G.J.M. Corstens, *Het Nederlandse Strafprocesrecht*. Dit boek is er niet één uit een serie; het is een opzichzelfstaand boek.

Voor de meeste rechtsgebieden zijn meestal ook meerdere handboeken aanwezig. Op het terrein van het strafrecht worden nog als handboek aangemerkt J. de Hullu, *Materieel Strafrecht* en prof. mr. B. Keulen, *Ons Strafrecht / Strafprocesrecht*.

Kan men dan altijd volstaan met het raadplegen van één van zo'n handboek? Vaak is dat niet het geval. Dat is alleen al zo, omdat in een handboek niet alleen de juridische stand van zaken wordt beschreven – dat wil zeggen een weergave van de toepasselijke wetgeving, van de over deze wetgeving verschenen jurisprudentie (vooral van de Hoge Raad) en de literatuur waarin opvattingen staan over deze wetgeving en jurisprudentie – maar ook de mening van de auteur van het handboek. Omdat deze auteur een expert is op het betreffende rechtsgebied, is het van belang die mening te kennen en eventueel te gebruiken bij een bepaald juridisch probleem dat moet worden opgelost.

In het handboek zijn de *voetnoten* of de *eindnoten* van groot belang. Wat wordt daaronder verstaan? In de lopende tekst van een hoofdstuk uit een handboek stelt de auteur van alles en nog wat. Dat mag hij doen, mede omdat hij als een autoriteit wordt gezien. Maar is het ook waar wat hij schrijft? Die vraag stelt de auteur zich telkens. Omdat hij verantwoording aan zijn lezers wil afleggen over de juistheid van zijn uitspraken, plaatst hij bij gedane beweringen in de lopende tekst een cijfer (in een kleiner lettertype). Dat cijfer keert onderaan de bladzijde of aan het einde van het desbetreffende hoofdstuk terug. In het eerste geval spreken we van een voetnoot, in het tweede geval van een eindnoot. Achter het cijfer van de voetnoot staat dan een *verwijzing*. Bij een verwijzing wordt door de auteur opgeschreven waar de juistheid van wat hij heeft opgeschreven kan worden gecontroleerd. Zo'n verwijzing naar een bepaalde *vindplaats* kan bestaan uit het noemen van het arrest van de Hoge Raad waarop de gedane uitspraak steunt. Ook kan een ander boek worden genoemd of een wetenschappelijk artikel uit een tijdschrift, waaruit eveneens zou moeten blijken dat correct is wat de auteur heeft opgeschreven. In weer andere gevallen weet de schrijver dat hij zich in de lopende tekst moet beperken. Zijn kennis over het onderwerp is echter veel groter dan wat hij daarover heeft opgeschreven. Ook dan zet hij vaak op de betreffende plaats een cijfer (opnieuw in een kleiner lettertype). Onderaan de bladzijde of achteraan het hoofdstuk vindt men eenzelfde cijfer met een tekst. In die tekst staan dan verwijzingen naar andere boeken of wetenschappelijke artikelen waarin meer over het onderwerp is geschreven.
In een handboek treft men deze tweede categorie heel vaak aan. Een handboekauteur kan niet alles beschrijven en moet zich dus beperken. De rijkdom van een handboek is echter dat in de voetnoten allerlei verwijzingen naar andere bronnen staan waarin meer over het onderwerp staat. In de noten staat dus een schat aan informatie over de onderwerpen waarover men beroepshalve meer wil weten.

Voetnoten en eindnoten staan in een kleiner lettertype afgedrukt dan de hoofdtekst. Dat houdt echter niet in dat die stukken tekst onbelangrijk zijn. Integendeel zelfs. Die noten moeten *altijd* in combinatie met de hoofdtekst worden gelezen, omdat de lezer op deze wijze:
- het meest uitgebreid wordt geïnformeerd over het onderwerp waarover hij meer wil weten;
- kan controleren of het juist is wat de auteur heeft opgeschreven;
- toegang krijgt tot andere juridische boeken en wetenschappelijke artikelen waarin hij nog meer over het onderwerp te weten kan komen.

Let u trouwens wel op het *jaar van uitgave* van het betreffende handboek. Een handboek uit 1982 is uiteraard veel minder betrouwbaar dan een handboek uit 2015. Daarmee is tegelijk gezegd dat handboeken bijna *nooit* de allerlaatste stand van zaken beschrijven. Dat ligt ook in de aard van het handboek: degelijk, omvangrijk en dus bewerkelijk, ook voor de uitgever. We geven hiervan een voorbeeld (voorbeeld 4.1).

Voetnoot

Eindnoot

Verwijzing

Vindplaats

4

Functie noten

VOORBEELD 4.1

Verdachte

Stel dat een vriend van u vertelt dat hij vorige week, nadat hij een coffeeshop had verlaten, werd aangehouden door de politie op verdenking van handel in harddrugs. Uw vriend heeft echter nog nooit harddrugs gebruikt en is ook niet eerder met politie of justitie in aanraking geweest. De reden dat de agenten uw vriend hebben aangehouden had, naar later bleek, te maken met het feit dat de betreffende coffeeshop bij de politie bekendstond als een pand waar harddrugs werd verhandeld. Aangezien de politie uw vriend uit het etablissement zagen komen, hadden zij het vermoeden dat hij in harddrugs handelde. Uw vriend vraagt zich af of de agenten hem terecht als verdachte mogen aanmerken. Hoewel strafrecht niet uw favoriete rechtsgebied is, belooft u het te zullen uitzoeken.

We beperken ons in voorbeeld 4.1 tot één handboek en wel het al eerdergenoemde strafrechtelijke handboek *Het Nederlandse Strafprocesrecht*. In dit handboek van ruim duizend bladzijden uit 2018 komt op pagina's 96 tot en met 99 de volgende passage voor:

CITAAT 4.1

Centrale figuur in het strafproces is de verdachte. Een burger mag niet zomaar als tegenpartij van opspoorders en vervolgers in een strafproces worden betrokken. Aan de positie van tegenpartij zijn immers bepaalde, nogal vergaande verplichtingen verbonden. Tegen de verdachte kunnen namelijk allerlei dwangmiddelen worden toegepast.[160] Nu zijn aan die verplichtingen wel weer bepaalde rechten voor die tegenpartij gekoppeld, maar dat doet niets aan die consequenties af. Om die reden heeft de wetgever bepaald dat, vóórdat de vervolging is aangevangen, als verdachte wordt 'aangemerkt degene te wiens aanzien uit feiten of omstandigheden een redelijk vermoeden van schuld aan enig strafbaar feit voortvloeit' (art. 27 lid 1). Daarmee heeft de wetgever een materieel criterium gegeven. Bij toetsing daaraan zal blijken of de als verdachte aangemerkte persoon ook daadwerkelijk als verdachte mag worden beschouwd en dus ook bijvoorbeeld mag worden staande gehouden, aangehouden of opgehouden voor verhoor. (...)
Soms is wel duidelijk dat een of meer strafbare feiten zijn gepleegd door personen die tot een bepaalde groep behoren, zonder dat die verdenking kan worden geïndividualiseerd. Denk aan een café waarin een schietpartij plaatsvindt of een pand waar in drugs wordt gehandeld. Dat kan leiden tot een collectieve verdenking. Het hangt wederom sterk van de feitelijke situatie af of dan alle aanwezigen als verdachten kunnen worden aangemerkt.[179]

---

160 Wetsvoorstel 34641 voorziet in een regeling van feitenonderzoek in verband met geweldsaanwending door een opsporingsambtenaar. In verband met dit feitenonderzoek zal worden bepaald dat de aan de verdachte toekomende rechten tevens toekomen aan de ambtenaar tegen wie zo'n onderzoek is ingesteld. Aldus wordt beoogd een kader te creëeren waarbinnen opsporingsbevoegdheden kunnen worden toegepast zonder dat de ambtenaar zelf als verdachte hoeft te zijn aangemerkt. Zie over dit wetsvoorstel P.A.M. Mevis, 'Over de grondslag en de regeling van de beoordeling van geweldsaanwending door

politieambtenaren', *DD* 2016 p. 653-668 en J.M. ten Voorde, 'Opmerkingen bij de voorgenomen herziening van het stelsel geweldsaanwending politieambtenaren', *Proces* 2016, p.40-54.

179 Zie in dit verband het arrest Hollende Kleurling, hof Amsterdam 3 juni 1977, NJ 1978, 601

Op grond van citaat 4.1 kunt u opmaken dat volgens de auteur het sterk van de feitelijke omstandigheden afhangt of een persoon in een bepaalde situatie als verdachte aangemerkt kan worden in de zin van art. 27 lid 1 Sv. U zou nu kunnen stoppen met informatievergaring en besluiten uw vriend van uw gevonden resultaat op de hoogte te brengen. Merk op dat u daarmee nog geen concreet antwoord hebt gegeven op de vraag of uw vriend als verdachte aangemerkt mocht worden. Dat zou nog een extra acti-viteit vergen. U zult dan namelijk nog moeten toetsen of de betreffende om-standigheden voldoende aanleiding geven om uw vriend als verdachte aan te merken. U kunt nog een stap verder gaan. Want hoe weet de auteur dat het sterk van de feitelijke situatie afhangt of iemand als verdachte aange-merkt kan worden? Dat standpunt noodzaakt tot onderbouwing. En dat heeft de auteur ook gedaan, omdat hij in een noot (nootnummer 179, dat wil dus zeggen de 179e noot in het hoofdstuk) naar een arrest van de Hoge Raad verwijst waaruit zijn standpunt valt af te leiden. U kunt het arrest opzoeken en verifiëren of de gedane opmerking klopt. Daarnaast kunt u dan de specifieke casus lezen en daarmee wellicht aanknopingspunten vinden voor de oplossing van de vraag van uw vriend.

TUSSENVRAAG 4.1   T 4.1

In art. 7:652 BW wordt het proeftijdbeding geregeld. In artikel 7:652 lid 8 sub e BW staat dat elk beding waarbij een proeftijd is overeengekomen nietig is, indien het beding is opgenomen in een opvolgende arbeidsover-eenkomst tussen een werknemer en een andere werkgever die ten aanzien van de verrichte arbeid redelijkerwijze geacht moet worden de opvolger van de vorige werkgever te zijn. Een vriend, die een arbeidsovereenkomst van één jaar krijgt aangeboden nadat hij bij hetzelfde bedrijf via een uitzendbu-reau heeft gewerkt, vraagt u of hij de arbeidsovereenkomst wel moet tekenen. In deze arbeidsovereenkomst is namelijk een proeftijdbeding opgenomen van 1 maand. U oriënteert zich op de arbeidsrechtelijke literatuur en komt in *Schets van het Nederlandse Arbeidsrecht*, 24e druk op pagina 165 de volgende passage tegen:

CITAAT 4.2

3.5.2.8 Opzegging tijdens proeftijd

Het proeftijdbeding wordt geregeld in art. 7:652 BW. Een proeftijd is een pe-riode gedurende welke partijen zich van elkaars geschiktheid als partij bij de arbeidsovereenkomst kunnen overtuigen, alvorens zich definitief te binden. Zoals hierna zal blijken, geniet een werknemer tijdens de proeftijd nauwe-lijks de gewone ontslagbescherming. Daarom hebben de wetgever en de rechter grenzen gesteld aan de mogelijkheid om rechtsgeldig een beroep te doen op een proeftijdbeding.

(...)

Voorts bepaalt 7:652 lid 4 BW dat geen proeftijd kan worden overeengekomen indien de arbeidsovereenkomst is aangegaan voor ten hoogste zes maanden. Ten tweede wordt de rechtspraak gecodificeerd op grond waarvan een proeftijd nietig is als het is opgenomen in een opvolgende arbeidsovereenkomst tussen een werknemer en dezelfde werkgever, tenzij die overeenkomst duidelijk andere vaardigheden of verantwoordelijkheden van de werknemer eist dan de vorige arbeidsovereenkomst (art. 7:652 lid 8 sub d BW)[467] of wanneer het beding is opgenomen in een opvolgende arbeidsovereenkomst tussen een werknemer en een andere werkgever die ten aanzien van de verrichte arbeid redelijkerwijze geacht moet worden de opvolger van de vorige werkgever te zijn (art 7:652 lid 8 sub e nieuw).[468] Dit laatste zal zich met name bij werkgevers die tot eenzelfde concern behoren kunnen voordoen of als er sprake is van een 'doorstart' na faillissement.

467 HR 14 september 1984, NJ 1985/244; HR 6 december 1985, NJ 1986/230; HR 13 juni 1986, NJ 1986/715. Zie ook HR 2 oktober 1987, NJ 1988/233; HR 8 mei 1992, NJ 1992/480; JAR 1992/24.
468 HR 24 oktober 1986, NJ 1987, en HR 1 mei 1987, NJ 1988/20.

Beantwoord de volgende vragen:
a Hoe verantwoorden de auteurs hun opvattingen over hun antwoord op de vraag wanneer een werkgever beschouwd moet worden als een opvolgend werkgever?
b Welke vraag/vragen stelt u uw vriend, alvorens de vraag te kunnen beantwoorden?

Notenapparaat

We merken ten slotte op dat wel veel maar niet alle handboeken met een *notenapparaat* werken (dus met voetnoten of eindnoten). Sommige kennen ook de structuur waarbij de tekst afwisselend met grote letters en met kleine letters wordt afgedrukt. De grote letters zijn bedoeld voor een korte beschrijving van het onderwerp en de juridische standpunten die daarover globaal worden ingenomen. In de kleine letters wordt meer gedetailleerd op subvragen ingegaan en wordt naar rechtspraak en literatuur verwezen die voor deze subvragen relevant zijn. De eerdergenoemde Asser-serie werkt volgens dit model.

4.2 Monografie

Handboeken geven niet op alle vragen antwoord. Als het goed is verwijzen ze (via een notenapparaat) wel naar alle relevante jurisprudentie en literatuur die van toepassing is op het betreffende leerstuk. Op die manier ontstaat een alom geaccepteerde methode: begin bij het handboek (of de handboeken) voor de algemene oriëntatie van een juridisch probleem waarvoor u zich gesteld ziet en stap dan over op bestudering van de daarin genoemde rechtspraak en in het handboek vermelde literatuur.
De literatuur die dan als eerste in beeld komt is de *monografie*. De monografie is een boek dat een heel specifiek onderwerp op het betreffende rechtsgebied behandelt. Zij bestrijkt dus slechts een stukje van het rechtsgebied en spit dat juridisch helemaal door. Datgene waaraan de handboek-

schrijver niet toekomt, komt in de monografie wel aan bod. Dit wordt geïllustreerd aan de hand van voorbeeld 4.2.

VOORBEELD 4.2

Ontslag wegens een dringende reden

Stel u krijgt op gebied van het arbeidsrecht het volgende probleem voorgelegd. Uw werkgever heeft het vermoeden dat één van de werknemers regelmatig materialen uit het magazijn van uw werkgever meeneemt, zonder toestemming en zonder daarvoor te betalen. Hij overweegt de werknemer op staande voet te ontslaan (ontslag wegens een dringende reden art. 7:677 lid 1 BW). Maar hij weet ook dat hij nauwkeurig en juist moet handelen wil een dergelijk ontslag stand houden in een juridische procedure. De werknemer zal immers zeer waarschijn-lijk de rechter vragen het ontslag te vernietigen o.g.v. art. 7:681 lid 1 sub a BW omdat de gevolgen van een ontslag op staande voet voor de werknemer erg groot zijn. Omdat het nu slechts gaat om een vermoeden, wil uw werkgever een verborgen camera ophangen in het magazijn om bewijs te verkrijgen tegen deze werknemer. Echter, uw werkgever vraagt zich af of dit wel is toegestaan. Hoe ver mag hij gaan om de waarheid te achterhalen? Heeft de werknemer ook recht op privacy op de werkplek en mag hij elk middel inzetten?

Stel, u begint uw zoektocht bij het arbeidsrechtelijke handboek van Loonstra en Zondag *Arbeidsrechtelijke Themata* (5e druk, 2015). A.R. Houweling , G.W. van der Voet, J.H. Even, E. van Vliet. U leest daar in subparagraaf 13.5.2 het volgende:

CITAAT 4.3

Als eenmaal is vastgesteld op welk moment de persoon die bevoegd is het ontslag te verlenen, van de daad, eigenschap of gedraging van de betrokken werknemer op de hoogte is, moet het o.o.s.v. derhalve onverwijld worden gegeven. Uitstel wordt niet geduld, is de hoofdregel. Toch zijn er omstandigheden die maken dat het de werkgever toch wordt vergund een o.o.s.v. niet onmiddellijk te effectueren. Een steeds vaker voorkomend verschijnsel is dat de werkgever niet terstond tot ontslag overgaat, maar de werknemer eerst enkele dagen op non-actief stelt (met behoud van loon) om de zaak nader aan een onderzoek te onderwerpen. De zorgvuldigheid brengt met zich dat de werkgever in die situatie tot o.o.s.v. overgaat zodra dat onderzoek is afgerond. De Hoge Raad heeft deze werkwijze geaccordeerd,[113] zelfs in de situatie dat tegen de werknemer wordt gezegd dat hij eerst maar met een reeds geboekte vakantie moet gaan en dat na afloop van die vakantie het o.o.s.v. al dan niet - afhankelijk van de uitkomsten van het onderzoek - daadwerkelijk zal worden gegeven.[114] Ook het feit dat de tot ontslag bevoegde directeur in het buitenland vertoeft[115] of dat het eerst enkele dagen duurt voordat een tot ontslag bevoegd bestuur bij elkaar kan komen,[116] is een valide reden om het daadwerkelijke o.o.s.v. nog uit te stellen totdat de betrokkene(n) is teruggekeerd dan wel bij elkaar zijn gekomen. In dat verband kan een periode van vijf werkdagen voordat een o.o.s.v. wordt geëffectueerd, de toets van de onverwijldheid doorstaan. De Hoge Raad aanvaardt dus nogal wat rek in het criterium van de onverwijlde opzegging.

113 HR 4 november 1983, NJ 1984, 187 (Keller/Van Kimmenade).

114 Zoals in het eerdergenoemde Hema-arrest werd geoordeeld. Niet verwonderlijk is dat de betrokken werknemer al na korte tijd naar huis terugkeerde. Op die wijze heb je natuurlijk geen leuke vakantie.

115 HR 3 november 2000, JAR 2000/248 (Thode/Peters Drivers Company).

116 HR 18 september 1987, NJ 1988, 238 (Den Breejen/Wolter Potze).

Heeft u antwoord op de aan u voorgelegde vragen? Niet echt. U weet nu dat ontslag onverwijld gegeven moet worden maar dat de Hoge Raad de werkgever wel enige tijd gunt om bijvoorbeeld onderzoek te doen. Over de wijze waarop onderzoek mag worden gedaan en de duur van een dergelijk onderzoek vermeldt het hoofdstuk echter niets. Hoewel de noten in dit citaat u geen aanknopingspunten geven, vindt u in de bibliotheek een monografie van mr. S.F. Sagel, *Het ontslag op staande voet* (Kluwer 2013). U leest daar op de pagina's 67, 68, en 69 het volgende:

CITAAT 4.4

2.5.10 De relatie tussen grondrechten van de werknemer in de onderzoeksfase en de eis van onverwijld ontslag

De voortvarendheid waarmee een werkgever onderzoek kan doen naar een vermoeden van een dringende reden zal voorts beïnvloed worden door de werking van grondrechten van de werknemer, waaronder met name zijn recht op bescherming van de persoonlijke levenssfeer, als verankerd in – onder meer – art. 8 EVRM. Onderzoeksmethodes als het afluisteren van telefoongesprekken, het volgen van werknemers om hun dagelijkse gangen in kaart te brengen, het lezen van (privé-) e-mailberichten, en het maken van (geheime) filmopnames, vormen allemaal in meer of mindere mate een inbreuk op het grondrecht op eerbiediging van de persoonlijke levenssfeer door de werkgever. Maar er zijn ook minder 'voor de hand liggende' grondrechten die geraakt kunnen worden door een onderzoek, zoals bijvoorbeeld, de vrijheid van godsdienst en de vrijheid van meningsuiting. Men denke aan het geval dat een werknemer wordt uitgenodigd om te worden gehoord op een dag die voor hem een religieuze betekenis heeft, of aan de opdracht om hetgeen tijdens het onderzoek wordt besproken (vooreerst) geheim te houden. In de lagere rechtspraak is reeds geruime tijd aanvaard dat grondrechten als zojuist genoemd, van betekenis zijn bij de beoordeling van de toelaatbaarheid van onderzoek en dat leidt er met enige regelmaat toe dat op opsporingsmethodes ontoelaatbaar worden geacht. Zo kregen werkgevers die het huisvuil van een medewerker lieten onderzoeken of contact opnamen met een ziekenhuis om medische informatie los te peuteren over een werknemer, van de rechter te horen dat daarmee een ontoelaatbare inbreuk op het recht op privacy was gemaakt.[159] Uit de rechtspraak blijkt voorts dat de werknemer ook op het werk zelf een zekere privacy-verwachting mag koesteren.[160] Dat is in lijn met de rechtspraak van het Europees Hof voor de Rechten van de Mens, waarin is aangenomen dat art. 8 EVRM zich ook kan uitstrekken tot de werkplek, zeker wanneer de werkgever een *reasonable exception of privacy* creëert door niet te waarschuwen dat bepaalde controlemechanismen worden toegepast.[161] Ook de Hoge Raad heeft de gedachte omarmd dat grondrechten in de horizontale relatie tussen werkgever en werknemer een rol spelen, daaronder ook uitdrukkelijk begrepen binnen het kader van de opsporingsbevoegdheid van de werkgever naar mogelijk wangedrag. Zulks volgt zowel uit het hiervoor reeds in ander verband aangehaalde arrest uit 2001 in de zaak rond *Wennekes Lederwaren*, als uit het wellicht nog geruchtmakender arrest van 14 april 2007 in de zogeheten *Hyatt-zaak*.[162] In het eerstgenoemde arrest diende de Hoge Raad zich ook te buigen over de vraag of video-opnamen die heimelijk waren gemaakt in het kader van een onderzoek naar mogelijke fraude wegens strijd met art. 8 EVRM als onrechtmatig verkregen moesten worden. De rechtbank had die vraag ontkennend beantwoord en de Hoge Raad hield dat antwoord overeind. Hij besliste daartoe dat, nu enerzijds de werkgever een gerechtvaardigd belang had door middel van een videocamera opnamen te maken, terwijl anderzijds de opnamen slechts gedragingen van het personeel bij de kassa betroffen, moest worden aangenomen dat het bewijsmateriaal toch gebruikt mocht worden, ook indien aldus een inbreuk op het privéleven van de werkneemster zou zijn gemaakt. Hoewel de Hoge Raad met het gebruik van de woorden 'zou zijn' in feite in het midden liet of de video-opnamen een inbreuk op de persoonlijke levenssfeer opleverden, lag in zijn beslissing besloten dat art. 8 EVRM wel toepassing vindt in de horizontale relatie tussen werkgever en werknemer. Zou dat anders zijn geweest, dan had de Hoge Raad de betreffende cassatieklacht immers reeds daarop kunnen afdoen dat art. omdat hij gebaseerd was op een onjuiste rechtsopvatting. Dat art. 8 EVRM inderdaad ook toepassing vindt in de horizontale relatie tussen werkgever en werknemer werd vervolgens uitdrukkelijk bevestigd in het op 14 september 2007 gewezen *Hyatt-arrest*, waarin de Hoge Raad – (te) kort gezegd – had te oordelen over het ontslag van een serveerster in het Arubaanse Hyatt Hotel in verband met het feit dat zij onder werktijd en in strijd met de ter zake gestelde strenge regels, positief testte op het gebruik van cocaïne. Zoals Verhulp in zijn annotatie onder het arrest in de NJ opmerkt, ligt het grote belang van het arrest vooral daarin dat de Hoge Raad daarin voor het eerst uiteenzette welk toetsingskader moet worden gehanteerd bij de beoordeling of een inbreuk door de werkgever op het in het art. 8 EVRM verankerde grondrecht van de werknemer geoorloofd is. Dat toetsingskader komt overeen met de benadering die door het Europees Hof voor de Rechten van de Mens wordt gehanteerd bij de beoordeling of een inbreuk op de in het EVRM verankerde grondrechten toelaatbaar is.[163] Onderzocht moet worden of (i) de inbreuk een legitiem doel dient, (ii) de inbreuk geschikt is om dat doel te bereiken, (iii) de inbreuk proportioneel is in verhouding tot het beoogde doel en of (iv) wellicht met een minder ingrijpende maatregel had kunnen worden volstaan (het subsidiariteitsvereiste). Alleen als de eerste drie vragen met ja en de laatste met nee worden beantwoord, is de inbreuk objectief gerechtvaardigd. Over het arrest in *Hyatt-zaak* is veel geschreven en daarbij is met name stilgestaan bij de vraag wat dat arrest betekent voor de vraag of handelingen in de privésfeer een dringende reden voor ontslag kunnen opleveren. Maar de betekenis van het arrest strekt zich, gelet op de algemene bewoordingen waarin de Hoge Raad zich daarin heeft uitgelaten over de betekenis van art. 8 EVRM in de verhouding tussen werkgever en werknemer, veel verder uit. Het geformuleerde toetsingskader ziet op elke inbreuk door de werkgever op de persoonlijke levenssfeer van de werknemer; en – zo zou ik menen – ruimer nog: op elke inbreuk door een werkgever op een grondrecht van de werknemer. Dat betekent dat dat toetsingskader ook van belang is bij de beoordeling van de wijze waarop de werkgever die zich geconfronteerd ziet met een vermoeden van een dringende reden, daarnaar onderzoek mag doen. Voor zover dat onderzoek een inbreuk op de persoonlijke levenssfeer van de werknemer vergt – en dat zal bij sommige 'opsporingsactiviteiten' zonder meer het geval zijn – zal de werkgever de hiervoor genoemde vierledige checklist moeten afwerken, om te onderzoeken of die activiteiten toelaatbaar zijn.[164]

159 Ktr Rotterdam 19 december 1997, Prg. 1998, 4946 (snuffelen in vuilniszakken van werknemer niet toelaatbare inbreuk op bescherming van persoonlijke levenssfeer); Ktr Lelystad 3 oktober 2001, JAR 2001/226 (werknemer laten schaduwen bij bezoek aan huisarts, contact opnemen met ziekenhuis om gegevens over werknemer los te peuteren in strijd met recht op privacy).

160 Ktr Haarlem 16 juli 2000, JAR 2000/170 (Kantonrechter is van mening dat er sprake is van een zekere privétisering van de werksfeer, waardoor werknemer ook op het werk privécontacten mag onderhouden. Werkgever behoort die in beginsel te respecteren en zich daar buiten te houden); G.-J. Zwenne, WBP Evaluatie: Knelpunten met betrekking tot de WBP en privacy op de werkplek, in: A. van Halem (red.), Privacy op de werkplek, Den Haag 2009, p. 27 e.v.

161 Zie EHRM 25 juni 1997, NJ 1998, 506 en EHRM 3 april 2007, JAR 2007/233. Zie daarvoor o.a. M.S.A. Vegter, JAR Verklaard 2007/7, p. 4/5.

162 Zie HR 27 april 2001, NJ 2001, 476 en HR 14 september 2007, NJ 2008, 334 en JAR 2007/250. Zie over het arrest van 27 april 2001 onder meer D.J. Rutgers en H.H. de Vries, Hoge Raad en cameratoezicht op de werkvloer, Arbeidsrecht 2001, 50.

163 Zie in die zin ook: E. Verhulp, De impact van grondrechten van de werknemer op de bevelsbevoegdheid van de werkgever, in: C.J. Loonstra e.a., De werkgever in beweging , Den Haag 2009, p. 49.

164 Zie voor een voorbeeld van een zaak waarin de rechter dat schema nauwkeurig toepaste bij de beantwoording van de vraag of er sprake was van een ontoelaatbare inbreuk op art. 8 EVRM doordat een werknemer geobserveerd was (en daarvan ook opnames waren gemaakt) om te controleren of een werknemer terecht het standpunt innam dat zij het bed moest houden, althans niet in staat was om re-integratiegesprekken te voeren: Rb Amsterdam 8 augustus 2007, RAR 2007/163. Met name uit rov. 4.4. blijkt dat de Rechtbank het juiste toetsingskader voor ogen staat. Zie voor andere voorbeelden waarin de inbreuk op het recht op privacy toelaatbaar werd geacht onder meer: Ktr Schiedam 8 juli 1997, JAR 1997/189 (cameratoezicht, afweging van recht op privacy tegen belang waarheidsvinding bij diefstal uit kluisjes. Waarheidsvinding weegt in casu zwaarder); Ktr Alkmaar 27 juni 2002, Prg 2002, 5893 (onderzoeksbelang kan lezen email werknemer rechtvaardigen bij concrete verdenking, maatregel moet wel proportioneel zijn).

T 4.2 **TUSSENVRAAG 4.2**

Schrijf een kort betoog waarin u antwoord geeft op de vraag die uw werkgever u heeft voorgelegd.

4.3   Praktijkcommentaren

Praktijkcommentaren zijn handige naslagwerken voor juristen die 'snel even iets moeten opzoeken'. Als je er echt voor moet gaan zitten om iets uit te zoeken, wordt het handboek als uitgangspunt genomen. Als er vlug iets moet worden uitgezocht dat qua probleem niet erg ingewikkeld is, grijpt de praktijkjurist snel naar zijn praktijkcommentaren.

Praktijkcommentaren zijn nogal eens *losbladige commentaren*. Bij een losbladig commentaar worden regelmatig nieuwe supplementen naar de abonnees toegezonden, die makkelijk zijn in te voegen. Een losbladig commentaar bestaat namelijk uit – zoals het woord al zegt – losse blaadjes die als boekwerk in een band zijn samengebundeld. Ze zijn eenvoudig uit een band te lichten en te vervangen door nieuwe tekst.

Losbladig commentaar

Op alle rechtsgebieden zijn losbladige commentaren verschenen. Meestal zijn ze opgezet op basis van een (groot) aantal wetten die dan per wetsartikel worden becommentarieerd. Op het terrein van het personen- en familierecht is bijvoorbeeld de losbladige *Groene serie Personen- en familierecht* een bekende uitgave waarin de wetsartikelen van Boek 1 BW achter elkaar worden besproken, naast de wetsartikelen uit een groot aantal belangrijke wetten die zich ook op het terrein van het personen- en familierecht bevinden. Ook in losbladige commentaren wordt verwezen naar rechtspraak en literatuur, maar doorgaans in mindere mate dan in handboeken.

Naast de losbladige commentaren zijn er de laatste jaren ook praktijkcommentaren op de markt gebracht die vastbladig zijn en die per jaar (of per twee jaren) worden vernieuwd. Een belangrijke reeks is in dit verband *Tekst & Commentaar (T&C)*. Op vele rechtsgebieden worden belangrijke wetten artikelsgewijs door een deskundige redactie besproken. Ook voor deze vastbladige praktijkcommentaren geldt dat ze niet zo verdiepend ingaan op de relevante juridische vragen als in het handboek. Maar ze zijn wel uitermate handig als de praktijkjurist zich snel wil oriënteren. Zie voorbeeld 4.3.

Vastbladig commentaar

VOORBEELD 4.3

Gezamenlijk gezag

U krijgt de volgende casus voorgelegd. Een man en vrouw die nooit getrouwd zijn geweest, hebben samen een zoon. Alleen de moeder heeft het gezag over de zoon (eenhoofdig gezag). De vader wil graag samen met de moeder belast worden met het gezag (gezamenlijk gezag). De moeder wil hier niet aan meewerken. De vraag is of de vader de rechter kan verzoeken om het eenhoofdig gezag van de moeder om te zetten in gezamenlijk gezag. Als u het vastbladige praktijkcommentaar Personen- en familierecht erop naslaat, zult u zien dat dit onder aantekening 2 van art. 253c wordt besproken. Hier staat vermeld:

'Met de vader wordt de juridische vader bedoeld. Buiten huwelijk is dit de man die het kind heeft erkend of van wie het vaderschap gerechtelijk is vastgesteld. De biologische vader die het kind niet heeft erkend, maar wel 'family life' heeft met het kind, is niet-ontvankelijk daar hij niet in familierechtelijke betrekking staat tot het kind; deze eis is niet in strijd met art. 8 EVRM.'

In overeenstemming met art. 8 EVRM dient art. 253c lid 1 aldus te worden uitgelegd dat de vader degene is die in familierechtelijke betrekking tot het kind staat. Met

an dere woorden: degene die niet alleen de   de juridische vader. U ziet: directe informatie
biologische vader van het kind is maar ook   voor een praktisch probleem.

T 4.3   **TUSSENVRAAG 4.3**
               Stel een advies op naar aanleiding van de vraag die u is gesteld.

⬤4.4 Wetenschappelijke artikelen

Tot nu toe hebben wij het handboek, de monografie en de praktijkcommentaren beschreven. Het doel van deze uitgaven is, de rechtspraktijk (iedereen
die zich beroepshalve met het recht bezighoudt) voor te lichten over de inhoud van het recht, meestal uiteengesplitst naar vakgebied. Die voorlichting
is nodig omdat men voor een goede praktijkuitoefening veel meer nodig
heeft dan een diploma en de wet. We wisten ook al dat de gepubliceerde
rechtspraak van groot belang is om inzicht in de juridische stand van zaken
te krijgen. Bovendien verschijnen er steeds meer nieuwe wetten en wordt
bestaande wetgeving gewijzigd. De stortvloed van informatie waarmee praktijkjuristen te maken krijgen, wordt via handboeken, monografieën en praktijkcommentaren door deskundige schrijvers samengevat, gerubriceerd en in
verband gebracht met andere regelgeving. Wat ook heel belangrijk is, zijn de
meningen van deze auteurs over nog onopgeloste vragen. Ieder arrest,
iedere nieuwe wet roept weer vragen op. Waarom op deze manier? En wat
betekent deze nieuwe regeling dan voor thema X waarmee mijn cliënt te maken heeft? Schrijvers van boeken geven over dit soort vragen hun mening.
Omdat zij een autoriteit op hun vakgebied zijn, wordt naar hen geluisterd.
Daarmee kunnen praktijkjuristen hun voordeel doen bij de advisering van
hun cliënten, bij het voorlichten van hun werkgever of bij het nemen van hun
beslissingen. De waarde van de handboeken, monografieën en praktijkcommentaren is dus groot op het terrein van het recht. Maar zij hebben één na-
deel: zij kunnen niet de allerlaatste relevante berichtgeving verwerken. Zij
bevatten niet het laatste nieuws. Hun actualiteitswaarde is dus beperkt.

Vakbladen   Voor de allerlaatste arresten van de Hoge Raad en voor de allerlaatste door
                       het parlement aangenomen wet, zijn er echter de vakbladen met weten-
                       schappelijke artikelen over recente ontwikkelingen. In deze artikelen worden
Nieuwste   de nieuwste juridische ontwikkelingen besproken én afgezet tegen de stand
juridische   van zaken tot dan toe. Daarmee wordt niet alleen beschreven wat er alle-
ontwikkelingen   maal is veranderd en gaat veranderen, maar ook welke consequenties dat
heeft voor het bestaande recht tot dat moment. Door het lezen van deze wetenschappelijke artikelen wordt het juridische inzicht vergroot en neemt de
rechtskennis toe. Het lezen van vakbladen is daarmee een noodzakelijke en
onmisbare voorwaarde voor een goede, adequate praktijkuitoefening. Het
recht van vandaag is immers morgen weer verouderd.
In subparagraaf 4.4.1 gaan we in op de verschillende vakbladen. Vervolgens
(subparagraaf 4.4.2) behandelen we de opbouw van een artikel. In subparagraaf 4.4.3 gaan we in op het nut van het bijhouden van vakbladen, in subparagraaf 4.4.4 op het zoeken in vakbladen en in subparagraaf 4.4.5 wordt
ingegaan op de rol van de redacties.

4.4.1   Onderverdeling juridische vakbladen

Juridische vakbladen zijn onder te verdelen in *algemene* vakbladen en vakbladen die alleen aan een *specifiek rechtsgebied* aandacht besteden.
De algemene vakbladen informeren de lezers breed over alle ontwikkelingen   **Algemene**
op het terrein van het arbeidsrecht. Voorbeelden van dergelijke vakbladen   **vakbladen**
zijn het *Nederlands Juristenblad* (NJB), *Rechtsgeleerd Magazijn Themis*
(RM Themis) en *Ars Aequi* (AAe).

Het NJB verschijnt wekelijks (met uitzondering van de zomermaanden) en
heeft duizenden abonnees. Per aflevering zijn er vaste categorieën. Er staan
wetenschappelijke artikelen in, korte opinies over actuele kwesties, praktijk-
berichten en overzichten van recent verschenen rechtspraak. Bovendien
treft men er overzichten in van alle bekende vakbladen op het terrein van
het recht (ongeveer honderd!) met een korte aanduiding en samenvatting
van de inhoud van hun laatste verschenen nummer. Het NJB is in feite
onmisbaar voor iedere jurist die op de hoogte wil zijn van alle actuele zaken.
Tweemaal per jaar verschijnt het NJB met een special waarin per rechtsgebied de ontwikkelingen van het halve jaar worden beschreven. Deze
bijzondere nummers heten: '*De staat van recht*'.

RM Themis verschijnt een keer per twee maanden en is wat wel een 'zwaar'
wetenschappelijk tijdschrift wordt genoemd. Er staan doorwrochte artikelen
in van gerenommeerde auteurs, die expert zijn op alle mogelijke rechtsgebieden. Daarnaast staan in RM Themis boekbesprekingen (recensies), op
grond waarvan de lezer zich kan beraden op de vraag wat hij wel en niet wil
gaan lezen.

AAe (ook een maandblad) is een studentenblad, dat wil zeggen: de redactie
is samengesteld uit studenten van de juridische faculteiten in Nederland.
Deze redactie wordt ondersteund door deelredacties waarin meestal hoogleraren plaatsnemen. De hoofdartikelen van AAe zijn nogal eens bewerkte
scripties van juridische studenten. Naast deze artikelen wordt over allerlei
juridische onderwerpen bericht. Vooral nieuwe wetsvoorstellen worden regelmatig besproken. Daarnaast worden studenten uitgedaagd een door een
hoogleraar bedachte *rechtsvraag* te beantwoorden. Bekend zijn de uitgebreide *annotaties* bij recente arresten van de Hoge Raad of een ander hoogste
rechtscollege. Een meestal bekende deskundige op het desbetreffende
rechtsgebied bespreekt de gevolgen die aan de uitspraak zijn verbonden en
plaatst die in het bestaande rechtssysteem.

Naast de algemene zijn er de gespecialiseerde vakbladen. Ieder rechtsge-   **Gespecialiseerde**
bied heeft wel één of meerdere vakbladen waarin op het rechtsgebied toe-   **vakbladen**
gespitste artikelen over actuele kwesties staan. We hebben het dan over
belastingrecht, pensioenrecht, informaticarecht, bestuursrecht, arbeidsrecht, ondernemingsrecht, onderwijsrecht, rechtstheorie, rechtsgeschiede-
nis, vermogensrecht, internationaal privaatrecht, Europees recht en ga zo
maar door. Het is uiteraard volstrekt onmogelijk al deze vakbladen te lezen.
Het kost een jurist al vaak heel veel moeite zijn vakbladen bij te houden,
naast de drukke praktijk van iedere dag. Toch is dat wel een noodzakelijke
voorwaarde om geen missers (uitglijers) te maken.

We zoomen even in op het rechtsgebied dat in deze vaardigheid (het gebruik
van juridische literatuur) vaker in beeld is geweest: het arbeidsrecht. Op dit

rechtsgebied werd tot aan de jaren negentig van de vorige eeuw slechts één vakblad uitgegeven: *Sociaal Maandblad Arbeid* (SMA). Anno 2018 zijn er vele vakbladen op dit rechtsgebied. We kennen de tijdschriften *Tijdschrift Recht en Arbeid* (TRA), *ArbeidsRecht, Arbeidsrechtelijke Annotaties* (ArA) *en ArbeidsRecht* (AR). TRA is een maandblad en bevat wetenschappelijke artikelen die praktijkjuristen in hun dagelijkse werk direct kunnen gebruiken. Daarnaast treft men in dit vakblad annotaties aan bij recente belangwekkende arbeidsrechtelijke uitspraken. AR is er voor de rechtspraktijk; er staan korte stukken in over uitspraken van vooral lagere rechters, waarmee praktijkjuristen in hoofdzaak te maken krijgen. In ArA staan naast diepgaande wetenschappelijke beschouwingen uitgebreide annotaties bij arresten van meestal de hoogste (nationale en internationale/Europese) rechters.

Op voorgaande wijze kunnen de vakbladen op ieder rechtsgebied worden beschreven. Als men in de praktijk gaat werken, wordt vaak snel duidelijk welke tijdschriften als belangrijk worden aangemerkt. Vaak ook heeft de arbeidsorganisatie waar men werkt een abonnement op de *leading* tijdschriften. Het is verstandig deze ook bij te houden.

4.4.2 Opbouw wetenschappelijk artikel

Een wetenschappelijk artikel is doorgaans als volgt opgebouwd:
- Het artikel begint met de titel van het betoog en de vermelding van de auteur(s).
- Dan volgt een inleiding waarin concreet de probleemstelling wordt geformuleerd: wat is de vraag waarop antwoord wordt gezocht en waarom wordt die vraag gesteld?
- Daarna volgt een juridische uiteenzetting van de context waarbinnen de vraag zich afspeelt; het geldende recht wordt besproken.
- Daaropvolgend wordt aangegeven welke vragen er rijzen – meestal naar aanleiding van een nieuwe wet of een belangwekkend arrest – en welke oplossingen zich aandienen.
- Vervolgens zet de auteur beredeneerd uiteen wat volgens hem de beste oplossing is.
- Het verhaal wordt afgerond met een conclusie, soms op basis van een korte samenvatting van de probleemstelling en uitwerking daarvan.

T 4.4

TUSSENVRAAG 4.4
Wat is in de volgende inleiding van een wetenschappelijk artikel dat in het *Nederlands Juristenblad* (NJB) van 20 december 2013 verscheen, de probleemstelling?

CITAAT 4.5
1 Inleiding
In rechtszaken wordt steeds vaker een verband gelegd tussen agressie en medicijngebruik. Het gaat vooral om geweldsdelicten die mede door het slikken van antidepressiva zouden zijn veroorzaakt. Zo kwam het antidepressivum Seroxat (paroxetine) in opspraak door de zogenaamde bijlmoorden in Badhovedorp (2008) en de zaak Alasam S. in Baflo (2012). In de Verenigde Staten staan dergelijke zaken bekend als 'Prozac killings'en wordt via een 'involuntary intoxication'of een 'insanity defence' met wisselend succes getracht verdachten vrij te pleiten. Wetenschappers voeren al meer dan twintig

jaar een heftig debat over de relatie tussen agressie en bepaalde genees-
middelen. Maar wat weten we nu eigenlijk over de agressieve bijwerkingen
van bepaalde medicijnen? En wat zijn in Nederland de strafrechtelijke consequenties van een mogelijk verband tussen medicatiegebruik en geweldsdelicten?

Bron: David Roef en Robert Jan Verkes, Medicijngebruik, agressie en strafrechtelijke
verantwoordelijkheid, Nederlands Juristenblad, 2013, 45

4.4.3   Waarom vakliteratuur bijhouden?

Wat is nu concreet het nut van het bijhouden van de vakbladen? In de eerste plaats heeft u weet van wat er op uw vakgebied speelt aan actuele vragen. Wie kennis heeft, heeft macht.

In de tweede plaats weet u *in aanzet* het antwoord op juridische problemen   **Drie redenen**
die u ter oplossing krijgt voorgelegd. Het betreft veelal een aanzet. Een jurist moet altijd weer terug naar de bron waar het exact staat gedefinieerd.
Maar met het bijhouden van vakliteratuur weet u al waar u moet zoeken. En
dat is een enorme tijdwinst. In de derde plaats lossen juristen niet alleen
problemen op als er zich een concreet geschil aandient, een jurist probeert
er eveneens voor te zorgen dat er geen problemen ontstaan. Een belangrijk
deel van het werk van een jurist is dan ook dat hij *adviseert* over de wijze
waarop recente regelgeving of rechtspraak in de organisatie (van de cliënt)
het beste kan worden vertaald. In zijn advieswerk wil de jurist dus realiseren
dat er geen conflicten ontstaan. Adviseren is gebaseerd op kennis, vooral
ook *recente* kennis, of zelfs kennis die nu nog niet tot het geldende recht
behoort, maar dat binnenkort wel zal zijn.

4.4.4   Zoeken in de vakbladen

Van ieder vakblad wordt door de uitgever precies bijgehouden wat er per
jaargang (dat is een uitgave van januari tot en met december van enig jaar)   **Jaargang**
in het tijdschrift is opgenomen. We hebben het dan vooral over de wetenschappelijke artikelen, maar ook andere relevante informatie wordt daarbij
betrokken. Meestal zijn er én registers met de namen van de auteurs én registers met de titels van de bijdragen. Deze overzichten van wat jaarlijks in
een vakblad is opgenomen, worden in een katern (een losse bijlage) gestopt   **Katern**
en toegevoegd aan de overige nummers die dat betreffende jaar zijn verschenen. Van ieder tijdschrift wordt jaarlijks aan de abonnees een band ter
beschikking gesteld waarin de (losse) nummers kunnen worden opgenomen. Met het jaaroverzicht heeft men op deze wijze een overzichtelijke bun-
deling van alle nummers die dat jaar zijn verschenen.

4.4.5   De redactie van tijdschriften

Ieder tijdschrift heeft een redactie. In deze redactie zitten deskundigen op
het betreffende vakgebied die inmiddels een duidelijke reputatie hebben opgebouwd. De redactie beoordeelt de binnengekomen kopij. Niet alles wat
de redactie wordt aangeboden, is goed genoeg voor publicatie. De redactie
ziet er nauw op toe dat alleen stukken in het blad komen, die de toets der
(wetenschappelijke) kritiek kunnen doorstaan. Dat garandeert ook dat de
lezer mag afgaan op de juistheid van de feitelijke informatie die wordt verstrekt. Natuurlijk staan in deze artikelen ook persoonlijke meningen van de

auteurs. Deze worden echter alleen maar gegeven nadat eerst een grondige analyse is gegeven van de rechtsstof en de standpunten die daarover tot op heden zijn geformuleerd.

T 4.5

TUSSENVRAAG 4.5

Lees het wetenschappelijke artikel uit citaat 4.6 en beantwoord daarna de vragen:

a Waarom zijn er volgens de schrijver van het artikel veel overeenkomsten ontstaan tussen de positie van de 'verwekker' en de 'bekende donor' ten gevolge van de uitspraak van de Hoge Raad in 1990?

b Waarom zegt de schrijver dat hij hoopt dat de rechtspraak met het aannemen van 'family life' niet te ver zal doorschieten?

c Wat is de probleemstelling van het artikel?

d Wat is volgens de schrijver van het artikel een goede oplossing?

4

CITAAT 4.6

De donor en zijn vaderrol, een roze wolk[1]?

Kan een donor zich zomaar indringen in het leven van het met zijn zaad verwekte kind? Het komt steeds vaker voor dat een donor een rol als vader op zich wil nemen, maar in hoeverre is dat toegestaan? Nu donoren steeds vaker worden toegelaten in een omgangsverzoek, wordt nagegaan of de donor daarnaast nog andere rechten en verantwoordelijkheden heeft ten opzichte van het met zijn zaad ontstane kind. Er bestaan donoren die via de spermabank donor zijn en donoren uit de familie- en kennissenkring. Nagegaan wordt wat het verschil is tussen deze twee soorten donoren en wat hen onderscheidt van de verwekker. Family life speelt hierbij een belangrijke rol.

De spermadonor en zijn rol als vader

Toen de Hoge Raad een zaaddonor ontvankelijk verklaarde in zijn verzoek tot vaststelling van een omgangsregeling met het kind dat met zijn zaad was verwekt heeft dat heel wat stof doen opwaaien.[2] Omdat het toch meestal niet de bedoeling lijkt te zijn dat een donor een rol in het leven van het kind zal spelen wekte deze beslissing bij velen toch wel enige verbazing. Ook leidde dit tot Kamervragen aan de Minister van Justitie over de vaderrol van de spermadonor.[3]

Vragen over de positie van de donor worden steeds actueler. Tot de jaren zeventig van de vorige eeuw werd een kind meestal binnen een huwelijk geboren en in dat gezin groeide het kind ook meestal op. De afgelopen decennia hebben zich echter grote maatschappelijke ontwikkelingen voorgedaan. Zo valt onder meer te denken aan een toename van het aantal ongehuwde samenlevers en de toename van het aantal kinderen dat buiten huwelijk worden geboren, alleenstaand ouderschap en homoseksuele relaties. Deze ontwikkelingen zijn van grote invloed geweest op het familierecht. Zo werd het geregistreerd partnerschap ingevoerd en kunnen personen van gelijk geslacht met elkaar huwen. Daarnaast deed zich een flinke toename van de toepassing van kunstmatige voortplantingstechnieken voor, zoals kunstmatige donorinseminatie en in-vitrofertilisatie. Vooral in lesbische relaties wordt donorinseminatie toegepast om een kind te kunnen krijgen. Met al deze nieuwe familierelaties dienen zich nieuwe vragen aan.[4] De positie van de spermadonor is daar één van.

Zo kan men zich afvragen of een donor zich zomaar, tegen de wens van de ouder(s), in het gezinsleven van het kind en de moeder en eventuele partner kan indringen? Door genoemde uitspraak van de Hoge Raad, die hieronder nog nader belicht zal worden, lijkt het mogelijk te zijn dat een bekende spermadonor, als hij dat wil, een vaderrol kan vervullen, ook al is dit tegen alle mogelijke bedoelingen van de betrokkenen in.

Omdat van een donor over het algemeen wordt verwacht dat hij zich beperkt tot het vervullen van de kinderwens van anderen, lijkt deze uitspraak met de bedoelingen van het donorschap in strijd te zijn.

Toch is het niet de eerste keer dat een donor, onder bepaalde voorwaarden, om een omgangsregeling kan verzoeken. In 1990 oordeelde de Hoge Raad dat een spermadonor niet op grond van enkel zijn biologisch vaderschap een omgangsregeling kan afdwingen met het kind dat met zijn zaad is verwekt. Dit is echter wel mogelijk als hij, naast het biologisch vaderschap, bijkomende omstandigheden stelt.[5] Deze bijzondere omstandigheden houden in dat uit deze omstandigheden voortvloeit dat er sprake is van nauwe persoonlijke betrekkingen. Relevante factoren zijn bijvoorbeeld de aard van de relatie tussen de natuurlijke ouders en de aangetoonde interesse in en betrokkenheid van de biologische vader bij het kind, voor en na diens geboorte.[6] Indien een kind via een spermabank is verwekt zal er geen sprake zijn van een nauwe persoonlijke betrekking, maar in het geval van een bekende donor ligt dat meestal anders.

Sedert 2 november 1995 is de mogelijkheid tot omgang tussen een derde en het kind wettelijk vastgelegd (art. 1:377f BW).[7] Iemand die in een nauwe persoonlijke betrekking staat tot het kind, kan de rechter verzoeken een omgangsregeling met het kind vast te stellen. Dit kan gaan om een verwekker, maar bijvoorbeeld ook om grootouders, pleegouders, oom of tante. Ook een donor kan op basis van dit artikel omgang verzoeken, mits hij in een nauwe persoonlijke betrekking staat tot zijn kind. Wat betekenen bovenstaande ontwikkelingen nu voor de positie van de donor? Steeds meer wordt ingezien dat het voor een kind belangrijk is te weten van wie hij afstamt. Sinds 1 januari 2004 geldt de Wet donorgegevens waardoor anoniem doneren niet langer mogelijk is.[8] Voor een kind dat is verwekt met het zaad van een donor is daarmee de mogelijkheid ontstaan om te achterhalen wie zijn of haar donor is.

Behalve donoren die via een spermabank doneren, komt het ook voor dat iemand uit de kennissen- of familiekring bereid wordt gevonden donor te zijn. In deze gevallen spreekt men van een bekende donor. In bepaalde gevallen worden met de donor afspraken gemaakt over de rol die de donor in het leven van het kind zal spelen en wordt er bijvoorbeeld een bezoekregeling overeengekomen.

Indien donor en kind elkaar kennen, kan dit mogelijk tot wederzijdse verwachtingen leiden en kunnen er vragen ontstaan over de rechten en plichten van de donor jegens het kind, maar ook van het kind ten opzichte van de donor. Hierbij kan men denken aan het omgangsrecht, maar bijvoorbeeld ook aan het erfrecht of een eventuele onderhoudsverplichting. Daarnaast kunnen vragen ontstaan over de mogelijkheid om familierechtelijke betrekkingen te vestigen.

Dat een donor meer is dan een 'leverancier van zaad', blijkt uit bovenstaande ontwikkelingen, maar wat is een donor dan wel? Er zijn bekende en onbekende donoren. In het navolgende wordt nagegaan in hoeverre een donor met vaderschapsintenties zijn vaderrol kan vervullen. In het navolgende komen deze verschillende donoren en hun rechten en plichten aan bod. Hierbij wordt ook de positie van de verwekker vergeleken met die van de donor. Het bestaan van family life blijkt hierbij een belangrijke rol te spelen, maar de vraag is of family life soms niet erg snel wordt aangenomen.

De (on)bekende donor en de verwekker met elkaar vergeleken

De man die samen met een vrouw op natuurlijke wijze een kind heeft doen ontstaan noemt men de verwekker. Een man die zijn genetisch materiaal afstaat ten behoeve van kunstmatige inseminatie is geen verwekker maar wordt aangemerkt als een donor. De verwekker en de donor zijn beiden biologische vader.

Hoewel het onderscheid tussen een donor en een verwekker feitelijk niet zo groot is, zij zijn immers beiden biologische vader, is het verschil in juridisch opzicht wel belangrijk.

Een verwekker is in beginsel onderhoudsplichtig, terwijl een donor dat niet is (art.1:394 BW). Een verwekker kan de rechtbank bijvoorbeeld verzoeken vervangende toestemming te verlenen voor erkenning indien de moeder en/of het kind van twaalf jaar of ouder haar toestemming weigert, terwijl een donor dit in beginsel niet kan.[9] Jegens de verwekker kan het vaderschap gerechtelijk worden vastgesteld, maar jegens de donor kan dit niet. Gerechtelijke vaststelling van het vaderschap is wel mogelijk van de man die als levensgezel van de moeder heeft ingestemd met de donorinseminatie.

Het feitelijk verschil tussen beide vaders zit hem dus enkel in de wijze waarop het kind is ontstaan, terwijl dit onderscheid wel essentieel is voor de rechtsgevolgen die aan de verschillende soorten vaders zijn verbonden.

De wetgever maakt geen verder onderscheid tussen een bekende of onbekende donor, terwijl dit onderscheid juist wel essentieel kan zijn.[10] Een donor die via een spermabank doneert heeft geen ouderschapsintenties, terwijl een bekende donor die wel kan hebben. Deze intenties kunnen bijvoorbeeld in afspraken met de moeder zijn vastgelegd.

Een donor heeft op grond van enkel zijn biologisch ouderschap nauwelijks of geen rechten, maar indien er sprake is van een nauwe persoonlijke betrekking maakt dit zijn positie sterker en kan hij een omgangsregeling verzoeken. In de rechtspraak wordt aan het bestaan van een nauwe persoonlijke betrekking steeds meer belang gehecht.[11] De posities van de bekende donor en de verwekker beginnen hierdoor steeds meer overeenkomsten te vertonen. De donor die via de spermabank heeft gedoneerd neemt hierbij een heel andere positie in.

De (bekende) donor en zijn recht op omgang

In het hierboven genoemde geval werd een spermadonor ontvankelijk verklaard in zijn verzoek tot omgang. Het betrof hier een bekende spermadonor, een kennis van de moeder. De moeder, die een lesbische relatie had met een vrouw, had de man gevraagd of hij spermadonor wilde zijn. Afgesproken werd dat de man een rol zou krijgen in het leven van het kind, maar een duidelijke invulling van deze rol is niet goed besproken. Tijdens de zwangerschap ontstond hierover onenigheid, waarop de man te kennen gaf dat hij niets meer met de moeder en de zwangerschap te maken wilde hebben. Kort voor de geboorte is de man hierop teruggekomen en heeft hij gezegd dat hij zich bij de wensen van de moeder zou neerleggen. Ook heeft de man de moeder een kaartje gestuurd om haar sterkte te wensen bij de bevalling. Na de bevalling zijn de donor en de moeder elkaar nog wel een paar keer tegengekomen, maar is er geen verder contact geweest.

Omdat er in dit geval geen sprake was van een willekeurige donor, maar de moeder de man bewust had gekozen als de vader voor haar kind, terwijl de man bewust heeft gekozen voor de vrouw als de moeder van zijn kind, het feit dat de man en de vrouw ten tijde van de bevruchting een hecht contact hadden, elkaar vaak zagen en het voornemen hadden dit contact ook na de bevalling voort te zetten heeft het hof aangenomen dat er sprake was van een nauwe persoonlijk betrekking. Het feit dat nadien het contact werd verbroken was voor het hof geen aanleiding genoeg om te stellen dat de nauwe persoonlijke betrekking niet langer zou bestaan.

Een belangrijke factor was in deze zaak de hechte en duurzame vriendschapsrelatie van de (lesbische) moeder en de (homoseksuele) man en hun voornemen met betrekking tot de toekomstige rol van de man in het leven van het door hen beiden gewenste kind, dat naar de bedoeling van partijen zou worden erkend, in samenhang met de blijvende betrokkenheid bij het kind duiden op de door de jaren heen telkens door de man geuite wens tot omgang met het kind.

Omdat in deze zaak bijkomende omstandigheden werden aangenomen, waaruit kon worden afgeleid dat er sprake was van een nauwe persoonlijke betrekking, kon de donor worden ontvangen in zijn omgangsverzoek.

In de rechtspraak lijkt 'family life' vrij snel te worden aangenomen. De donor had het kind nog maar één keer gezien. Een bekende donor zal, als deze trend zich voortzet waarbij zo snel 'family life' wordt aangenomen terwijl er in feite niet veel meer is dan een biologische band, een behoorlijke kans maken om een omgangsregeling voor elkaar te krijgen. Binnenkort zullen art. 1:377a BW en art. 1:377f BW worden samengevoegd.[12] Art. 1:377a BW zal dan ook gaan gelden voor een bekende donor. Op basis van de daar genoemde ontzeggingsgronden zal een omgangsverzoek in de toekomst minder snel worden afgewezen.[13] Het is uiteraard van groot belang dat een kind weet wie zijn/haar biologische vader is en als er ook contact kan zijn is dat toe te juichen.[14] De rechter kan echter al 'family life' aannemen, zelfs al is er nooit contact geweest tussen de donor en het kind. In de genoemde uitspraak was er tijdens zwangerschap en na de bevalling nauwelijks contact geweest tussen de moeder en de donor. Dit betekent dat een voor het kind volslagen vreemde een omgangsverzoek kan doen. Of het hierbij om een donor of een verwekker gaat, is mijns inziens niet van belang. Beiden zijn immers de biologische vader. In hoeverre er sprake is van family life is mijns inziens hier wel essentieel. Te hopen valt daarom dat de rechtspraak met het aannemen van family life niet té ver zal doorschieten, omdat dit zou kunnen leiden tot zeer belastende procedures, zeker voor het kind in kwestie, zelfs al wordt het omgangsverzoek uiteindelijk toch niet toegewezen.

De (bekende) donor wil het kind erkennen

Behalve de wens van de donor om omgang met het kind te hebben kan het ook de bedoeling van een donor zijn om meer invulling aan zijn vaderschap te geven en dat hij juridisch vader van het kind wil worden. Aan het juridisch vaderschap zijn veel meer rechten en plichten verbonden dan aan het biologisch vaderschap zoals het recht op omgang, de mogelijkheid het gezag over het kind te krijgen en het kind zijn naam te geven.

De donor zou juridische banden kunnen vestigen door erkenning van het kind. Zolang de moeder daarvoor haar toestemming wil geven is dat geen probleem. De moeder kan aan een donor of zelfs, als zij dat zou willen, aan iedere willekeurige man haar toestemming verlenen, zelfs aan een man die geen biologische vader van het kind in kwestie is. Indien de moeder de donor geen toestemming tot erkenning wenst te geven wordt het lastiger. Volgens het huidige afstammingsrecht kan alleen een verwekker de rechter om vervangende toestemming tot erkenning verzoeken.[15] Hiervoor is zelfs niet vereist dat family life in de zin van art. 8 EVRM wordt aangetoond.[16] Omdat de donor geen verwekker is, ligt voor hem die mogelijkheid niet open, zelfs niet als hij kan aantonen dat er sprake is van een nauwe persoonlijke betrekking. Toch heeft de Hoge Raad, ondanks deze wettelijke beperking een donor ontvankelijk geacht in zijn verzoek tot vervangende toestemming. De Hoge Raad achtte het onjuist dat een louter biologische vader (donor) om die reden bij voorbaat nietontvankelijk dient te worden verklaard in zijn verzoek vervangende toestemming te verlenen.[17] Indien het een biologische vader betreft met family life in de zin van art. 8 EVRM dient ook aan het bestaan van family life betekenis te worden toegekend. Omdat het van belang is dat er tussen een kind en zijn biologische vader een afstammingsrelatie kan worden gesmeed, waarmee tegemoetgekomen wordt aan het wettelijk uitgangspunt dat zowel de vader als het kind er aanspraak op hebben dat hun relatie rechtens wordt erkend, is dit een positieve ontwikkeling. De positie van de bekende donor lijkt in de rechtspraak sterker te worden en op die van de verwekker te lijken. Evenals bij het verzoek tot omgang is voorwaarde of er bijkomende omstandigheden zijn die aan te merken zijn als family life in de zin van art. 8 EVRM. De zaadbankdonor neemt hierbij dus een aparte plaats in, omdat van hem een dergelijk verzoek niet te verwachten valt. De wet zou met deze ontwikkelingen mee kunnen gaan door art. 1:204 BW in die zin aan te passen dat het recht om vervangende toestemming te verzoeken ook aan de biologische vader toekomt, indien een nauwe persoonlijke betrekking kan worden aangetoond.[18] Het verzoek dient, evenals in het geval van de verwekker, te worden afgewezen indien de erkenning de belangen van de moeder en het kind zou schaden.

Van belang bij de beslissing of het verzoek toegewezen dient te worden is de vraag of er een ander is die het ouderschap op zich wil nemen, zoals de partner van de moeder. Zo werd een bekende donor met family life wel ontvankelijk verklaard in zijn verzoek tot vervangende toestemming, maar werd vervolgens de toestemming niet verleend omdat de moeder een rechtens te respecteren belang had bij haar weigering. De moeder leefde samen in een lesbische relatie en het was de bedoeling dat haar vriendin het kind zou adopteren.[19] De adoptie werd uiteindelijk toch niet uitgesproken, omdat de donor dit blokkeerde.

De (bekende) donor en de gerechtelijke vaststelling van het vaderschap

De bekende donor die kan aantonen dat er sprake is van bijkomende omstandigheden waaruit 'family life' in de zin van art. 8 EVRM voorvloeit kan weliswaar niet volgens de wet, maar wel ingevolge de jurisprudentie juridisch vader worden zelfs al is de moeder het daar niet mee eens. Dit is mogelijk door het verkrijgen van vervangende toestemming tot erkenning. Het zou echter ook kunnen dat het niet de man zelf is die familierechtelijke betrekkingen met het kind tot stand wil brengen, maar dat het kind en/of de moeder wenst (wensen) dat de donor de juridische vader wordt van het kind. Sinds 1 april 2008 bestaat in ons recht de mogelijkheid om het vaderschap gerechtelijk vast te stellen (art. 1:207 BW). De gerechtelijke vaststelling van het vaderschap is te zien als een laatste strohalm om een familierechtelijke betrekking tussen de verwekker of de instemmende levensgezel en het kind tot stand te brengen indien de verwekker daartoe zelf niet bereid is. Ook is gerechtelijke vaststelling mogelijk indien de man daar tijdens zijn leven niet meer toe is gekomen. Gerechtelijke vaststelling van het vaderschap is immers ook mogelijk na overlijden van de verwekker. Voor de gerechtelijke vaststelling van het vaderschap is voorwaarde dat het om een verwekker gaat. Of er sprake is van 'family life' is voor de gerechtelijke vaststelling van het vaderschap irrelevant. Volgens de Hoge Raad bestaat er geen goede grond om aan te nemen dat uit art. 8 EVRM juist een beperking van de met art. 1:207 BW beoogde bescherming van het kind zou voortvloeien in die zin dat een dergelijk verzoek slechts voor toewijzing vatbaar is, indien tussen de verwekker en het kind gezinsleven bestaat of heeft bestaan.[20] Meer dan verwekkerschap is dus niet vereist.

Het belang van het kind om een biologische afstammingsband juridisch bevestigd te zien wordt van groot belang geacht. Bij de gerechtelijke vaststelling van het vaderschap prevaleert dan ook het belang van het kind boven dat van de verwekker. Alleen als het om een donor gaat is dit niet het geval. Gerechtelijke vaststelling van het donorschap is niet mogelijk en hij wordt in feite beschermd tegen aanspraken van zijn biologische kinderen. Indien het gaat om een donor die via een spermabank heeft gedoneerd is dit niet meer dan billijk. Zou dit anders zijn dan zou een donor gebombardeerd kunnen worden tot vader van misschien wel 25 kinderen.[21]

Het verschil tussen donor en verwekker is bij de gerechtelijke vaststelling van het vaderschap dus zeer bepalend. Ook van de bekende donor kan het vaderschap niet gerechtelijk worden vastgesteld. Zelfs de vraag of er sprake is van 'family life' is bij de gerechtelijke vaststelling niet relevant. Men kan zich afvragen of deze beperking in het geval van een bekende donor terecht is en of iedere bekende donor deze bescherming wel verdient. Het wordt immers van groot belang geacht voor een kind dat de biologische band met zijn vader juridisch bevestigd kan worden. Voor het kind zelf zal het weinig uitmaken of zijn vader een donor of een verwekker is, maar er kan wel family life zijn ontstaan, bijvoorbeeld als er jarenlang omgang is geweest. Indien het kind uiteindelijk de biologische band ook juridisch bevestigd zou willen zien is dat niet mogelijk. In een dergelijk grensgeval zou de gerechtelijke vaststelling van het vaderschap wellicht mogelijk moeten zijn, maar dan moet er wel sprake zijn van family life.[22] Om de mogelijkheid van gerechtelijke vaststelling van een donor die enkel donor wil zijn bij voorbaat uit te sluiten, is het dan wel aan te raden (notarieel) vast te leggen dat het een donor betreft die uitsluitend zaaddonor is en geen intenties heeft een nadere vaderrol te vervullen. Indien duidelijk is dat er geen sprake is van family life is gerechtelijke vaststelling niet mogelijk, tenzij er later alsnog family life is ontstaan.

Overigens kan het nooit kwaad om vast te leggen dat de biologische vader een donor is en geen verwekker, om discussies achteraf te voorkomen. Het zal bij een geschil daarover anders lastig zijn om aan te tonen voor de man dat hij donor is, als de moeder beweert dat de donor de verwekker is. DNA-onderzoek biedt dan geen uitsluitsel, omdat daarmee wel aangetoond kan worden of het de biologische vader betreft, maar of het een donor of een verwekker betreft komt daarmee niet aan het licht.

4

De (bekende) donor als erflater

Het motief om het vaderschap gerechtelijk vast te stellen kan emotionele redenen hebben, maar in veel gevallen is de achterliggende gedachte om te kunnen erven van de biologische vader. Een gerechtelijke vaststelling van het vaderschap heeft immers tot gevolg dat het kind met terugwerkende kracht erfgenaam wordt. Indien de nalatenschap nog niet is verdeeld, treedt het kind meteen als deelgenoot op.[23] Een donor hoeft niet te vrezen dat het met zijn zaad verwekte kind in zijn nalatenschap zal delen. Omdat er geen enkele juridische band met het kind bestaat is het kind niet aan te merken als erfgenaam. Ook indien het om een verwekker zou gaan, die zijn kind niet heeft erkend, kan het kind geen aanspraak maken op de erfenis. Wil het kind erfgenaam worden, dan zullen er, behalve in het geval het kind als testamentair erfgenaam door de donor is aangewezen, eerst juridische banden gevestigd moeten worden.

Hoewel een kind jegens zijn donor geen erfrechtelijke aanspraken heeft, heeft een uitspraak van het hooggerechtshof in Australië hierover ook hier enige verwarring gezaaid. De Australische rechter besliste dat drie Australische kinderen van een Nederlandse zaaddonor recht hebben op een deel van zijn erfenis. De Nederlander, die in 2001 overleed, was jaren geleden naar Australië geëmigreerd en was daar zaaddonor geworden. De Australische kinderen konden aantonen dat zij met het zaad van de man verwekt waren. Voor het hooggerechtshof was dit voldoende aanleiding om de kinderen als erfgenamen aan te merken. Deze uitspraak zou ook (potentiële) donoren in Nederland kunnen afschrikken om donor te worden of te blijven. Echter, in dit geval ging het waarschijnlijk niet om een donor in de zin van de wet, maar had de man de kinderen op natuurlijke wijze verwekt.[24] Indien een dergelijke zaak zich in Nederland zou voordoen, dan zouden de kinderen niet van de man erven, ook niet als het om een bekende donor of als het om een verwekker zou gaan. Hiervoor is nodig dat er met de reeds overleden verwekker juridische banden bestaan. In Nederland hebben donoren, bekend of onbekend, wat dit betreft niets te vrezen van hun biologische kinderen, tenzij het vaderschap eerst gerechtelijk wordt vastgesteld.

De (bekende) donor en zijn onderhoudsverplichting

Een donor heeft geen onderhoudsverplichting jegens zijn biologische kinderen. Indien hij aan een spermabank heeft gedoneerd en dus geen enkele intentie heeft aanspraak te maken op zijn vaderschap wordt hij terecht beschermd. Als dit anders zou zijn, zou het aantal mannen dat bereid zou zijn donor te worden bovendien drastisch teruglopen als zij voor de kosten van verzorging en opvoeding van de uit hun zaad verwekte kinderen zouden moeten opdraaien.

Indien men een man wil aanspreken op zijn onderhoudsverplichting is hiervoor nodig dat hij de verwekker is. In art. 1:394 BW is bepaald dat de verwekker van een kind dat alleen een moeder heeft verplicht is als ware hij ouder tot het voorzien in de kosten van verzorging en opvoeding van het kind. Omdat de donor geen verwekker in de zin van art. 1:394 BW is, geldt de onderhoudplicht niet voor hem. Het verschil tussen een donor en verwekker acht de wetgever ook hier weer zeer essentieel,[25] terwijl geen onderscheid wordt gemaakt tussen een bekende en een onbekende donor. Ook wat de onderhoudsverplichting betreft kan men zich afvragen of een bekende donor altijd evenveel bescherming dient toe te komen als een zaadbankdonor. De positie van een bekende donor, die verantwoordelijk is voor het bestaan van het kind en een rol in het leven van het kind speelt of eventueel had willen spelen, maar hierop terug is gekomen, zou niet per definitie onder zijn onderhoudsverplichting uit moeten komen. De positie van de bekende donor zou ook hier meer gelijkgesteld kunnen worden aan die van de verwekker, terwijl de zaadbankdonor uiteraard wel uitgesloten dient te blijven van een onderhoudsverplichting. De Boer heeft in 1997 al gepleit voor invoering van een alimentatieverplichting voor bekende donoren.[26]

De (bekende) donor en de adoptieprocedure

Opvallend is dat de wetgever de (bekende) donor geen rechtspositie toekent, behalve in de adoptieprocedure. Eén van de adoptievoorwaarden is dat een adoptieverzoek alleen kan worden toegewezen indien dit in het kennelijk belang van het kind is, en indien het kind niets meer van zijn ouder of ouders te verwachten heeft. Volgens de wetgever moet onder ouder worden begrepen zowel de juridische ouder als de biologische ouder. Volgens de memorie van toelichting betekent dit dat onder omstandigheden ook de bekende donor, waarmee een donor met family life wordt bedoeld, door de rechter opgeroepen zal moeten worden om ter zake van de voorgenomen adoptie te worden gehoord. Zo werd een donor belanghebbende in de zin van art. 798 Rv aangezien de donor als biologische vader geruime tijd omgang had met het kind.[27] Hier maakt de wetgever dus wel een duidelijk onderscheid tussen een bekende donor en een zaadbankdonor, en wordt bekende donor gelijkgesteld aan de verwekker.

De (bekende) donor, een geval apart?

Hoewel de donor en de verwekker beiden biologische vaders zijn, maakt het wel degelijk uit of men met een verwekker, een bekende donor of met een donor die via een spermabank heeft gedoneerd te maken heeft. In de rechtspraak is de bekende donor al meerdere malen gelijkgesteld met de verwekker. Dit betreft de positie van de donor bij omgangsverzoeken en het recht vervangende toestemming tot erkenning te verzoeken. Omdat het verschil tussen verwekker en bekende donor in feite slechts de wijze waarop het kind is verwekt betreft, vind ik dit een goede ontwikkeling. Niet de wijze waarop het kind is ontstaan, maar de vraag of er, naast biologisch vaderschap, sprake is van een nauwe persoonlijke betrekking wordt relevant geacht. Ook in andere gevallen zou het verschil tussen verwekker en de bekende donor minder strikt kunnen zijn en zou de bekende donor mijns inziens ook op zijn verantwoordelijkheden als biologische vader moeten kunnen worden aangesproken, zoals met betrekking tot de onderhoudsverplichting.

Dit geldt niet voor de zaadbankdonor. Bij een donor die via een spermabank heeft gedoneerd en nimmer de intentie heeft gehad een rol in het leven van het kind te spelen liggen de feiten heel anders.

Dit betekent niet dat hij geheel aan zijn verantwoordelijkheden kan ontkomen. Ook de donor die via een zaadbank heeft gedoneerd is (mede) verantwoordelijk voor het bestaan van het kind. Deze man is meer dan enkel een leverancier van donorzaad, maar is degene van wie het kind afstamt. Deze verantwoordelijkheid brengt met zich mee dat een donor niet meer anoniem kan doneren en dus zijn medische, sociale en persoonlijke gegevens dient te verstrekken. In deze gegevens kan het kind inzage krijgen en te zijner tijd zelfs achterhalen wie zijn biologische vader is. De verantwoordelijkheid van de donor houdt daar echter op en hij dient van verdere rechten en plichten gevrijwaard te blijven. De vrees dat hij op zijn onderhoudsverplichting zal worden aangesproken is dus onterecht.

De donor uit de kennissen- of familiekring wil echter steeds vaker een actieve vaderrol vervullen. Mensen die voor een donor kiezen maar hem verder zo ver mogelijk buiten de deur willen houden, kunnen zich maar het beste tot een spermakliniek wenden. Indien men toch besluit van de diensten van een bekende donor gebruik te maken maar hem verder geen rol als vader wil toebedelen, is het raadzaam hierover eerst goede afspraken te maken, zodat hierover achteraf zo weinig mogelijk misverstanden zullen ontstaan. Deze afspraken zullen echter niet afdwingbaar zijn en mocht er na verloop van tijd toch 'family life' worden aangenomen, dan zal dat gevolgen voor de positie van de donor kunnen hebben. Het zal hem bijvoorbeeld helpen een omgangsregeling te verkrijgen, maar hij zou ook eerder op zijn verantwoordelijkheden als vader aangesproken kunnen worden. De positie tussen verwekker en bekende donor met family life kan op deze manier gelijkgetrokken worden, terwijl de zaadbankdonor een bijzondere positie blijft innemen. Ik ben hierbij wel van mening dat de rechter enige terughoudendheid in acht zou kunnen nemen met het aannemen van 'family life', zodat er wel een duidelijk onderscheid bestaat tussen de zaadbankdonor en de donor uit de familie- of kennissenkring. Op welke manier men ook vader wordt, verwekken of doneren is in beide gevallen een daad met grote gevolgen!

1 Mr. J.A.E. van Raak-Kuiper is universitair docent familie- en jeugdrecht aan de UVT en rechter-plaatsvervanger in de Rechtbank Dordrecht.

2 HR 30 november 2007, LJN BB9094. Zie hierover Nuytinck, in 'Het omgangsrecht van de spermadonor,' AA 2008, afl. 2, p. 133-138. In de Volkskrant van 12 maart 2008 werd hieraan ook aandacht besteed.

3 Kamerstukken II 2007/08, Aanhangsel, 1824.

4 Zie W.M. Schrama, 'De zaak baby Donna en de betekenis van bloedverwantschap', WPNR 2008/6762, p. 573-578.

5 HR 26 januari 1990, NJ 1990, 630.

6 EHRM 1 juni 2004, NJ 2004, 667.

7 Wet van 6 april 1995, Stb. 1995, 240, houdende nadere regeling van het gezag over en van de omgang met minderjarige kinderen.

8 Wet van 25 april 2002, houdende regels voor de bewaring, het beheer en de verstrekking van gegevens van donoren bij kunstmatige donorbevruchting (Wet donorgegevens kunstmatige bevruchting), Stb. 2002, 240.

9 HR 24 januari 2003, LJN AF0205.

10 K. Vonk, 'De ene donor is de andere niet', NJB 2005, 634, afl. 12.

11 HR 24 januari 2003, LJN AF0205.

12 Kamerstukken II 2004/05, 30 145, nr. 3 (Wetsvoorstel bevordering voortgezet ouderschap en zorgvuldige scheiding).

13 Zie HR 11 april 2008, LJN BC3927. Het omgangsverzoek van een spermadonor werd op grond van art. 1:377f BW afgewezen. Volgens de spermadonor had het hof ingevolge art. 1:377a BW moeten onderzoeken of toewijzing van het verzoek in strijd zou zijn met de zwaarwegende belangen van het kind. Volgens de Hoge Raad heeft het hof terecht getoetst aan art. 1:377f BW.

14 Zie ook art. 7 IVRK.

15   Art. 1:204 BW.

16   HR 16 februari 2001, NJ 2001, 571 (m.nt. J. de Boer).

17   HR 24 januari 2003, NJ 2003, 386 (m.nt. J. de Boer).

18   Zie hiervoor ook mijn dissertatie, Koekoekskinderen en het recht op afstammingsinformatie, Nijmegen: WLP 2007, met name aanbeveling IV, p. 182.

19   HR 23 januari 2003, NJ 2003, 386.

20   HR 25 maart 2005, NJ 2005, 513.

21   In Nederland wordt een limiet gehanteerd van maximaal 25 kinderen per donor. P.M.W. Janssens, 'Verspreiding van erfelijke ziekten door donorsperma; geen reden voor verlaging van het aantal nakomelingen per donor in Nederland', Nederlands Tijdschrift voor Geneeskunde 2002, vol. 146, p. 1215-1217, p. 1215.

22   Dit kan overigens alleen als er geen andere juridische ouder is, een kind mag maar twee juridische ouders hebben.

23   Zie A. Heida en J.H.M. ter Haar, 'Gerechtelijke vaststelling van het vaderschap na overlijden en de boedelpraktijk', WPNR 2007/6706, p. 323.

24   Zie B.E. Reinhartz, 'De Australische erfenis of welke kinderen erven mee?', FJR 2007, 71, p. 164.

25   Een vrouw die na ontbinding van het huwelijk zwanger was geworden via KID met het zaad van haar voormalige echtgenoot kon hem niet aanspreken op levensonderhoud van het kind omdat hij geen verwekker was maar een donor. Hof Leeuwarden 11 juni 2003, LJN AG0212.

26   J. de Boer, 'Geen KIK zonder alimentatieplicht', NJB 1997, afl. 38, p. 1762.

27   HR 21 april 2006, NJ 2006, 584 (m.nt. J. de Boer). Zie ook: EHRM 26 mei 1994, NJ 1995, 248 (Keegan)

Bron: Raak-Kuiper, J.A.E. De donor en zijn vaderrol, een roze wolk?,
Tijdschrift voor Familie- en Jeugdrecht, 2008, 96

4.5   Stappenplan voor het gebruik van juridische literatuur

In de voorafgaande paragrafen is in feite een stappenplan uiteengezet met betrekking tot de wijze waarop u met juridische literatuur moet omgaan. Het is eigenlijk op een tweedeling gebaseerd:
1 U heeft geen idee wat het antwoord is op de juridische vraag waarop u antwoord moet geven (zie stappenplan 1).
2 U bent al aardig op de hoogte in welke richting u het antwoord moet zoeken (zie stappenplan 2).

Stappenplan 1 De gedegen route

1 U oriënteert zich op de handboeken die er zijn op het betreffende rechtsgebied.
2 Let op het jaar van uitgave! De periode die niet in kaart is gebracht, moet u extra bestuderen.
3 Raadpleeg het trefwoordenregister en de inhoudsopgave van de betreffende boeken en zoek op basis daarvan naar de passages in het boek waar u vermoedt het antwoord te vinden.
4 Vanuit de handboeken kunt u nu nagaan of er monografieën zijn verschenen die wellicht voor u van belang zijn.
5 Via het trefwoordenregister en de inhoudsopgave in die monografieën kunt u de passages opzoeken die voor u van belang zijn.
6 Sla er zo nodig de praktijkcommentaren op na om concrete (detail)vragen, tips en adviezen niet over het hoofd te zien.

7 Ga na of de voor u relevante tijdschriftartikelen over het onderwerp wetenschappelijke artikelen bevatten en lees die.
8 U geeft een duidelijke uiteenzetting van het antwoord dat volgens u op de gestelde vraag moet worden gegeven.

Stappenplan 2 De snelle route

1 U slaat de bekende praktijkcommentaren erop na en zoekt via de wetsartikelenstructuur en via het trefwoordenregister het onderwerp waarover u concreet iets moet weten. Meestal bent u al op de hoogte van de materie, maar het fijne moet u nog op een rij krijgen.
2 U verifieert in de vakbladen of zich geen recente wijzigingen hebben voorgedaan op het onderwerp waarover u een uiteenzetting moet geven.
3 U geeft een duidelijke uiteenzetting van het antwoord dat volgens u op de gestelde vraag moet worden gegeven.

Samenvatting

In dit hoofdstuk is de juridische vaardigheid 'het gebruik van de juridische literatuur' aan de orde gesteld. In de juridische literatuur zijn auteurs aan het woord die als deskundig kunnen worden aangemerkt. Zij analyseren rechterlijke uitspraken en leveren daar commentaar op. De praktijkjurist kan de juridische literatuur gebruiken om zich juridische problemen eigen te maken en/of om argumenten te verzamelen teneinde een bepaald standpunt te kunnen verdedigen, bijvoorbeeld voor de rechter. Gebruik van juridische literatuur is vooral nodig als woorden in (wet)teksten onduidelijk zijn of als zinsneden daaruit voor verschillende uitleg vatbaar zijn. Heeft de rechter daarover al eerder uitspraak gedaan, zijn die uitspraken gepubliceerd en wat vindt de auteur daarvan? Al deze vragen kunnen in de juridische literatuur worden opgezocht. De juridische literatuur valt uiteen in enkele bronnen, te weten: handboeken, monografieën, praktijkcommentaren en wetenschappelijke artikelen in vakbladen. In dit hoofdstuk hebben we laten zien op welke wijze de praktijkjurist het handigst van de juridische literatuur gebruik kan maken. Er zijn twee stappenplannen gepresenteerd, die aangeven in welke volgorde de bronnen het beste kunnen worden geraadpleegd.

5

Het gebruik van parlementaire stukken

De wet is, zoals u weet, een zeer belangrijke hulpbron voor een jurist. Het is daarom van niet gering belang de juiste wet te kunnen vinden voor de oplossing van een juridisch vraagstuk, waarvoor iemand zich gesteld ziet. Dit lijkt eenvoudiger dan het is. In Nederland zijn duizenden wetten van kracht. De wettenbundels voor studenten bevatten slechts een klein deel van alle wetten die zijn uitgevaardigd. Het is ook om die reden dat in hoofdstuk 1 een aantal richtlijnen is gegeven die het zoekproces naar de juiste wet vergemakkelijken.

Als de betreffende wet is gevonden, moet in die wet nog het juiste wetsartikel worden gezocht dat op de casus van toepassing is. Daarna moet nauwgezet worden bezien of alle voorwaarden van het gevonden wetsartikel zijn vervuld, zodat het aldaar genoemde rechtsgevolg intreedt. Dat vormt het onderwerp van hoofdstuk 2.

Uit hoofdstuk 3 blijkt dat wetten en de daarin opgenomen wetsartikelen lang niet altijd even duidelijk zijn. Ze moeten worden *geïnterpreteerd*. Wanneer er uit onduidelijke wetsbepalingen geschillen rijzen, zal de rechter dat geschil moeten beslechten. Hij zal knopen moeten doorhakken en onder meer moeten aangeven, hoe een bepaald wetsartikel zal moeten worden uitgelegd. Maar ook als er nog geen geschil is tussen twee partijen, kan het zijn dat in de rechtspraktijk naar het antwoord moet worden gezocht op een vraag die zich voordoet naar aanleiding van een bepaalde wet of een bepaald wetsartikel. Wat bedoelde de wetgever er nu precies mee? Het zal duidelijk zijn dat het niet onbelangrijk is te weten, wat de *maker* van een wet, onze nationale wetgever, met die wet of een bepaling daaruit heeft gewild. Hoe komen we erachter wat de wil van de wetgever is geweest? Daarvoor is nodig dat de *parlementaire geschiedenis* van de desbetreffende wet erop wordt nageslagen. Voordat een wet wordt afgekondigd, moet deze eerst worden vastgesteld. Voordat een wet is vastgesteld, is er heel wat over gepraat en overlegd. Wie zijn daarbij betrokken? Dat zijn degenen die in ons land de wetten vaststellen: het *parlement* (de Tweede en de Eerste Kamer) en de *regering*. Hoe gaat dat proces in zijn werk? Daarover gaat dit hoofdstuk. In uw inleidende boek recht wordt in het hoofdstuk over staatsrecht precies uiteengezet hoe een wet in formele zin tot stand komt. Dit hoofdstuk laat als aanvulling op die theorie de concrete schriftelijke documenten (de *officiële stukken*) zien waarin de discussies over wetsvoorstellen zijn gegoten.

Houd daarbij het doel van deze vaardigheid in gedachten. Dit doel is, meer inzicht te krijgen in de bedoeling van de wetgever en daarmee over de *interpretatie* van een (deel van een) wet of een wetsartikel, als zich juridische problemen voordoen of als een standpunt over een bepaald onderwerp moet worden ingenomen. Als voorbeeld hebben we gekozen de Wet juridisch ouderschap van de vrouwelijke partner van de moeder anders dan door adoptie. We zullen stapsgewijs in de paragrafen 5.1 tot en met 5.11 zien hoe deze wet uiteindelijk de inhoud heeft gekregen zoals zij in het *Staatsblad* is opgenomen en op 1 april 2014 uitgevaardigd. In paragraaf 5.12 wordt behandeld waar de parlementaire geschiedenis van wetsvoorstellen te vinden is.

5.1 Publicatienummer en naam

Zodra een minister van mening is dat op een bepaald maatschappelijk verschijnsel of probleem met een wet of wetswijziging moet worden gereageerd, kan hij overgaan tot het voorstellen van een wet(swijziging). Een wetsvoorstel moet uiteraard eerst worden opgesteld. De regeringsvoorstellen worden voorbereid door het departement waar het onderwerp wat in het wetsvoorstel centraal staat, is ondergebracht. Het wetsvoorstel Wet juridisch ouderschap van de vrouwelijke partner van de moeder anders dan door adoptie is voorbereid door het ministerie van Justitie. Het wetsvoorstel werd dan ook ingediend door de verantwoordelijke minister van dat ministerie, de minister van Justitie. Onder de officiële stukken ziet men dan ook steeds zijn naam staan. Betreft het een onderwerp waarbij meerdere departementen een rol spelen, dan vindt er veelal onderling overleg plaats en wordt het ontwerp van wet in onderlinge samenwerking opgesteld. Onder de officiële stukken ziet men dat steeds de namen staan van alle verantwoordelijke ministers die bij het ontwerp van wet betrokken zijn.

Ieder wetsontwerp krijgt een publicatienummer dat geplaatst wordt op ieder officieel document dat verband houdt met het wetsvoorstel. Dit publicatienummer treft men altijd aan linksboven op het document. In ons voorbeeld is het publicatienummer: 33 032. Naast het publicatienummer zien we de naam van het ontwerp (zie figuur 5.1).

FIGUUR 5.1 Publicatienummer en naam

Tweede Kamer der Staten-Generaal

2

Vergaderjaar 2011–2012

---

33 032   **Wijziging van Boek 1 van het Burgerlijk Wetboek in verband met het juridisch ouderschap van de vrouwelijke partner van de moeder anders dan door adoptie**

5.2 Inhoud van het wetsvoorstel

Voordat een wetsvoorstel aan de Tweede Kamer wordt aangeboden, wordt het eerst ter advisering aan de Raad van State voorgelegd. Op grond van de door de Raad van State gemaakte opmerkingen, kan er eventueel nog (iets) aan het ontwerp worden gesleuteld. Daarna wordt het wetsvoorstel aan de Tweede Kamer aangeboden.

De inhoud van de eerste drie bladzijden van wetsvoorstel 33 032 luidde als volgt (zie figuur 5.2).

5

FIGUUR 5.2 Inhoud wetsvoorstel

Nr. 2

VOORSTEL VAN WET

Wij Beatrix, bij de gratie Gods, Koningin der Nederlanden, Prinses van Oranje-Nassau, enz. enz. enz.

Allen, die deze zullen zien of horen lezen, saluut! doen te weten:
Alzo Wij in overweging genomen hebben, dat het wenselijk is dat het juridisch ouderschap van de vrouwelijke partner van de moeder zonder rechterlijke tussenkomst kan ontstaan;
Zo is het, dat Wij, de afdeling Advisering van de Raad van State gehoord, en met gemeen overleg der Staten-Generaal, hebben goedgevonden en verstaan, gelijk Wij goedvinden en verstaan bij deze:

ARTIKEL I

Boek 1 van het Burgerlijk Wetboek wordt als volgt gewijzigd:

A

In artikel 3, eerste lid, wordt «een gerechtelijke vaststelling van het vaderschap» vervangen door: een gerechtelijke vaststelling van het ouderschap.

B

Artikel 5 wordt als volgt gewijzigd:

1. In het zesde lid wordt na «overleden echtgenoot ontkent» ingevoegd «of op grond van artikel 198, tweede lid, het moederschap van de overleden echtgenote ontkent» en wordt «van de vader» vervangen door: van de echtgenoot.

2. Na het twaalfde lid wordt een nieuw lid toegevoegd, luidende:

FIGUUR 5.2 Inhoud wetsvoorstel (vervolg)

13. In het tweede, vijfde en zesde lid wordt onder «moeder» verstaan de vrouw uit wie het kind is geboren. In deze leden wordt met «de vader» van het kind en zijn «vaderschap» gelijkgesteld de moeder die niet de vrouw is uit wie het kind is geboren onderscheidenlijk haar moederschap.

C

In artikel 7, vierde lid, wordt «een gerechtelijke vaststelling van het vaderschap» vervangen door: een gerechtelijke vaststelling van het ouderschap.

D

Artikel 19e wordt als volgt gewijzigd:

1. In het eerste lid wordt «van het kind» vervangen door: uit wie het kind is geboren.

2. In het tweede lid wordt na «de vader» ingevoegd: of de moeder uit wie het kind niet is geboren.

3. In het derde lid wordt «de vader» vervangen door: de persoon genoemd in het tweede lid.

E

Artikel 20, eerste lid, wordt als volgt gewijzigd:

1. Na «ontkenning van het vaderschap» wordt ingevoegd: of moeder-schap.

2. In onderdeel a wordt «een gerechtelijke vaststelling van het vader-schap» vervangen door: een gerechtelijke vaststelling van het ouder-schap.

F

In artikel 23b, tweede lid, wordt na «ontkenning van het vaderschap» ingevoegd: of moederschap.

G

Artikel 198 komt te luiden:

Artikel 198

1. Moeder van een kind is de vrouw:
a. uit wie het kind is geboren;
b. die op het tijdstip van de geboorte van het kind is gehuwd met de vrouw uit wie het kind is geboren, indien dit kind is verwekt door kunstmatige donorbevruchting als bedoeld in artikel 1, onder c, sub 1, van de Wet donorgegevens kunstmatige bevruchting en een door de stichting, bedoeld in die wet, ter bevestiging hiervan afgegeven verklaring is overgelegd, waaruit blijkt dat de identiteit van de donor aan de vrouw bij wie de kunstmatige donorbevruchting heeft plaatsgevonden onbekend is. De verklaring dient bij de aangifte van de geboorte te worden overgelegd aan de ambtenaar van de burgerlijke stand en werkt terug tot aan de geboorte van het kind. Indien het huwelijk na de kunstmatige donorbe-vruchting en voor de geboorte van het kind is ontbonden door de dood van de echtgenote van de vrouw uit wie het kind is geboren, is de echtgenote eveneens moeder van het kind als de voornoemde verklaring wordt overgelegd bij de aangifte van de geboorte van het kind, zelfs indien de vrouw uit wie het kind is geboren was hertrouwd;
c. die het kind heeft erkend;
d. wier ouderschap gerechtelijk is vastgesteld; of
e. die het kind heeft geadopteerd.
2. De vrouw uit wie het kind is geboren kan, indien zij op het tijdstip van de kunstmatige donorbevruchting was gescheiden van tafel en bed of zij en haar echtgenote sedert dat tijdstip gescheiden hebben geleefd, binnen een jaar na de geboorte van het kind ten overstaan van de ambtenaar van de burgerlijke stand verklaren dat haar overleden echtgenote niet de moeder is van het kind, bedoeld in het eerste lid, onder b, van welke verklaring een akte wordt opgemaakt; was de vrouw uit wie het kind is

---

FIGUUR 5.2 Inhoud wetsvoorstel (vervolg)

---

geboren op het tijdstip van de geboorte hertrouwd dan is in dat geval de
huidige echtgenoot de ouder van het kind.

H

In artikel 199, onder b, wordt na «de huidige echtgenoot de vader»
ingevoegd: of, in het geval, genoemd in artikel 198, eerste lid, onder b, de
huidige echtgenote de moeder.

TUSSENVRAAG 5.1   T 5.1

Lees het wetsvoorstel (figuur 5.2) en beantwoord de volgende vragen:
a Gaat het bij wetsvoorstel 33 032 om een nieuwe wet of om een wetswijziging?
b Wat zal er veranderen in de wet als dit wetsvoorstel is aangenomen?
c Op welke datum is het wetsvoorstel ingediend?

5.3 Memorie van toelichting

In het wetsvoorstel juridisch ouderschap van de vrouwelijke partner van de
moeder (33 032) is niet zo inzichtelijk waarom er nu precies moet worden
ingevoerd wat wordt voorgesteld. Wat is de bedoeling van dit alles? Omdat
dit op grond van de concrete wet of de concrete wijziging van de wet meestal niet makkelijk kan worden vastgesteld, gaat een wetsvoorstel altijd verge-
zeld van een memorie van toelichting. Deze geeft de reden(en) voor indiening van het voorstel aan en legt uit wat er gaat veranderen en hoe dat
vorm krijgt. De eerste pagina's en de laatste pagina van de memorie van
toelichting bij wetsvoorstel 33 032 luiden als volgt (figuur 5.3):

FIGUUR 5.3 Memorie van toelichting

Tweede Kamer der Staten-Generaal   **2**

Vergaderjaar 2011–2012

---

33 032   **Wijziging van Boek 1 van het Burgerlijk Wetboek
                    in verband met het juridisch ouderschap van de
                    vrouwelijke partner van de moeder anders dan
                    door adoptie**

Nr. 3   **MEMORIE VAN TOELICHTING**

                    1. Wijzigingsvoorstellen

                    Dit wetsvoorstel regelt dat de vrouwelijke partner van de moeder, hierna
                    kortheidshalve aangeduid als de duomoeder, de juridisch ouder van een
                    kind kan worden zonder dat daarvoor een gerechtelijke procedure is
                    vereist.

FIGUUR 5.3 Memorie van toelichting (vervolg)

Sinds 1 januari 1998 is het in Nederland mogelijk dat een moeder samen met haar vrouwelijke partner het gezag heeft over een kind (wet van 30 oktober 1997, Stb. 1998, 506). Zij kunnen een kind samen verzorgen en opvoeden. Per 1 april 2001 kunnen zij samen ook de juridische ouders zijn van een kind na adoptie (wet van 21 december 2000, Stb. 2001, 10). De regels voor adoptie door de duomoeder zijn per 1 januari 2009 versoepeld (wet van 24 oktober 2008, Stb. 2008, 425). De rechtspositie van het kind en de ouder worden door het juridisch ouderschap vormgegeven en beschermd. Het juridisch ouderschap heeft gevolgen voor onder meer het gezag over het kind, zijn naam en nationaliteit en voor het erfrecht.

Nieuw aan dit voorstel is dat deze bescherming niet via de band van adoptie tot stand wordt gebracht, maar in het afstammingsrecht in strikte zin. Het resultaat – ouderschap – is in beide gevallen gelijk. Het voorstel betekent dat naast (het vermoeden van) het biologisch ouderschap het sociale ouderschap als grond wordt geïntroduceerd voor het vestigen van familierechtelijke betrekkingen. Zo wordt meer recht gedaan aan de bescherming van de feitelijke verzorgings- en opvoedingssituatie van het kind. De positie van kinderen geboren in lesbische relaties wordt zo veel mogelijk in overeenstemming gebracht met die van kinderen geboren in heteroseksuele relaties. De biologische werkelijkheid blijft wel een rol spelen. Het juridische ouderschap van de sociale ouder kan door het kind worden aangetast om zo de weg vrij te maken voor het juridisch ouderschap van de biologische ouder. Het uitgangspunt in het afstammingsrecht dat een kind niet meer dan twee juridische ouders kan hebben, blijft gehandhaafd. Een wijziging van dit uitgangspunt zou een algehele herziening van het afstammingsrecht vergen in nationaal en internationaal verband. Hiertoe bestaat geen aanleiding.

Het belang van het kind staat in het voorstel voorop. Het juridische ouderschap van de duomoeder komt via het afstammingsrecht sneller tot stand dan het geval is bij adoptie. Ook wordt met het voorstel voorkomen dat er een impasse ontstaat over persoon van de tweede juridische ouder. In het geval dat er tussen de moeder en de biologische vader onenigheid bestaat over wie de tweede juridische ouder van het kind moet zijn – de duomoeder of de biologische vader – biedt het huidige recht geen oplossing. Dit heeft tot gevolg dat geen van beiden de juridische ouder van het kind wordt. Het voorstel biedt een oplossing voor deze impasse, waardoor het kind ook in dit geval een tweede juridische ouder kan krijgen.

De belangen van de personen die betrokken zijn bij het kind – de moeder, de duomoeder en de biologische vader – moeten eveneens zorgvuldig worden afgewogen. Het voorstel voorziet behalve in een versterking van de positie van de moeder van het kind ook in een versterking van de positie van de bekende zaaddonor die in een nauwe persoonlijke betrekking staat tot het kind.

De volgende wijzigingen van het afstammingsrecht worden voorgesteld:
1. Het moederschap van de duomoeder ontstaat van rechtswege als de duomoeder is gehuwd met de moeder van het kind en duidelijk is dat de biologische vader van het kind geen rol zal spelen in zijn verzorging en opvoeding;
2. In alle andere gevallen kan de duomoeder het kind erkennen;
3. De mogelijkheid om de rechter te verzoeken om vervangende toestemming voor erkenning wordt uitgebreid tot de zaaddonor die in een nauwe persoonlijke betrekking staat tot het kind;
4. De duomoeder die als levensgezel heeft ingestemd met een daad die de verwekking van het kind tot gevolg kan hebben gehad, wordt gelijk gesteld aan de mannelijke levensgezel. Dit betekent dat:
   a. het moederschap van deze duomoeder gerechtelijk kan worden vastgesteld; en
   b. zij alimentatieplichtig is jegens het kind op grond van artikelen 394 en 395b van Boek 1[1] van het Burgerlijk Wetboek (BW).

[1] Als hierna wordt gesproken van het BW, is bedoeld Boek 1 van het BW, tenzij anders vermeld.

De regelingen betreffende de aangifte van de geboorte van een kind, het naam- en het gezagsrecht zijn aan deze wijzigingen aangepast. Ook de Rijkswet op het Nederlanderschap wordt aangepast naar aanleiding van deze voorstellen. Dit vereist een voorstel van rijkswet. Er zal van de zijde van de regering naar een gezamenlijke behandeling worden gestreefd.

Het voorstel ziet niet op het ouderschap van twee mannen, omdat een kind niet geboren worden kan in een relatie van twee mannen. De vrouw uit wie een kind wordt geboren is op grond van de wet van rechtswege de

FIGUUR 5.3 Memorie van toelichting (vervolg)

juridische moeder. Zij heeft een zeer sterke band met het kind en zal het kind in bijna alle gevallen verzorgen en opvoeden. Als twee mannen samen het ouderschap over een kind wensen uit te oefenen, dienen daartoe eerst de familierechtelijke betrekkingen tussen deze moeder en het kind te worden doorbroken. Dit vereist in alle gevallen de tussenkomst van een rechter. De verschillen in behandeling tussen de relatie van twee mannen en die van twee vrouwen vloeien dus uit de aard van deze relaties voort en vinden daarin ook hun rechtvaardiging.

Dit wetsvoorstel regelt niet het ouderschap van de vrouwelijke geregistreerde partner van de moeder anders dan door adoptie. Wijzigingen die noodzakelijk zijn om dit te regelen, zullen bij afzonderlijk wetsvoorstel worden voorgesteld (aanpassingswet).

Voorafgaand aan de totstandkoming van dit voorstel is een voorontwerp opgesteld. Dit is ter consultatie op de website van het Ministerie van Justitie geplaatst. Naar aanleiding van het voorontwerp zijn adviezen ontvangen van de Nederlandse Vereniging voor Burgerzaken, de Raad voor de rechtspraak, de Nederlandse Vereniging voor Rechtspraak, de Nederlandse Orde van Advocaten, de Stichting donorgegevens kunstmatige bevruchting, het COC Nederland, belanghebbenden, belangstellenden en de wetenschap. Het wetsvoorstel wordt in deze adviezen positief onthaald. Aan de adviezen wordt, ook indien zij geen aanleiding hebben gegeven tot aanpassing van het voorontwerp, in het navolgende ampel aandacht besteed.

Hierna wordt ingegaan op de voorgestelde wijziging van het afstammingsrecht (§ 2), het advies van de Commissie lesbisch ouderschap en interlandelijke adoptie over lesbisch ouderschap (§ 3) en de begrippen biologische vader en duomoeder (§ 4). Vervolgens worden de belangrijkste wijzigingsvoorstellen besproken (§ 5). Daarna worden de gevolgen van het voorstel voor het internationaal privaatrecht toegelicht (§ 6) en wordt stilgestaan bij het ouderschapsbegrip in de zin van het Internationaal verdrag voor de rechten van het kind (§ 7) en het recht van het kind op afstammingsinformatie (§ 8). Het algemene deel van de memorie van toelichting wordt besloten met een toelichting op het overgangsrecht (§ 9) en de administratieve lasten (§ 10). Tot slot worden de verschillende gewijzigde artikelen van een afzonderlijke toelichting voorzien (§ 11).

2. Wijziging van het afstammingsrecht

Het wetsvoorstel moet worden geplaatst in het licht van een ook door de Afdeling advisering van de Raad van State genoemde reeks van wettelijke maatregelen die in de afgelopen vijftien jaar tot doel hadden het familierecht, in het bijzonder het afstammingsrecht, vergaand te moderniseren. Daartoe behoren bijvoorbeeld ook het opheffen van het onderscheid tussen «wettige» en «onwettige» kinderen, de openstelling huwelijk en adoptie door paren van gelijk geslacht en regels over erkenning en gerechtelijke vaststelling van het vaderschap. Die reeks vormt een geleidelijke verbetering van de positie van lesbische paren: van éénouderadoptie (1998) via openstelling huwelijk met het van rechtswege verkrijgen van gezamenlijk gezag indien er geen vader is (2001), naar vereenvoudigde adoptie door gehuwde lesbische paren (2008). Tijdens de parlementaire behandelingen van de verschillende voorstellen is de verhouding tussen het biologisch ouderschap en het sociaal ouderschap steeds aan de orde geweest. In 2005 is een andere afweging gemaakt wat betreft de afstammingsrechtelijke gelijkstelling van biologisch en sociaal ouderschap en is in plaats van aanpassing van het afstammingsrecht de versoepelde adoptie geïntroduceerd.

Het voorstel lesbisch ouderschap maakt rechtstreekse afstamming zonder een biologische (bloed)band wel mogelijk. Dat dit voorstel de noodzaak van een biologische band afzwakt en in dat opzicht verder gaat dan eerdere voorstellen, is juist. Anders dan de Afdeling zie ik dit als een logische vervolgstap en niet als een fundamentele wijziging. Dat het wetsvoorstel daarbij bepaalde aannames hanteert, is niet geheel zonder precedent. De wet regelt dat in een heteroseksuele relatie de man wordt vermoed de verwekker te zijn, terwijl dat biologisch niet altijd zo is. De wet bepaalt voorts dat vader is degene die heeft ingestemd met een daad die verwekking ten gevolge heeft gehad (= vaak KID) en niet de donor.

FIGUUR 5.3 Memorie van toelichting (vervolg)

Het huidige afstammingsrecht wijzigt niet voor de vrouw uit wie het kind wordt geboren en evenmin voor de echtgenoot van de moeder of de man die een kind wenst te erkennen. De wijziging impliceert derhalve geen algehele herziening van het afstammingsrecht. Voor veruit de meeste kinderen die in Nederland worden geboren, heeft het voorstel derhalve geen gevolgen.

De wijziging van het afstammingsrecht is erin gelegen dat de duomoeder door huwelijk met de moeder van het kind van rechtswege de juridische ouder wordt van het kind, indien het kind is geboren met behulp van het zaad van een onbekende donor in de zin van de Wet donorgegevens kunstmatige bevruchting. Zijn de moeder en de duomoeder niet gehuwd en/of is er sprake van een bekende donor dan kan de duomoeder juridisch ouder worden door erkenning. Dit betekent dat het uitgangspunt dat het juridisch ouderschap zoveel mogelijk het biologisch ouderschap volgt, wordt losgelaten voor de duomoeder. De duomoeder is immers doorgaans niet de biologische ouder van het kind. Slechts indien de duomoeder het genetische materiaal heeft geleverd (eiceldonatie) is dit anders. Het wetsvoorstel introduceert naast het biologische ouderschap, het sociale ouderschap als grond voor het juridisch ouderschap.

Naar mijn mening is in die gevallen dat het vooraf duidelijk is dat de biologische vader geen rol wil spelen in de verzorging en opvoeding van het kind (de onbekende zaaddonor), het belang van het kind het beste gediend indien zijn feitelijke verzorgers en opvoeders ook zijn juridische ouders zijn. Het geeft duidelijkheid aan het kind wie zijn ouders zijn en brengt mee dat het kind vaker twee juridische ouders zal hebben. Er behoeft immers geen aparte procedure te worden doorlopen, hoe eenvoudig ook. Dit heeft als voordeel dat als een ouder overlijdt, het kind recht op zijn kinddeel uit de erfenis heeft terwijl hij dat niet heeft ten aanzien van degene die het gezag over hem uitoefent maar niet zijn juridische ouder is tenzij dit testamentair is geregeld (art. 4:27 BW). Daarnaast wordt het family life tussen de duomoeder en kind zoveel als mogelijk geëerbiedigd.

Opdat de rechten van alle betrokkenen in het wetsvoorstel zo evenwichtig mogelijk worden beschermd is advies gevraagd over de verhouding tussen de relevante rechten voor het afstammingsrecht zoals geformuleerd in het Europees Verdrag tot bescherming van de rechten van de mens en de fundamentele vrijheden (EVRM) en het Verdrag inzake de Rechten van het Kind (IVRK). De adviesvraag is toegespitst op de positie van de biologische vader die in een nauwe persoonlijke betrekking staat tot het kind en het recht van het kind op informatie over zijn afstamming. De adviesaanvraag heeft geresulteerd in het rapport «*Erkenning door de vrouwelijke partner van de moeder. In welke mate heeft de biologische vader het recht het kind te erkennen, hoe werkt prenatale erkenning in deze context en welk recht heeft het kind van duo-moeders op afstammingsinformatie in het licht van het EVRM en IVRK?*» opgesteld door Professor Caroline Forder (2 februari 2009).

Bij het afstammingsrecht zijn de volgende rechten van belang:
a. Het recht van een kind op het ontstaan van familierechtelijke betrekkingen met beide (natuurlijke) ouders.
b. Het recht op het vestigen van afstammingsrelaties door volwassenen die het kind hebben laten ontstaan (biologische vader: zaaddonor al dan niet met een nauwe persoonlijke betrekking met kind of verwekker).
c. Het recht van een kind op afstammingsinformatie.
d. Het recht op bescherming tegen willekeurige inmenging door de overheid in het familie- en gezinsleven.

Deze rechten zijn niet absoluut. Waar deze rechten botsen met elkaar dient een afweging tussen de verschillende belangen te worden gemaakt.

Tussen de moeder en haar kind bestaat door de geboorte een afstammingsband. De moeder van het kind is de vrouw die het kind heeft gebaard, ook als het genetische materiaal waaruit het kind is ontstaan, niet van haar afkomstig is. Er zijn weliswaar technische mogelijkheden tot eiceldonatie, maar het gaat te ver om voor alle gevallen het vaste uitgangspunt ten aanzien van het moederschap te vervangen door een vermoeden van moederschap dat kan worden ontkracht. Het gegeven dat de vrouw een kind wilde, de zwangerschap en de geboorte vormen voor deze opvatting voldoende grondslag.

FIGUUR 5.3 Memorie van toelichting (vervolg)

De biologische vader en de duomoeder staan door de enkele geboorte van een kind niet in familierechtelijke betrekking tot het kind. Onder de huidige wetgeving zijn er wel diverse mogelijkheden om de afstammingsband te vestigen en zo nodig een verzoek hiertoe aan de rechter voor te leggen.

De uiteenlopende belangen van het kind dat binnen een lesbische relatie wordt geboren, de zaaddonor die al dan niet in een nauwe persoonlijke betrekking tot het kind staat, de verwekker en de duomoeder zijn opnieuw gewogen. Evenals in het huidige afstammingsrecht is voor de wijze waarop de familierechtelijke betrekkingen tussen de duomoeder en het kind tot stand komen bepalend of de moeder en de duomoeder zijn gehuwd. Daarnaast is van belang of de biologische vader bekend is aan de moeder.
Zijn de moeders gehuwd en is vooraf duidelijk is dat de biologische vader geen rol wil spelen in de verzorging en opvoeding van het kind (er is sprake van een onbekende zaaddonor), dan is het belang van het kind naar de mening van de regering het beste gediend indien zijn feitelijke verzorgers en opvoeders ook zijn juridische ouders zijn. Het geeft duidelijkheid aan het kind wie zijn ouders zijn en brengt met mee dat het kind vaker twee juridische ouders zal hebben. Het bestaande familie- en gezinsleven tussen de duomoeder en kind wordt zoveel als mogelijk geëerbiedigd.
In die gevallen dat de identiteit van de zaaddonor bekend is aan de moeder, wordt de duomoeder niet van rechtswege de juridische ouder van het kind, ook niet als zij is gehuwd met de moeder van het kind. In dit geval moet de duomoeder het kind erkennen om de juridische ouder van het kind te worden. De erkenning biedt ten opzichte van het ouderschap van rechtswege het voordeel van de keuzemogelijkheid. De moeder, duomoeder en biologische vader kunnen afspraken maken over de persoon van de juridische ouder. Een afweging die niet mogelijk is indien het gaat om een onbekende zaaddonor. In dat geval is de keuze vooraf gemaakt. Bij een bekende zaaddonor besluit de moeder in beginsel wie de juridische ouder wordt van het kind: de bekende zaaddonor of de duomoeder.

Om de rechten van de bekende zaaddonor die in een nauwe persoonlijke betrekking staat tot het kind te respecteren, geeft dit wetsvoorstel hem de mogelijkheid aan de rechter vervangende toestemming voor erkenning te verzoeken. De positie van deze zaaddonor wordt op deze manier in evenwicht gebracht met die van de moeder.

3. Commissie lesbisch ouderschap en interlandelijke adoptie

Met de mogelijkheid van erkenning en gerechtelijke vaststelling van het ouderschap geeft het kabinet uitvoering aan het advies «Lesbisch ouderschap» van de Commissie lesbisch ouderschap en interlandelijke adoptie (hierna: de Commissie Kalsbeek, Den Haag, 31 oktober 2007). In opdracht van het Ministerie van Justitie heeft deze commissie advies uitgebracht over de vraag of de duomoeder ook op andere wijze dan

[...]

Artikel IV (Vaststellings- en Invoeringswet Boek 10 Burgerlijk Wetboek)

Door de Wet van 19 mei 2011 tot vaststelling en invoering van Boek 10 (Internationaal privaatrecht) van het Burgerlijk Wetboek (Vaststellings- en Invoeringswet Boek 10 Burgerlijk Wetboek, Stb. 2011, 272) wordt een belangrijk deel van het internationaal privaatrecht bijeengebracht in een nieuw boek van het Burgerlijk Wetboek. Ook de Wet conflictenrecht afstamming en de Wet conflictenrecht namen worden geïncorporeerd in Boek 10. Deze afzonderlijke wetten worden daarom in hun huidige vorm ingetrokken op het tijdstip dat Boek 10 in werking treedt.

Artikel IV van dit voorstel tot wijziging van Boek 1 bevat een voorwaardelijke bepaling omdat de Vaststellings- en Invoeringswet Boek 10 Burgerlijk Wetboek nog niet in werking is getreden maar wel eerder in werking zal treden dan dit voorstel (1 januari 2012). Ook voor de Vaststellings- en Invoeringswet Boek 10 Burgerlijk Wetboek geldt dat de artikelen die het conflictenrecht betreffen in het geval van het ouderschap dat van rechtswege ontstaat door huwelijk of tot stand komt door erkenning of gerechtelijke vaststelling sekseneutraal zijn geformuleerd. Dit is tevens zo voor het conflictenrecht dat van toepassing is op het naamrecht na erkenning en gerechtelijke vaststelling van het ouderschap. Dit betekent

FIGUUR 5.3 Memorie van toelichting (vervolg)

dat de duomoeder in deze gevallen wordt gelijkgesteld met de man of – al naar gelang het toepasselijke artikel – de juridische vader van een kind.

Artikel V (Wet donorgegevens kunstmatige bevruchting)

In de consultatiefase van het voorstel wees de Stichting donorgegevens kunstmatige bevruchting op het feit dat uit een verklaring als bedoeld in het aanvankelijk voorgestelde artikel 198, eerste lid, onder b, van de Wet donorgegevens kunstmatige bevruchting niet blijkt of de identiteit van de zaaddonor aan de moeder bekend is of niet. De Wet donorgegevens kunstmatige bevruchting ziet op de onbekende èn bekende donor, met uitzondering van de echtgenoot, geregistreerd partner of andere levensgezel van de moeder. Lesbische paren maken niet zelden gebruik van een bekende donor.

Om te waarborgen dat het ouderschap van de gehuwde duomoeder alleen er van rechtswege ontstaat als er sprake is van een onbekende donor, zijn artikel 198, eerste lid, onder b, BW en artikel 2, tweede lid, van de Wet donorgegevens kunstmatige bevruchting aangepast. Uit de verklaring als bedoeld in artikel 198, eerste lid, onder b, BW blijkt niet alleen dat kunstmatige bevruchting als bedoeld in artikel 1, onder c, sub 1, heeft plaatsgevonden, maar ook dat de identiteit van de zaaddonor aan de vrouw bij de kunstmatige donorbevruchting heeft plaatsgevonden onbekend is. Op de natuurlijke persoon of rechtspersoon die de kunst- matige donorbevruchting verricht of doet verrichten rust de verplichting dit te registreren en de informatie hierover mede te delen aan de Stichting donorgegevens kunstmatige bevruchting (artikel 2, tweede lid, Wdkb).

De staatssecretaris van Veiligheid en Justitie,
F. Teeven

T 5.2

TUSSENVRAAG 5.2

Lees de memorie van toelichting (figuur 5.3) en beantwoord de volgende vragen:
a Wat beoogt wetsvoorstel 33 032 te regelen volgens de memorie van toe- lichting?
b Waarom ziet volgens de memorie van toelichting het voorstel niet op het ouderschap van twee mannen? Motiveer uw antwoord.
c Waarom staat de naam van F. Teeven aan het einde van de memorie van toelichting?

5.4 Verslag

Anders dan de meeste mensen denken, wordt een wetsvoorstel na indie- ning bij de Tweede Kamer niet direct door alle 150 leden van de Tweede Ka- mer gezamenlijk besproken. Een aantal leden van de Tweede Kamer is lid van één van de zogenoemde *vaste commissies*. Namens iedere fractie (CDA- fractie, PvdA-fractie, VVD-fractie enzovoort) hebben één of enkele Kamerle-

Vaste commissies

den in deze vaste commissies zitting. Afhankelijk van het onderwerp dat in het wetsvoorstel aan de orde wordt gesteld, wordt het voorstel voorbereid door één van die vaste commissies. Deze stelt een zogenoemd *verslag* op waarin alle politieke partijen hun vragen aan de verantwoordelijke staatse- cretaris/minister (degene die het voorstel heeft ingediend) voorleggen en hun opmerkingen over dat voorstel maken. Dit heeft dus ook in het kader van wetsvoorstel 33 032 plaatsgevonden. In figuur 5.4 is bladzijde 1 en 2 van het verslag opgenomen.

FIGUUR 5.4 Verslag

Tweede Kamer der Staten-Generaal

2

Vergaderjaar 2011–2012

33 032 **Wijziging van Boek 1 van het Burgerlijk Wetboek in verband met het juridisch ouderschap van de vrouwelijke partner van de moeder anders dan door adoptie**

Nr. 5 **VERSLAG**
Vastgesteld 9 december 2011

De vaste commissie voor Veiligheid en Justitie[1], belast met het voorbereidend onderzoek van dit voorstel van wet, heeft de eer als volgt verslag uit te brengen. Onder het voorbehoud dat de hierin gestelde vragen en gemaakte opmerkingen voldoende zullen zijn beantwoord, acht de commissie de openbare behandeling van het voorstel van wet genoegzaam voorbereid.

Inhoudsopgave

[1] Samenstelling:
Leden: Staaij, C.G. van der (SGP), Arib, K. (PvdA), Çörüz, C. (CDA), Roon, R. de (PVV), Voorzitter, Brinkman, H. (PVV), Vermeij, R.A. (PvdA), Ondervoorzitter, Raak, A.A.G.M. van (SP), Thieme, M.L. (PvdD), Gesthuizen, S.M.J.G. (SP), Dibi, T. (GL), Toorenburg, M.M. van (CDA), Peters, M. (GL), Berndsen, M.A. (D66), Nieuwenhuizen-Wijbenga, C. van (VVD), Schouw, A.G. (D66), Marcouch, A. (PvdA), Steur, G.A. van der (VVD), Recourt, J. (PvdA), Hennis-Plasschaert, J.A. (VVD), Helder, L.M.J.S. (PVV), Bruins Slot, H.G.J. (CDA), Taverne, J. (VVD) en Schouten, C.J. (CU).
Plv. leden: Dijkgraaf, E. (SGP), Bouwmeester, L.T. (PvdA), Bochove, B.J. van (CDA), Dille, W.R. (PVV), Elissen, A. (PVV), Smeets, P.E. (PvdA), Kooiman, C.J.E. (SP), Ouwehand, E. (PvdD), Karabulut, S. (SP), Tongeren, L. van (GL), Smilde, M.C.A. (CDA), Voortman, L.G.J. (GL), Pechtold, A. (D66), Burg, B.I. van der (VVD), Koşer Kaya, F. (D66), Kuiken, A.H. (PvdA), Liefde, B.C. de (VVD), Spekman, J.L. (PvdA), Azmani, M. (VVD), Bontes, L. (PVV), Koopmans, G.P.J. (CDA), Dijkhoff, K.H.D.M. (VVD) en Slob, A. (CU).

1. Wijzigingsvoorstellen

De leden van de VVD-fractie hebben met zeer veel belangstelling kennisgenomen van het onderhavige wetvoorstel. Deze leden zien dit wetsvoorstel als een belangrijke stap in de juridische gelijkstelling en ook verdergaande emancipatie van homoseksuelen in Nederland. De introductie van het sociale ouderschap voor het vestigen van familierechtelijke betrekkingen, naast (het vermoeden van) het biologische ouderschap, kan dus op hun instemming rekenen. Dit wetsvoorstel wordt door deze leden ook van grote emotionele waarde geacht. Wel hebben zij nog een aantal vragen en een enkele opmerking.
Deze leden kunnen zich zeer wel vinden in de brief die het COC Nederland op 30 november 2011 naar de leden van de Vaste Kamercommissie voor Veiligheid en Justitie heeft gestuurd. Zij vragen de regering uitgebreid in te gaan op de in deze brief geformuleerde suggesties en aandachtspunten. Het betreft ten eerste het introduceren van de vervangende toestemming tot erkenning ook voor de duomoeder. Ten tweede het

FIGUUR 5.4 Verslag (vervolg)

introduceren van een juridisch bindend donorschapsplan. Ten derde wordt voorgesteld geen onderscheid te maken in de regeling voor ouderschap van rechtswege.

Ook ontvangen voornoemde leden graag een gedetailleerde reactie van de regering op het artikel van Prof. dr. C. Forder «Recht van het kind op persoonsgegevens van de bekende zaaddonor: De ambtenaar van de burgerlijke stand als hoeder van de kinderrechten» in het tijdschrift B&R 2010, p. 342–345.

Voorts merken deze leden op dat zij meer sympathie hebben voor de term meemoeder in plaats van duomoeder zoals ook gebezigd in Vlaanderen. Voornoemde leden merken op dat in de memorie van toelichting wordt gesteld dat dit wetsvoorstel niet het ouderschap regelt van de geregis-treerde partner anders dan door adoptie. Wijzigingen die noodzakelijk zijn om dit te regelen, zullen bij afzonderlijk wetsvoorstel worden voorgesteld. Wat wordt hiermee precies bedoeld? Kan de regering bevestigen dat de rechten van lesbische geregistreerde partners niet anders zullen worden dan die van heteroseksuele geregistreerde partners?

Deze leden merken op dat aan het bestaan van meeroudergezinnen in het wetsvoorstel onvoldoende aandacht of erkenning lijkt te worden gegeven. Meer in het algemeen wordt de suggestie gewekt dat anoniem donor-schap wordt verkozen boven bekend donorschap. Voornoemde leden vragen of de regering dit werkelijk zo bedoeld heeft? Graag ontvangen zij daarop een reactie.

De leden van de PvdA-fractie zijn zeer verheugd dat er nu een voorstel ligt om juridisch positie van de duomoeder wettelijk (bijna) gelijk te stellen met de positie van de (vermoedelijke) vader. Deze leden achten het van groot belang dat de juridisch ongelijkheid wordt opgeheven en dat de duomoeder zich vanaf de geboorte van het kind moeder mag noemen. Dit is in het belang van de kind, in het belang van de duomoeder en in het belang van het gezin. Deze uitgangspunten zijn belangrijk nog los van het juridisch voordeel van dit voorstel ten aanzien van het erfrecht en afstammingsrecht. Bij rechten horen ook plichten. Als deze wet inwerking treedt, zal de duomoeder zich ook moeten realiseren dat zij na een scheiding van de biologisch moeder onderhoudsplichtig is ten aanzien van het kind.

Voornoemde leden merken op dat in dit wetsvoorstel expliciet is uitgesloten dat twee mannen binnen een huwelijk van rechtswege vader worden. Dat heeft te maken met de aanwezigheid van de biologisch moeder. Deze leden begrijpen dat. Toch willen zij naar de toekomst kijken. Acht de regering het mogelijk dat, door middel van draagmoederschap, de vaders van rechtswege ouder worden omdat de moeder het kind slechts heeft gedragen en gebaard ten gunste van de vaders?

De leden van de PVV-fractie hebben met belangstelling kennisgenomen van het voorliggende voorstel van wet. Naar aanleiding daarvan brengen deze leden de navolgende vragen en op- en aanmerkingen naar voren. Het wetsvoorstel vormt een grote stap in de richting van een wettelijke regeling van de juridische positie van kinderen die binnen een relatie van twee vrouwen worden geboren. Het wetsvoorstel ziet niet op het

---

T 5.3

TUSSENVRAAG 5.3

Lees de tekst van figuur 5.4 en beantwoord de volgende vragen:

a Welke vaste commissie behandelt wetsvoorstel 33 032?

b Uit hoeveel leden bestaat deze vaste commissie?

c Welke politieke partij is op bladzijde 1 van het verslag aan het woord?

d Is deze politieke partij wel of niet met het voorstel ingenomen?

e Welke vragen hebben de leden nog?

5.5 Vervolg en de algemene beraadslagingen in de Tweede Kamer

Als het verslag is opgesteld, krijgt de verantwoordelijke minister de gelegenheid op de gemaakte opmerkingen te reageren. Hij doet dat in de vorm van de *nota naar aanleiding van het verslag* (vroeger noemde men deze nota de memorie van antwoord). Eventueel komt de vaste commissie in reactie op de door de minister gegeven antwoorden met een *nader verslag*, waarop de minister weer mag reageren met een nota naar aanleiding van het nader verslag. Daarna concludeert de vaste commissie dat het wetsvoorstel voldoende is voorbereid en dat kan worden overgegaan tot de *openbare behandeling* van het wetsvoorstel. Dit houdt in dat een tijdstip wordt vastgesteld voor de algemene beraadslagingen in de Tweede Kamer. Deze beraadslagingen zijn (anders dan de werkzaamheden van de vaste commissies) mondeling, maar van het gesprokene wordt een letterlijk verslag gemaakt, dat ook weer openbaar wordt gemaakt. Iedereen kan dus lezen wat in het parlement (tot nu toe: de Tweede Kamer) over het wetsvoorstel is gezegd. In figuur 5.5 leest u het begin van de beraadslagingen over wetsvoorstel 33 032.

Nota naar aanleiding van het verslag

Nader verslag

Openbare behandeling

TUSSENVRAAG 5.4   T 5.4

Lees de eerste bladzijde van de beraadslagingen over wetsvoorstel 33 032 (figuur 5.5) en beantwoord de volgende vragen:
a Welke politieke partij is het eerst aan het woord?
b Is deze politieke partij tevreden met het ingediende voorstel? Motiveer.
c Welke categorie gevallen wordt aan de orde gesteld die niet onder het wetsvoorstel valt?
d Waarom wil de staatssecretaris het duovaderschap niet op dezelfde wijze regelen als het duomoederschap? Motiveer.

We merken nog op dat de eerder behandelde documenten (wetsvoorstel, memorie van toelichting, verslag, nota naar aanleiding van het verslag, eventueel nader verslag en nota naar aanleiding van het nader verslag) een andere bron (*vindplaats*) hebben dan de schriftelijke weergave van de algemene beraadslagingen. Dat kunt u ook zien aan de onderste regel van de documenten, die een verschillende aanduiding hebben. De eerste zijn aan te treffen in de categorie *Kamerstukken*, de tweede in de zogenoemde *handelingen*. Zowel in de (schriftelijke) folioversie als in de digitale versie moet dit onderscheid goed in de gaten worden gehouden (zie ook paragraaf 5.11).

Kamerstukken

Handelingen

18
Juridisch ouderschap

Aan de orde is de behandeling van:
- **het wetsvoorstel Wijziging van Boek 1 van het Burgerlijk Wetboek in verband met het juridisch ouderschap van de vrouwelijke partner van de moeder anders dan door adoptie (33032).**

De algemene beraadslaging wordt geopend.

□

De heer **Oskam** (CDA):
Voorzitter. Ik zal wat korter spreken dan ik had aangevraagd.

Het wetsvoorstel heeft een lange geschiedenis. Het is in gang gezet na het advies van de commissie-Kalsbeek en na een conceptvoorstel van de voormalige minister van Justitie Hirsch Ballin. In de hoofdlijnennotitie over het emancipatiebeleid van het demissionaire kabinet staat dat er in Nederland zo'n 25.000 kinderen opgroeien in een zogenaamd "roze gezin". Probleem daarbij is dat de duomoeder in een lesbische relatie op dit moment nog niet automatisch een juridische relatie krijgt tot het kind van haar partner, ook niet als zij getrouwd zijn. Alleen door een dure en tijdrovende adoptieprocedure kan de duomoeder de juridische band met haar kind veiligstellen. Dat is ongewenst en het zorgt voor onzekerheid bij duizenden kinderen die opgroeien bij een lesbisch paar. Bovendien gaan veel lesbische paren ervan uit dat het juridisch ouderschap wel automatisch geregeld is zodra zij huwen, maar dat klopt dus niet. In het ergste geval kan deze onwetendheid bij overlijden van een van beide moeders ertoe leiden dat het kind achterblijft zonder juridische ouders met alle consequenties van dien.

Het CDA staat dan ook positief tegenover het wetsvoorstel, dat moederschap van de duomoeder van rechtswege mogelijk maakt bij een onbekende donor en door erkenning bij een bekende donor. Wij zijn hier zo positief over, omdat voor ons het belang van het kind vooropstaat en omdat wij gezinnen en families zien als fundament en cement van onze samenleving. Het gezin biedt een veilige basis om op te groeien en is daarin vrijwel onvervangbaar, ook als het gaat om relatief nieuwe samenlevingsvormen als twee moeders met hun kinderen en misschien ook wel twee vaders met hun kinderen. De wetgever moet zorgen voor randvoorwaarden die het mogelijk maken dat gezinnen goed functioneren. Het CDA vindt het belangrijk dat kinderen opgroeien in een stabiele thuisomgeving. De feitelijke gezinssituatie van kinderen moet worden beschermd. Dat is voor kinderen die twee moeders of twee vaders hebben niet anders dan voor kinderen met een vader en een moeder.

Een belangrijk deel van de vragen die wij in de schriftelijke ronde hebben gesteld, is door de staatssecretaris naar onze tevredenheid beantwoord, maar er blijft toch nog een vijftal vragen over. Het wetsvoorstel gaat over lesbisch ouderschap. Wij kennen natuurlijk ook de situatie dat kinderen opgroeien in een gezin met twee vaders. De staatssecretaris schrijft dat hij het niet in het belang van het kind vindt dat de band met de moeder die het kind heeft gedragen, de draagmoeder, en het ter wereld heeft gebracht zonder rechterlijke tussenkomst, wordt verbro-

ken. Hij wil daarom het duovaderschap niet op dezelfde wijze regelen als het duomoederschap. Betekent dit nu dat de duovader altijd aangewezen blijft op een dure en langdurige adoptieprocedure? Kan de staatssecretaris duidelijk maken waarom het niet voldoende is, als de duovader met toestemming van de biologische moeder het kind erkent in de zin van art. 1:203?

Het wetsvoorstel houdt in dat bij een onbekende donor de duomoeder van rechtswege juridisch ouder wordt. Bij een bekende donor kan de duomoeder ouder worden door erkenning. De staatssecretaris geeft een aantal argumenten voor dit verschil en het CDA kan die goed volgen. Het COC echter komt met een tussenoplossing die de biologische vader tot de geboorte de mogelijkheid tot erkenning geeft. Wanneer de vader het kind niet heeft erkend op het moment van de geboorte, krijgt de duomoeder automatisch het juridisch ouderschap. Ik hoor graag een reactie van de staatssecretaris op dit voorstel.

Je zou ook nog een verdergaande mogelijkheid kunnen bedenken, namelijk dat mannen meer bedenktijd moeten hebben. Bij mannen werkt het vaak anders dan bij vrouwen. Mannen voelen het kind niet groeien. Voor hen gaat het kind pas leven als het echt van vlees en bloed is, als zij het kunnen vasthouden en zien. Dan komt vaak het gevoel: ja, wij willen dit kind erkennen, wij willen ook juridisch ouder worden. Dat geldt normaal gesproken in een huwelijk, maar het geldt net zo goed voor de donor in een lesbische relatie. Ik vraag de staatssecretaris of mannen in dit soort situaties niet iets meer bedenktijd zouden moeten hebben, dus na de geboorte van het kind.

Tot slot heb ik nog een vraag over de vernietiging van de erkenning. De staatssecretaris schrijft dat de voorgestelde uitbreiding van art. 1:204, derde lid van het BW ook gevolgen heeft voor de mogelijkheid tot het verzoek door de donor die in een nauwe persoonlijke betrekking staat tot het kind om vernietiging van de erkenning door de niet-biologische ouder. Het is een vrij technisch verhaal. Op grond van de jurisprudentie van de Hoge Raad kan de verwekker verzoeken om vernietiging van de erkenning door de niet-biologische ouder. De staatssecretaris schrijft dat de rechtspraak naar analogie van toepassing moet worden geacht op de figuur van de donor. Op onze vraag waar dat dan staat in het wetsvoorstel, verwijst de staatssecretaris naar de jurisprudentie van de Hoge Raad. Kan hij duidelijk maken waarom hij dit ook niet heeft willen regelen in dit wetsvoorstel? Dan is het maar gelijk voor iedereen duidelijk.

□

De heer **De Wit** (SP):
Voorzitter. Sinds begin 2001 is het huwelijk in ons land voor paren van gelijk geslacht gelijkgesteld aan het huwelijk van mensen van ongelijk geslacht. Sinds die tijd is het ook mogelijk voor paren van gelijk geslacht om kinderen te adopteren. In de Kamer is sindsdien verscheidene malen de vinger gelegd op een teer punt, te weten dat in tegenstelling tot heteroparen lesbische paren die een kind krijgen aanlopen tegen het feit dat de partner van de biologische moeder niet van rechtswege de juridische ouder wordt, maar alleen ouder kan worden door adoptie van het kind. Dat wordt door velen die hierbij betrokken zijn gezien als onjuist en onrechtvaardig. In de Kamer zijn twee moties ingediend en er is een commissie-Kalsbeek geweest die onder andere naar deze materie heeft gekeken.

5.6 Indienen van amendementen

De leden van de Tweede Kamer kunnen wijzigingen in een wetsvoorstel aanbrengen door middel van het indienen van een *amendement*. Zo'n amendement kan betrekking hebben op de tekst van het wetsvoorstel zelf, maar kan

ook betrekking hebben op iets dat *niet* in het wetsvoorstel is geregeld, maar
waarvan de indiener van het amendement vindt dat dit wel zou moeten. Uiteraard geldt dan wel de eis dat een amendement van het laatste soort in
verband moet staan met het onderwerp dat door het wetsvoorstel wordt be-
streken en dat daarin niet de kern van het voorstel onderuit wordt gehaald.
Ook tijdens de openbare beraadslagingen rondom wetsvoorstel 33 032 zijn
amendementen ingediend. Merk trouwens op dat deze amendementen in de
Kamerstukken zijn opgenomen en *niet* in de handelingen. In figuur 5.6 is
een deel van amendement nr. 16 afgedrukt.

FIGUUR 5.6 Amendement

Tweede Kamer der Staten-Generaal   2

Vergaderjaar 2012–2013

33 032   **Wijziging van Boek 1 van het Burgerlijk Wetboek
                    in verband met het juridisch ouderschap van de
                    vrouwelijke partner van de moeder anders dan
                    door adoptie**

Nr. 16   **GEWIJZIGD AMENDEMENT VAN HET LID BONTES TER
                   VERVANGING VAN DAT GEDRUKT ONDER NR. 13**
                   Ontvangen 24 oktober 2012

                   De ondergetekende stelt het volgende amendement voor:

                   I

                   In artikel I, onderdeel B, komt als volgt te luiden:

                   B

                   Artikel 5 wordt als volgt gewijzigd:

                   1. Het zesde lid komt als volgt te luiden:
                   6. Indien de moeder na de geboorte van het kind op grond van artikel
                   198, onderdeel c of artikel 199, onderdeel b, het moederschap respectie-
                   velijk het vaderschap van de overleden echtgenoot ontkent en zij ten tijde
                   van de geboorte en van de ontkenning is hertrouwd, kunnen de moeder
                   en haar echtgenoot gezamenlijk ter gelegenheid van de ontkenning
                   verklaren welke van hun beider geslachtsnamen het kind zal hebben. Van
                   de verklaring van de ouders wordt een akte van naamskeuze opgemaakt.
                   Bij gebreke van een verklaring heeft het kind de geslachtsnaam van de
                   echtgenoot.

                   2. Na het twaalfde lid wordt een nieuw lid toegevoegd, luidende:
                   13. In het tweede, vijfde en zesde lid wordt onder «moeder» verstaan de
                   vrouw uit wie het kind is geboren. In het tweede en vijfde lid wordt met
                   «de vader» van het kind en zijn «vaderschap» gelijkgesteld de moeder die
                   niet de vrouw is uit wie het kind is geboren onderscheidenlijk haar
                   moederschap.

                   [...]

                   Toelichting

                   Het wetsvoorstel introduceert naast het biologisch ouderschap, het
                   sociaal ouderschap als grond van juridisch ouderschap. In het
                   wetsvoorstel wordt geregeld dat de duomoeder door huwelijk met de

FIGUUR 5.6 Amendement (vervolg)

moeder van het kind van rechtswege de juridische ouder wordt van het kind, indien het kind is geboren met behulp van zaad van een onbekende donor in de zin van de Wet donorgegevens kunstmatige bevruchting. In die gevallen dat de identiteit van de zaaddonor bekend is aan de moeder, wordt de duomoeder niet van rechtswege de juridische ouder van het kind. Dit in tegenstelling tot echtgenoten in een heteroseksueel huwelijk waarbij de niet-biologische vader, in die gevallen dat de identiteit van de zaaddonor bekend is aan de moeder, wel van rechtswege de juridische ouder van het kind wordt.

Indiener meent dat hier het beginsel van gelijke behandeling van homoseksuele- en heteroseksuele ouders, en de gelijke behandeling van het kind dat binnen de relatie van homoseksuele- of heteroseksuele ouders geboren wordt, wordt geschonden. Indiener meent dat het in het belang van het kind is als ook in die gevallen dat de identiteit van de zaaddonor bekend is, het sociaal ouderschap prevaleert boven het biologisch ouderschap.

In dit amendement wordt daarom het onderscheid wat er in het wetsvoorstel wordt gemaakt tussen homoseksuele en heteroseksuelen echtparen bij ouderschap van rechtswege door een bekende donor, opgeheven.

Dit amendement is gewijzigd in verband met het herstellen van een onjuiste lettering in onderdeel II. Verder is van de gelegenheid gebruik gemaakt om in onderdeel I «dan wel» te vervangen door «respectievelijk» en om in onderdeel IV in artikel 200 «onder» te vervangen door «onderdeel». Deze laatste puur wetstechnische wijziging zorgt ervoor dat in de artikelen 198 tot en met 202b steeds op dezelfde wijze wordt verwezen naar onderdelen.

Bontes

T 5.5   **TUSSENVRAAG 5.5**

Lees amendement nr. 16 (figuur 5.6) en beantwoord de volgende vragen:
a Wie heeft dit amendement ingediend?
b Wat wordt in dit amendement voorgesteld?
c Waarom wordt dit amendement voorgesteld?

5.7 Stemming in de Tweede Kamer

Na het debat in de Tweede Kamer (de algemene beraadslagingen) met de minister over het wetsvoorstel en de ingediende amendementen, wordt over het voorstel gestemd. Eerst wordt over de amendementen gestemd, daarna over de wetsartikelen en ten slotte over het hele wetsvoorstel zelf. Bij 'gevoelige' wetsvoorstellen worden bij de eindstemming de namen van de aanwezige Kamerleden één voor één genoemd en moet de betrokkene zeggen of hij vóór- of tegenstemt. Blijkt gaandeweg de algemene beraadslagingen dat er geen problemen zijn, dan vraagt de voorzitter in het algemeen of iemand tegenstemt en wordt het voorstel met algemene stemmen aangenomen (zie figuur 5.7).

FIGUUR 5.7 Stemming

9
Stemmingen juridisch ouderschap

Aan de orde zijn de **stemmingen** in verband met het wetsvoorstel **Wijziging van Boek 1 van het Burgerlijk Wetboek**

FIGUUR 5.7 Stemming (vervolg)

in verband met het juridisch ouderschap van de vrouwelijke partner van de moeder anders dan door adoptie (
33032).

(Zie vergadering van 23 oktober 2012.)

In stemming komt het gewijzigde amendement-Bontes
(stuk nr. 16, I).

De **voorzitter**:
Ik constateer dat de aanwezige leden van de fractie van de
PVV voor dit gewijzigde amendement hebben gestemd en
de aanwezige leden van de overige fracties ertegen, zodat het is verworpen. Ik stel vast dat door de verwerping
van dit gewijzigde amendement de overige op stuk nr. 16
voorkomende gewijzigde amendementen als verworpen
kunnen worden beschouwd.

In stemming komt het gewijzigde amendement-Hennis-
Plasschaert (stuk nr. 15).

De **voorzitter**:
Ik constateer dat de aanwezige leden van de fracties van
de PVV, de VVD, 50PLUS, D66, GroenLinks, de PvdA en de
PvdD voor dit gewijzigde amendement hebben gestemd
en de aanwezige leden van de overige fracties ertegen,
zodat het is aangenomen.

In stemming komt het amendement-Segers (stuk nr. 14,
II).

De **voorzitter**:
Ik constateer dat de aanwezige leden van de fracties van
de SGP en de ChristenUnie voor dit amendement hebben
gestemd en de aanwezige leden van de overige fracties
ertegen, zodat het is verworpen. Ik stel vast dat door de
verwerping van dit amendement de overige op stuk nr. 14
voorkomende amendementen als verworpen kunnen worden beschouwd.

In stemming komt het wetsvoorstel, zoals op onderdelen
gewijzigd door de aanneming van het gewijzigde amen-
dement-Hennis-Plasschaert (stuk nr. 15).

De **voorzitter**:
Ik constateer dat de aanwezige leden van de fracties van
de PVV, het CDA, de VVD, 50PLUS, D66, GroenLinks, de
PvdA, de PvdD en de SP voor dit wetsvoorstel hebben gestemd en de aanwezige leden van de overige fracties ertegen, zodat het is aangenomen.

5.8 Naar de Eerste Kamer: gewijzigd voorstel van wet

Het door de Tweede Kamer aangenomen wetsvoorstel wordt door de Voorzitter van de Tweede Kamer naar de Eerste Kamer gezonden. Omdat tijdens de
behandeling in de Tweede Kamer vaak wijzigingen door de regering zelf of
door middel van amendementen worden aangebracht, is de uiteindelijk aangenomen tekst nogal vaak anders dan het oorspronkelijke wetsvoorstel. Het
bij de Eerste Kamer ingediende wetsvoorstel draagt dan ook vaak de titel: *gewijzigd voorstel van wet*. Dit gewijzigde voorstel van wet is het eerste Kamer-
document dat men aantreft in de Kamerstukken van de Eerste Kamer. Anders dan bij Kamerstukken van de Tweede Kamer, worden Kamerstukken van
de Eerste Kamer niet voorzien van een volg*nummer*, maar van een volg*letter*.   **Volgletter**
In figuur 5.8 staat de eerste bladzijde uit het gewijzigd voorstel van wet afgedrukt zoals dat aan de Eerste Kamer is aangeboden.

FIGUUR 5.8 Gewijzigd voorstel van wet

Eerste Kamer der Staten-Generaal

1

Vergaderjaar 2012–2013

---

33 032

Wijziging van Boek 1 van het Burgerlijk Wetboek in verband met het juridisch ouderschap van de vrouwelijke partner van de moeder anders dan door adoptie

---

A

GEWIJZIGD VOORSTEL VAN WET
30 oktober 2012

Wij Beatrix, bij de gratie Gods, Koningin der Nederlanden, Prinses van Oranje-Nassau, enz. enz. enz.

Allen, die deze zullen zien of horen lezen, saluut! doen te weten:
Alzo Wij in overweging genomen hebben, dat het wenselijk is dat het juridisch ouderschap van de vrouwelijke partner van de moeder zonder rechterlijke tussenkomst kan ontstaan;
Zo is het, dat Wij, de afdeling Advisering van de Raad van State gehoord, en met gemeen overleg der Staten-Generaal, hebben goedgevonden en verstaan, gelijk Wij goedvinden en verstaan bij deze:

ARTIKEL I

Boek 1 van het Burgerlijk Wetboek wordt als volgt gewijzigd:

A

In artikel 3, eerste lid, wordt «een gerechtelijke vaststelling van het vaderschap» vervangen door: een gerechtelijke vaststelling van het ouderschap.

B

Artikel 5 wordt als volgt gewijzigd:

1. In het zesde lid wordt na «overleden echtgenoot ontkent» ingevoegd «of op grond van artikel 198, tweede lid, het moederschap van de overleden echtgenote ontkent» en wordt «van de vader» vervangen door: van de echtgenoot.

2. Na het twaalfde lid wordt een nieuw lid toegevoegd, luidende:

5.9 Vervolg Eerste Kamer

Ook in de Eerste Kamer wordt een wetsvoorstel niet direct plenair besproken. Het voorstel gaat eerst naar één van de vaste commissies, bezet door leden (senatoren) van de fracties van de Eerste Kamer. Ook deze commissies leveren een schriftelijk stuk af met vragen en opmerkingen. Dit schriftelijke stuk noemt men niet verslag (zoals bij de vaste commissies van de

Tweede Kamer) maar *voorlopig verslag*. De reactie van de verantwoordelijke minister wordt opgenomen in de *memorie van antwoord* (de nota naar aanleiding van het verslag, zoals dat bij de Tweede Kamer heet). We laten in figuur 5.9 het begin zien van het voorlopig verslag en in figuur 5.10 het begin van de memorie van antwoord. Zoals we links in figuur 5.9 en figuur 5.10 kunnen zien, krijgt het voorlopig verslag de volgletter B en de memorie van antwoord de volgletter C.

Voorlopig verslag

Memorie van antwoord

FIGUUR 5.9 Voorlopig verslag

Eerste Kamer der Staten-Generaal   1

Vergaderjaar 2012–2013

33 032   **Wijziging van Boek 1 van het Burgerlijk Wetboek in verband met het juridisch ouderschap van de vrouwelijke partner van de moeder anders dan door adoptie**

B   **VOORLOPIG VERSLAG VAN DE VASTE COMMISSIE VOOR VEILIGHEID EN JUSTITIE[1]**
Vastgesteld 5 februari 2013

Het voorbereidend onderzoek heeft de commissie aanleiding gegeven tot het maken van de volgende opmerkingen en het stellen van de volgende vragen.

FIGUUR 5.10 Memorie van antwoord

Eerste Kamer der Staten-Generaal   1

Vergaderjaar 2012–2013

33 032   **Wijziging van Boek 1 van het Burgerlijk Wetboek in verband met het juridisch ouderschap van de vrouwelijke partner van de moeder anders dan door adoptie**

C   **MEMORIE VAN ANTWOORD**
Ontvangen 12 april 2013

FIGUUR 5.10 Memorie van antwoord (vervolg)

Ik dank de leden hartelijk voor hun inbreng voor het verslag. Deze inbreng maakt duidelijk dat er behoefte bestaat aan een nadere beschouwing van de voorgestelde wijzigingen.

De vraag die door de fracties van de VVD, de PvdA, de SP en het CDA is gesteld, is of het wenselijk is het sociale ouderschap van de vrouwelijke partner van de moeder onder te brengen bij het afstammingsrecht. Een vervolgvraag van de fracties van de VVD, PvdA en SP is of een aparte regeling van het sociale ouderschap niet is te prefereren boven het huidige voorstel. In dit verband kan mede de vraag worden bezien van de leden van de fracties van de VVD en het CDA waarom er geen regeling is voor duovaders. Ook in dat geval is er ten minste één sociale vader. De leden van de fracties van de VVD en GroenLinks vragen voorts hoe wordt omgegaan met concurrerende aanspraken op het ouderschap. In vragen de fracties van de PvdA, het CDA en GroenLinks komt ten slotte het onderscheid tussen ouderschap en gezag aan bod. Omdat deze vragen de opzet van het wetsvoorstel betreffen, zal ik hierop eerst ingaan, alvorens de overige vragen uit het verslag te beantwoorden.

1. De opzet van het voorstel

1.1. Het huidige afstammingsrecht en het biologisch ouderschap

Het juridisch ouderschap kan op twee manieren ontstaan: via de band van het afstammingsrecht en via de band van adoptie. De vrouwelijke partner van de moeder wordt thans ouder via de weg van adoptie. Het aan u voorliggende voorstel regelt dat zij ouder kan worden via de band van het afstammingsrecht.

In het huidige afstammingsrecht is het biologische ouderschap alleen bepalend voor het ontstaan van het moederschap van de vrouw uit wie het kind is geboren: de geboorte is constitutief voor haar juridisch ouderschap. Aan het afstammingsrecht ligt het *vermoeden* van biologisch vaderschap ten grondslag. Voor het ontstaan van het juridisch vaderschap

---

Nader voorlopig verslag

Nadere memorie van antwoord

Eindverslag

Soms volgt na de memorie van antwoord nog een *nader voorlopig verslag*, namelijk wanneer de vaste commissie nog niet helemaal tevreden is over de gegeven antwoorden en toch nog wat dieper op bepaalde punten wil ingaan. De minister reageert daarop dan met een *nadere memorie van antwoord*. Deze extra wisseling heeft ook in het kader van wetsvoorstel 33 032 plaatsgevonden. Zij hebben de volgletters D en E enzovoort gekregen. Als vaste afronding wordt dan het *eindverslag* door de betreffende vaste commissie opgesteld. Dit eindverslag bevat doorgaans een standaardzin, namelijk dat het ontwerp voldoende is voorbereid en dat de openbare behandeling van het wetsvoorstel kan aanvangen. De openbare behandeling kan beginnen.

T 5.6

TUSSENVRAAG 5.6
Stel vast hoeveel tijd er inmiddels is verstreken sinds de dag van indiening van het ontwerp. Vindt u dit bevredigend? Had het naar uw mening anders gekund?

5.10 Afronding in de Eerste Kamer

Ook in de Eerste Kamer vindt – net als in de Tweede Kamer – na de schriftelijke wisseling van stukken de openbare behandeling van wetsvoorstellen plaats. Deze openbare behandeling wordt met een stemming afgerond. Zo is het ook met wetsvoorstel 33 032 gebeurd.

Voorafgaand aan de stemming is er gelegenheid tot het afleggen van een stemverklaring. Na een lange periode is het juridisch ouderschap van de vrouwelijke partner van de moeder anders dan door adoptie geregeld. Lees de in figuur 5.11 afgedrukte tekst uit de handelingen.

Stemverklaring

FIGUUR 5.11 Stemverklaring

7
Stemmingen

Aan de orde zijn de **stemmingen** in verband met het wetsvoorstel **Wijziging van Boek 1 van het Burgerlijk Wetboek in verband met het juridisch ouderschap van de vrouwelijke partner van de moeder anders dan door adoptie (33032) en het wetsvoorstel Wijziging van de Rijkswet op het Nederlanderschap in verband met de wijziging van Boek 1 van het Nederlandse Burgerlijk Wetboek betreffende het ontstaan van het juridisch ouderschap van de vrouwelijke partner van de moeder anders dan door adoptie (33514 (R1998))**,
     en over:
- de motie-Quik-Schuijt c.s. over installatie van een brede multidisciplinaire staatscommissie over de verhouding tussen juridische, biologische en sociale ouders en de kinderen die door hen worden verzorgd en opgevoed (33032, letter G).

(Zie vergadering van 12 november 2013.)

De voorzitter:
Ik geef het woord aan mevrouw Quik-Schuijt.

Mevrouw Quik-Schuijt (SP):
Voorzitter. Wij danken de staatssecretaris voor de toezegging om op ons verzoek en dat van praktisch de hele Kamer een staatscommissie tot herziening van het familierecht in stellen. De staatssecretaris heeft ook toegezegd om de opzet van die staatscommissie met ons te bespreken. Wij stellen voor dat hij aan de slag gaat en zullen de motie aanhouden totdat wij meer duidelijkheid hebben over hoe de commissie er gaat uitzien.

De voorzitter:
Op verzoek van de indieners stel ik voor, de motie-Quik-Schuijt c.s. (33032, letter G) aan te houden.

Daartoe wordt besloten.

De voorzitter:
Ik geef gelegenheid tot het afleggen van stemverklaringen vooraf over wetsvoorstel 33032.

☐

De heer Franken (CDA):
Voorzitter. De CDA-fractie is van oordeel dat de regering op korte termijn een ander wetsvoorstel met betrekking tot de regeling van het ouderschap zal moeten indienen dan het voorstel dat nu voorligt, waarin niet aan het afstammingsrecht dat is gebaseerd op bloedverwantschap, wordt getornd maar waarin zelfstandig sui generis gelijke rechten worden geformuleerd voor paren van verschillend geslacht en paren van gelijk geslacht. Het nu voorliggende wetsvoorstel heeft een verkeerde insteek. Het schrijft de vader/donor weg en stimuleert anoniem donorschap. Dat is niet in het belang van het kind. De CDA-fractie zal daarom tegen dit wetsvoorstel stemmen. Eén lid van de fractie neemt hieromtrent een ander standpunt in.

☐

De heer Kuiper (ChristenUnie):
Voorzitter. Mijn fractie heeft vorige week bij monde van de heer Holdijk deelgenomen aan het debat. Toch hecht ik aan een eigen stemverklaring namens de ChristenUnie-fractie. Het wetsvoorstel over juridisch ouderschap door-

breekt een belangrijk familierechtelijk uitgangspunt dat afstamming verbindt met biologisch ouderschap. Ook gelet op de belangen van betrokken kinderen moet dat uitgangspunt zwaar wegen. Dit wetsvoorstel verandert belangrijke beginselen van ons familierecht en snijdt de band tussen het kind en zijn of haar biologische vader door. Onze fractie zal tegen dit wetsvoorstel stemmen en straks ook tegen het andere wetsvoorstel, de Rijkswet op het Nederlanderschap. Dat doet zij niet omdat het niet logisch zou zijn dat er vervolgens een regeling wordt getroffen, maar omdat de werking ook wordt uitgebreid naar de BES-eilanden. Dus er zit nog een dimensie bij.
     Onze fractie steunt het voorstel dat de staatssecretaris zelf heeft overgenomen of gedaan, om een staatscommissie in te stellen, vooral in het licht van de onoverzichtelijkheid die nu in het familierecht gaat ontstaan. Wij zouden de motie-Quik c.s. dus hebben gesteund. Dat geldt niet voor alle overwegingen maar wel voor het bredere doel. Wij hopen dat bij de samenstelling van deze commissie gelet zal worden op een afspiegeling van alle geledingen van de samenleving en dat ook de deskundigheid van ethici hierbij betrokken zal worden.

De voorzitter:
Dank u wel, mijnheer Kuiper. U hebt meteen een stemverklaring afgegeven over het tweede wetsvoorstel.

Mevrouw Quik-Schuijt (SP):
Voorzitter. De SP-fractie blijft van mening dat de keuze die in het voorliggend wetsvoorstel is gemaakt om het erfrecht en de nationaliteit van de duomoeder via het afstammingsrecht te regelen, een ongelukkige keuze is. Er wordt immers een stelselwijziging van het afstammingsrecht geïntroduceerd waarbij het uitgangspunt dat het juridisch ouderschap het biologisch ouderschap volgt, op praktische gronden wordt verlaten. Wij danken alle deskundigen en belangstellenden die met ons hebben meegedacht en ons van adviezen hebben voorzien. In het vertrouwen dat de staatscommissie zal komen tot een eenduidige regeling voor alle sociale ouders waarin het belang van het kind wordt gewaarborgd, zullen wij thans voor het voorstel stemmen.

De voorzitter:
Dank u wel, mijnheer Kuiper. U hebt meteen een stemverklaring afgegeven over het tweede wetsvoorstel.

In stemming komt wetsvoorstel 33032.

De voorzitter:
Ik constateer dat de aanwezige leden van de fracties van de PVV, de VVD, de PvdA, GroenLinks, de SP, D66, de PvdD, de OSF, 50PLUS en het lid Hoekstra voor het wetsvoorstel hebben gestemd en de aanwezige leden van de fracties van de SGP, de ChristenUnie en het CDA minus het lid Hoekstra ertegen, zodat het is aangenomen.

Quik-Schuijt

In stemming komt wetsvoorstel 33514 (R1998).

De voorzitter:
Ik constateer dat de aanwezige leden van de fracties van 50PLUS, de OSF, de PvdD, D66, de PvdA, de VVD, de SP, GroenLinks, de PVV voor het wetsvoorstel hebben gestemd en de aanwezige leden van de fracties van de SGP, de ChristenUnie en het CDA minus het lid Hoekstra ertegen, zodat het is aangenomen.

5

T 5.7

TUSSENVRAAG 5.7

a Hebben de ChristenUnie en de SGP vóór of tegen wetsvoorstel 33 032 gestemd?

b Wat is de reden dat het CDA uiteindelijk niet met het wetsvoorstel instemt?

5.11 Eindfase

Nadat ook de Eerste Kamer met het wetsvoorstel heeft ingestemd, dient het door de Koning te worden bekrachtigd. De vorst zet dan zijn handtekening onder het voorstel dat door het parlement is aanvaard. Ook de verantwoordelijke minister zet zijn handtekening (de *contraseign* genoemd). Vanaf dit tijdstip is het wetsvoorstel *wet* geworden.

Contraseign

Bekendmaking
De volgende stap is de *bekendmaking* van de wet. Dit vindt plaats door publicatie in het *Staatsblad*. Ieder jaar worden de bekendgemaakte wetten vanaf nummer 1 gerubriceerd. De bekendmaking van de Wet juridisch ouderschap van de vrouwelijke partner van de moeder anders dan door adoptie heeft plaatsgevonden in Staatsblad 2013, nummer 480. Zie figuur 5.12.

5

FIGUUR 5.12 Bekendmaking

Staatsblad
van het Koninkrijk der Nederlanden

Jaargang 2013

480

Wet van 25 november 2013 tot wijziging van Boek 1 van het Burgerlijk Wetboek in verband met het juridisch ouderschap van de vrouwelijke partner van de moeder anders dan door adoptie

Wij Willem-Alexander, bij de gratie Gods, Koning der Nederlanden, Prins van Oranje-Nassau, enz. enz. enz.

Allen, die deze zullen zien of horen lezen, saluut! doen te weten:
Alzo Wij in overweging genomen hebben, dat het wenselijk is dat het juridisch ouderschap van de vrouwelijke partner van de moeder zonder rechterlijke tussenkomst kan ontstaan;
Zo is het, dat Wij, de afdeling Advisering van de Raad van State gehoord, en met gemeen overleg der Staten-Generaal, hebben goedgevonden en verstaan, gelijk Wij goedvinden en verstaan bij deze:

ARTIKEL I

Boek 1 van het Burgerlijk Wetboek wordt als volgt gewijzigd:

A

In artikel 3, eerste lid, wordt «een gerechtelijke vaststelling van het vaderschap» vervangen door: een gerechtelijke vaststelling van het ouderschap.

FIGUUR 5.12 Bekendmaking (vervolg)

B

Artikel 5 wordt als volgt gewijzigd:

1. In het zesde lid wordt na «overleden echtgenoot ontkent» ingevoegd «of op grond van artikel 198, tweede lid, het moederschap van de overleden echtgenote ontkent» en wordt «van de vader» vervangen door: van de echtgenoot.

2. Na het twaalfde lid wordt een nieuw lid toegevoegd, luidende:
13. In het tweede, vijfde en zesde lid wordt onder «moeder» verstaan de vrouw uit wie het kind is geboren. In deze leden wordt met «de vader» van het kind en zijn «vaderschap» gelijkgesteld de moeder die niet de vrouw is uit wie het kind is geboren onderscheidenlijk haar moederschap.

[...]

ARTIKEL VI

Deze wet treedt in werking op een bij koninklijk besluit te bepalen tijdstip, dat voor de verschillende artikelen of onderdelen daarvan verschillend kan worden vastgesteld.

Lasten en bevelen dat deze in het Staatsblad zal worden geplaatst en dat alle ministeries, autoriteiten, colleges en ambtenaren wie zulks aangaat, aan de nauwkeurige uitvoering de hand zullen houden.

Kamerstuk 33 032

Gegeven te Wassenaar, 25 november 2013

Willem-Alexander

De Staatssecretaris van Veiligheid en Justitie,
F. Teeven

Uitgegeven de *vijfde* december 2013

De Minister van Veiligheid en Justitie,
I.W. Opstelten

5

Ten slotte moet de wet nog in werking treden. In de in figuur 5.12 opgenomen publicatie in het *Staatsblad* staat vermeld dat 'deze wet in werking treedt op een bij koninklijk besluit te bepalen tijdstip'. Dat tijdstip is later opnieuw door middel van een afkondiging in het *Staatsblad* bekendgemaakt (zie figuur 5.13).

FIGUUR 5.13 Inwerkingtreding

Staatsblad
van het Koninkrijk der Nederlanden

Jaargang 2014

132

Besluit van 20 maart 2014, houdende vaststelling van het tijdstip van inwerkingtreding van de Wet van 25 november 2013 tot wijziging van Boek 1 van het Burgerlijk Wetboek in verband met het juridisch

FIGUUR 5.13 Inwerkingtreding (vervolg)

ouderschap van de vrouwelijke partner van de moeder anders dan door adoptie (Stb. 2013, 480) en tot wijziging van het Besluit bijzondere akten van de burgerlijke stand, het Besluit gezagsregisters en het Besluit burgerlijke stand 1994 in verband met het juridisch ouderschap van de vrouwelijke partner van de moeder anders dan door adoptie

Wij Willem-Alexander, bij de gratie Gods, Koning der Nederlanden, Prins van Oranje-Nassau, enz. enz. enz.

Op de voordracht van de Staatssecretaris van Veiligheid en Justitie van 22 januari 2014, Directie Wetgeving en Juridische Zaken, nummer 475278;
Gelet op de artikelen 18, derde lid, 19 j, 20d en 244 van Boek 1 van het Burgerlijk Wetboek;
De Afdeling advisering van de Raad van State gehoord op (advies van 31 januari 2014, nr. W 03.14.0012/II);
Gezien het nader rapport van de Staatssecretaris van Veiligheid en Justitie van 18 maart 2014, nr. 496730;

Hebben goedgevonden en verstaan:

ARTIKEL I

Artikel 9 van het Besluit bijzondere akten van de burgerlijke stand wordt als volgt gewijzigd:

1. In het tweede lid, onderdeel a, wordt na «de vader» ingevoegd: of de moeder uit wie het kind niet is geboren.

2. In het tweede lid, onderdeel b, wordt na «de moeder» ingevoegd: uit wie het kind is geboren.

3. In het derde lid, onderdeel a, wordt «de vader en de moeder» vervangen door: de ouders

[...]

ARTIKEL IV

De wet van 25 november 2013 tot wijziging van Boek 1 van het Burgerlijk Wetboek in verband met het juridisch ouderschap van de vrouwelijke partner van de moeder anders dan door adoptie (Stb. 2013, 480) alsmede dit besluit treden in werking met ingang van 1 april 2014.

Het advies van de Afdeling advisering van de Raad van State wordt niet openbaar gemaakt op grond van artikel 26, zesde lid jo vijfde lid van de Wet op de Raad van State, omdat het uitsluitend opmerkingen van redactionele aard bevat.

Lasten en bevelen dat dit besluit met de daarbij behorende nota van toelichting in het Staatsblad zal worden geplaatst.

Wassenaar, 20 maart 2014

Willem-Alexander

De Staatssecretaris van Veiligheid en Justitie,
F. Teeven

Uitgegeven de *zevenentwintigste* maart 2014

De Minister van Veiligheid en Justitie,
I.W. Opstelten

T 5.8

TUSSENVRAAG 5.8

Geef de data waarop de Wet juridisch ouderschap van de vrouwelijke partner van de moeder anders dan door adoptie is bekendgemaakt en in werking getreden.

5.12 Waar vind ik de parlementaire geschiedenis?

Op welke wijze kunt u de parlementaire geschiedenis van wetsvoorstellen raadplegen? Er zijn twee manieren:

1 Nagenoeg alle stukken die in politiek Den Haag worden gewisseld tussen regering en parlement worden al sinds jaar en dag door Sdu Uitgevers in papieren versie gepubliceerd. U kunt ze in de grote openbare bibliotheken en in de Nederlandse universiteitsbibliotheken inzien. De stukken zijn doorgaans te vinden op basis van het nummer van het wetsvoorstel waaronder ze vallen. De wetsvoorstellen zelf zijn op nummer gecatalogiseerd.   **Sdu Uitgevers**

2 Daarnaast zijn alle parlementaire stukken vanaf 1995 (digitaal) aan te treffen op www.overheid.nl. Vanaf deze site moet u onder het kopje 'overheidsinformatie' de link 'officiële bekendmakingen' aanklikken. Vervolgens kunt u met het aanvinken van 'Kamerstukken Eerste en Tweede Kamer' en/of 'Handelingen Eerste en Tweede Kamer' en het intikken van een trefwoord of een nummer van een wetsvoorstel, bij de desbetreffende documenten komen.   **www.overheid.nl**

TUSSENVRAAG 5.9   **T 5.9**

Mevrouw De Wit en mevrouw Van Dijk hebben een relatie en komen naar het juridisch spreekuur dat u verzorgt. Mevrouw De Wit is zwanger en de verwachting is dat zij op 1 september 2018 zal bevallen van haar kind. De biologische vader van het kind is een bekende zaaddonor. Mevrouw Van Dijk wil het kind graag erkennen.

a Vanaf wanneer kan mevrouw Van Dijk het kind van haar partner erkennen?
b Kan de biologische vader van het kind (bekende zaaddonor) het kind ook nog erkennen nadat mevrouw Van Dijk het kind heeft erkend? Gebruik bij de beantwoording de Handelingen Tweede Kamer, nr 13, item 18, pag. 65-66. Wat zegt de staatssecretaris hierover?

Samenvatting

In dit hoofdstuk is de juridische vaardigheid 'het gebruik van parlementaire stukken' uiteengezet. Raadpleging van de parlementaire geschiedenis is, naast bestudering van rechtspraak en juridische literatuur, één van de drie hulpmiddelen die een praktijkjurist tot zijn beschikking heeft om een antwoord te zoeken op of een standpunt te verdedigen ten aanzien van een juridisch probleem. Dat probleem doet zich vooral voor als woorden of zinsneden uit een wetsartikel (rechtsregel) niet duidelijk zijn en dus moeten worden uitgelegd. Men kan dan de wetsgeschiedenis van de desbetreffende wet raadplegen om erachter te komen, wat de wetgever precies heeft bedoeld. Op die basis kan men een juridisch probleem oplossen (voor een cliënt) of een standpunt verdedigen (voor de rechter). In dit hoofdstuk is de wetsgeschiedenis van een bepaalde wet (Wet juridisch ouderschap van de vrouwelijke partner van de moeder anders dan door adoptie) uiteengezet en is aangegeven, op welke wijze deze wetsgeschiedenis kan worden gebruikt bij het innemen van een beredeneerd standpunt over een juridisch probleem.

6

Casus oplossen via een stappenplan

In de voorgaande hoofdstukken zijn diverse deelvaardigheden besproken die in dit hoofdstuk zullen samenkomen. Elke deelvaardigheid is als het ware een stuk gereedschap dat gebruikt kan worden om een casus op een juiste manier op te lossen.

Aan de hand van het in de volgende paragrafen opgenomen stappenplan zal worden besproken hoe men de verschillende vaardigheden kan inzetten bij het oplossen van een casus. Men moet zich overigens wel realiseren dat het stappenplan een middel is en geen doel op zichzelf. Met andere woorden: er bestaan nog vele andere methoden om een casus op te lossen. Het stappenplan is dan ook niet meer dan een hulpmiddel om uw gedachten te ordenen en structuur aan te brengen in uw werkwijze.

Alvorens in te gaan op de diverse stappen zal eerst een voorbeeldcasus geschetst worden, die als uitgangspunt genomen zal worden bij het bespreken van het stappenplan.

Maarten Oostveen is sinds 2013 op basis van een arbeidsovereenkomst werkzaam als productontwerper bij een groot zuivelconcern in het westen van het land. Naast een riant salaris hebben alle medewerkers die zakelijk meer dan 15.000 kilometer per jaar moeten reizen een bedrijfsauto ter beschikking gekregen. De bedrijfsauto mag tegen een kleine vergoeding ook voor privédoeleinden worden gebruikt. Op 1 januari 2018 heeft de directie zonder overleg met de ondernemingsraad van de ene op de andere dag besloten wegens een kostenbesparing de bedrijfsautoregeling voor een groot aantal medewerkers in te trekken. Ook Maarten moet zijn auto inleveren. Maarten is zeer verbolgen over het feit dat zijn werkgever niet langer een bedrijfsauto aan hem ter beschikking stelt. Op hoge poten stapt hij naar zijn leidinggevende en verzoekt hem om uitleg. Zijn leidinggevende laat Maarten weten dat hij het erg vervelend vindt maar dat in zijn arbeidscontract staat dat de werkgever gerechtigd is om de bedrijfsautoregeling eenzijdig te wijzigen. De hoge kosten en de dalende winst binnen het bedrijf hebben de directie doen besluiten de bedrijfsautoregeling te veranderen. Dat dit tot gevolg heeft dat Maarten niet meer binnen de regeling valt is vervelend, maar niet te voorkomen volgens zijn leidinggevende. Maarten zal ten gevolge van de regeling zelf een auto moeten aanschaffen met alle financiële gevolgen van dien. Na verschillende gesprekken met zijn werkgever blijft laatstgenoemde bij zijn eerder ingenomen standpunt. Maarten ziet zich genoodzaakt juridisch advies in te winnen en vraagt zijn juridische adviseur of de werkgever zomaar de bedrijfsautoregeling kan wijzigen.

6.1 Formuleren van het feitelijke geschil (stap 1)

In de dagelijkse praktijk wordt aan juristen vaak advies gevraagd over een geschil dat zich voordoet of dreigt voor te doen. De hulpzoekende cliënt komt dan vaak met een uitgebreid verhaal waaruit de jurist het feitelijke probleem en de daarbij behorende relevante gegevens moet destilleren. Hoewel veel beginnende juristen geneigd zijn direct naar een oplossing te zoeken, is het van groot belang eerst een goede analyse van de feiten te maken. Deze feiten zijn namelijk de basis voor de uiteindelijke beoordeling van het geschil. Gaat men van verkeerde feiten en omstandigheden uit, dan kan dat aan het einde van de rit desastreuze gevolgen hebben.

De eerste stap die een jurist moet zetten op weg naar het geven van een juridisch houdbaar advies is: orde in de chaos scheppen. Het is van belang dat de jurist structuur aanbrengt in het gesprek met zijn cliënt. Wat omvat de adviesvraag precies en welke feiten hebben zich voorgedaan? Door het stellen van de juiste vragen dient een helder beeld te worden gekregen van het geschil en waarom het geschil precies draait. Hierbij is het van belang in kaart te brengen wat de ene partij van de andere partij wil. Daarbij moet tevens rekening worden gehouden met de eventuele reactie van de wederpartij.

Bij het formuleren van het feitelijke geschil gaat het om het formuleren van het geschil in niet-juridische bewoordingen. Het feitelijke geschil moet in enkele zinnen te beschrijven zijn. Het is dus zaak niet de gehele casus samen te vatten.
Bij een juiste formulering van het feitelijke geschil wordt duidelijk de kern van het probleem benoemd. Om te voorkomen dat een jurist aan het eind van de rit een advies geeft dat niet in overeenstemming is met de adviesvraag van de cliënt, dient hij goed na te gaan of de formulering van het feitelijke geschil in overeenstemming is met deze adviesvraag. Het feitelijke geschil bevat dan ook het uiteindelijke doel waar de jurist en zijn cliënt naartoe werken. Aan de hand van de in de inleiding geschetste voorbeeldcasus zullen we dat illustreren.

In de voorbeeldcasus heeft Maarten een bedrijfsauto ter beschikking gesteld gekregen van zijn werkgever. Omdat de kosten die het bedrijf moet
maken toenemen en de winst tegelijkertijd afneemt, besluit de directie de
bedrijfsautoregeling te veranderen. Maarten raakt hierdoor zijn auto kwijt.
Het doel van Maarten is om zijn auto te behouden. Maartens werkgever is
de mening toegedaan dat zij de bedrijfsautoregeling eenzijdig mag veranderen ondanks dat dit onaangename gevolgen voor Maarten heeft.

TUSSENVRAAG 6.1   T 6.1
Formuleer op basis van de voorbeeldcasus het feitelijke geschil. Zorg dat in
uw formulering duidelijk het doel van Maarten naar voren komt. Tevens dient
u in uw formulering rekening te houden met de reactie van de wederpartij.

6.2 Selecteren van feiten en rechtsregels (stap 2)

Met het formuleren van het feitelijke geschil is de fundering voor het oplossen van een casus gelegd. De volgende stap – het selecteren van feiten en
rechtsregels – dient dan ook gemaakt te worden op basis van het geformuleerde feitelijke geschil. Bij deze stap is het van belang dat men zich ervan
bewust is dat er eigenlijk twee onderdelen op elkaar 'afgestemd' moeten
worden. Dit is zeker geen gemakkelijke opgave. Men zou zich de vraag kunnen stellen wat eerst gedaan moet worden: het benoemen van de relevante
feiten of het zoeken naar de toepasselijke rechtsregel. Eigenlijk is dit de bekende kip-of-eikwestie. Immers, om te kunnen bepalen welke feiten relevant
zijn dient men te weten welke rechtsregel van toepassing is. Omgekeerd
moet men voor het vinden van de toepasselijke rechtsregel weten welke feiten relevant zijn.

De meeste beginnende juristen zullen zich derhalve afvragen: waar moet ik
beginnen? In de praktijk lost dit zich echter vanzelf op. In eigenlijk alle gevallen gaan de genoemde vragen hand in hand. Het zijn als het ware com-
municerende vaten. Indien een gedeelte van de relevante feiten duidelijk is,
kan de toepasselijke rechtsregel worden geselecteerd. Andersom zal door
het selecteren van de juiste rechtsregel bepaald kunnen worden welke feiten ertoe doen.

Uit het voorgaande zal duidelijk geworden zijn dat men soms begint bij de
feiten en soms begint bij de rechtsregel. Als men al enig idee heeft welke
rechtsregel van toepassing is, kan men het beste beginnen met het selecte-
ren van de relevante feiten (verkorte variant). Heeft men nog geen enkel   **Verkorte variant**
idee welke rechtsregel van toepassing is, dan is het vrijwel onmogelijk om
de relevante feiten te selecteren (immers welke feiten zijn relevant waarvoor?). In een dergelijk geval kan men het beste beginnen met het zoeken   **Uitgebreide**
naar een relevante rechtsregel (uitgebreide variant).   **variant**

Afhankelijk van de casus die men dus voorgelegd krijgt, begint men in het
ene geval met het selecteren van de relevante feiten en in het andere geval
met het zoeken naar de toepasselijke rechtsregel. Uitgangspunt bij het oplossen van een casus blijft echter dat men een drietal vragen moet beantwoorden. Deze drie vragen zijn:
1 Welke rechtsregel(s) is/zijn belangrijk?
2 Welke feiten zijn relevant?
3 Passen de feiten en de rechtsregel(s) op elkaar?

In figuur 6.1 zijn de drie vragen schematisch weergegeven.

FIGUUR 6.1 Drie vragen

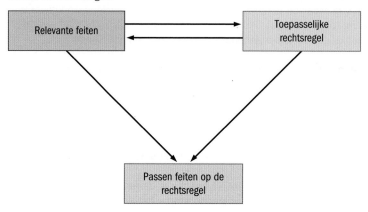

In de subparagrafen 6.2.1 en 6.2.2 zullen beide varianten (de verkorte en de uitgebreide variant) op onze voorbeeldcasus worden toegepast.

6.2.1 Verkorte variant

De verkorte variant zal veelal toegepast worden door de meer ervaren jurist. Door ervaring en opgedane kennis is de ervaren jurist vaak in staat direct de toepasselijke rechtsregel te benoemen. U moet deze selectie van de toepasselijke rechtsregel overigens niet verwarren met het direct kunnen benoemen van een oplossing. Bij dit laatste komt meer kijken (zie hiervoor de volgende paragrafen).

In onze voorbeeldcasus is art. 7:613 BW het artikel dat centraal staat. Dit artikel luidt als volgt:

> 'De werkgever kan slechts een beroep doen op een schriftelijk beding dat hem de bevoegdheid geeft een in de arbeidsovereenkomst voorkomende arbeidsvoorwaarde te wijzigen, indien hij bij de wijziging een zodanig zwaarwichtig belang heeft dat het belang van de werknemer dat door de wijziging zou worden geschaad, daarvoor naar maatstaven van redelijkheid en billijkheid moet wijken.'

In veel gevallen zal de ervaren jurist bij lezing van het artikel weten waar de kern van het probleem zit. Hij weet welke rechtsvoorwaarden uit een artikel problemen kunnen opleveren. In dergelijke gevallen is het uitschrijven van het artikel in rechtsvoorwaarden en rechtsgevolgen overbodig. De selectie van de relevante feiten gebeurt veelal in een onbewust proces. Men zou eigenlijk kunnen zeggen dat de ervaren jurist in relatief simpele casusposities de stappen van het selecteren van de relevante feiten en het benoemen van de toepasselijke rechtsregel in één stap samenvoegt. Omdat de lezer van dit boek veelal een beginnende jurist zal zijn, raden wij aan in het begin deze stappen zo veel mogelijk uit elkaar te trekken. Op deze manier krijgt men inzicht in het proces van het oplossen van een casus en wordt voorkomen dat essentiële stappen worden overgeslagen.

6.2.2 Uitgebreide variant

De onervaren jurist zal niet direct het toepasselijke artikel kunnen noemen. Hij dient eerst een zoektocht te ondernemen om het juiste artikel te vinden. Kijkend naar de formulering van het feitelijke geschil (stap 1), zal hij op zoek moeten gaan naar een artikel dat de eenzijdige wijziging van een arbeidsvoorwaarde regelt. Op basis van de opbouw- en/of registermethode (zie hoofdstuk 1) zal hij het juiste artikel kunnen vinden.

Na het vinden van het juiste artikel dient het betreffende artikel ontleed te worden in rechtsvoorwaarden en rechtsgevolgen (zie hoofdstuk 2). Het resultaat van een dergelijke ontleding ziet er dan als volgt uit:

Rv 1	:	Er is sprake van een schriftelijk beding.
Rv 2	:	Het beding geeft de werkgever de bevoegdheid een arbeidsvoorwaarde in een arbeidsovereenkomst te wijzigen.
Rv 3	:	Voor het wijzigen van de arbeidsvoorwaarde heeft de werkgever een zwaarwichtig belang.
Rv 4	:	Het belang van de werknemer wordt door de wijziging geschaad.
Rv 5	:	Het geschade belang van de werknemer moet op grond van maatstaven van redelijkheid en billijkheid wijken voor het belang van de werkgever om de arbeidsvoorwaarde te wijzigen.
Rg	:	De werkgever mag eenzijdig de arbeidsvoorwaarde wijzigen.

Nu het artikel ontleed is in rechtsvoorwaarden en rechtsgevolg, kunnen de relevante feiten worden geselecteerd. Bij een dergelijke selectie van de feiten moeten uiteraard steeds de rechtsvoorwaarden en rechtsgevolgen van het betreffende artikel in het achterhoofd worden gehouden.

Op basis van art. 7:613 BW zouden de volgende feiten uit de voorbeeldcasus geselecteerd kunnen worden:
- Maarten is sinds 2013 op basis van een arbeidsovereenkomst werkzaam als productontwerper.
- Maarten heeft een bedrijfsauto ter beschikking gekregen van zijn werkgever omdat hij meer dan 15.000 km per jaar rijdt.
- Maarten mag de bedrijfsauto tegen een kleine vergoeding voor privédoeleinden gebruiken.
- In de arbeidsovereenkomst is een beding opgenomen waarin staat dat de werkgever eenzijdig de bedrijfsautoregeling mag wijzigen.
- Op 1 januari 2018 besluit Maartens werkgever van de ene op de andere dag eenzijdig de bedrijfsautoregeling te wijzigen ten gevolge waarvan Maarten zijn auto moet inleveren.
- Tot eenzijdige wijziging is besloten zonder overleg met de ondernemingsraad.
- De hoge kosten en de dalende winst binnen het bedrijf zijn de redenen voor het eenzijdig wijzigen van de bedrijfsautoregeling.
- Maarten zal ten gevolge van de regeling zelf een auto moeten aanschaffen met alle financiële gevolgen van dien.

TUSSENVRAAG 6.2   T 6.2
Geef voor elk genoemd feit aan wat de relatie is met de rechtsvoorwaarden uit art. 7:613 BW.

6.3 Formuleren van een hoofdrechtsvraag (stap 3)

Nu het artikel ontleed is en de relevante feiten geselecteerd zijn, dient een hoofdrechtsvraag geformuleerd te worden. Een hoofdrechtsvraag geeft richting aan het eventuele onderzoek dat verricht moet worden om de casus op te lossen. Een hoofdrechtsvraag zou vergeleken kunnen worden met de onderzoeksvraag die men formuleert bij het schrijven van een scriptie. Door het formuleren van een hoofdrechtsvraag wordt het te verrichten onderzoek afgebakend. Heeft men de hoofdrechtsvraag uiteindelijk beantwoord, dan heeft men de casus opgelost. Het zal duidelijk zijn dat het formuleren van een hoofdrechtsvraag de nodige precisie vereist. Immers, door een onduidelijke formulering van de hoofdrechtsvraag is de kans aanwezig dat men in het vervolgonderzoek vastloopt.

De basis voor het formuleren van de hoofdrechtsvraag wordt gevormd door:
- de adviesvraag van de cliënt;
- de omschrijving van het feitelijke geschil;
- het rechtsgevolg dat uit het toepasselijke artikel volgt of de rechtsgevolgen die eruit volgen.

De hoofdrechtsvraag moet in vragende vorm worden geformuleerd.

T 6.3

TUSSENVRAAG 6.3
Formuleer de hoofdrechtsvraag die centraal moet staan bij het oplossen van de voorbeeldcasus.

6.4 Formuleren en analyseren van deelrechtsvragen (stap 4)

Als de hoofdrechtsvraag geformuleerd is, kan verdergegaan worden met het eventuele onderzoek. Niet in alle gevallen zal het namelijk nodig zijn een uitgebreid onderzoek te verrichten. Soms is op basis van de feiten en het toepasselijke wetsartikel duidelijk wat de uitkomst van de casus zal zijn. Bij een meer gecompliceerde casus zal vaak wel onderzoek op basis van literatuur, jurisprudentie en/of parlementaire geschiedenis gewenst zijn. In deze paragraaf zal hierop nader worden ingegaan.

Zoals we in hoofdstuk 2 hebben gezien, zal voor het intreden van een bepaald rechtsgevolg voldaan moeten worden aan alle rechtsvoorwaarden. Partijen die een geschil met elkaar hebben, zijn het vaak oneens met elkaar over het al dan niet vervuld zijn van een of meerdere rechtsvoorwaarden. Deze onenigheid over die specifieke rechtsvoorwaarden zet ons op het spoor van de deelrechtsvragen.

De deelrechtsvragen vormen de verschillende wegen waarlangs de hoofdrechtsvraag dient te worden beantwoord. De deelrechtsvragen knippen de hoofdrechtsvraag als het ware op in kleinere eenheden. Deelrechtsvragen vertonen dan ook altijd een nauwe samenhang met de hoofdrechtsvraag. Daar waar de hoofdrechtsvraag het rechtsgevolg in zich draagt, dragen de deelrechtsvragen een of meerdere rechtsvoorwaarden in zich op basis waarvan het rechtsgevolg al dan niet intreedt. Subparagrafen 6.4.1 en 6.4.2 gaan in op het formuleren en analyseren van deelrechtsvragen.

6.4.1 Formuleren deelrechtsvragen

Bij tussenvraag 6.3 moest u zelf de hoofdrechtsvraag formuleren die centraal staat bij het oplossen van de voorbeeldcasus. Als u de hoofdrechtsvraag op een juiste manier heeft geformuleerd, ziet deze er ongeveer zo uit:

> Is Maartens werkgever bevoegd op basis van de arbeidsovereenkomst en art. 7:613 BW eenzijdig de bedrijfsautoregeling te wijzigen?

Op basis van deze hoofdrechtsvraag zou een aantal deelrechtsvragen geformuleerd kunnen worden. Zoals gezegd dienen de deelrechtsvragen de verschillende rechtsvoorwaarden in zich te dragen. Net als bij de hoofdrechtsvraag moeten de deelrechtsvragen in vragende vorm worden opgesteld.

Op basis van de hoofdrechtsvraag zouden de volgende deelrechtsvragen geformuleerd kunnen worden:

> a Is er sprake van een schriftelijk beding in de arbeidsovereenkomst van Maarten die de werkgever de mogelijkheid geeft om de bedrijfsautoregeling eenzijdig te wijzigen?
> b Heeft de werkgever een zwaarwichtig belang bij het wijzigen van de bedrijfsautoregeling?
> c Moet het geschade belang van Maarten op grond van maatstaven van redelijkheid en billijkheid wijken voor het belang van zijn werkgever?

Als de hiervoor genoemde deelrechtsvragen alle bevestigend worden beantwoord, zal de hoofdrechtsvraag ook bevestigend beantwoord moeten worden. Immers aan alle rechtsvoorwaarden (deelrechtsvragen) is voldaan waardoor het rechtsgevolg uit de hoofdrechtsvraag intreedt. In figuur 6.2 is de onderverdeling van de hoofdrechtsvraag in deelrechtsvragen schematisch weergegeven.

Rechts-
voorwaarden

FIGUUR 6.2 Onderverdeling hoofdrechtsvraag

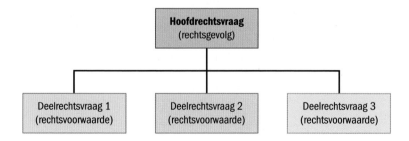

6.4.2 Analyseren deelrechtsvragen

In de hoofdstukken 3, 4 en 5 is een aantal afzonderlijke vaardigheden behandeld. Te weten:
- analyseren van jurisprudentie (hoofdstuk 3);

- analyseren van literatuur (hoofdstuk 4);
- analyseren van parlementaire stukken (hoofdstuk 5).

In deze subparagraaf zullen we laten zien hoe dergelijke bronnen ingezet kunnen worden bij het oplossen van een casus. Alvorens hierop in te gaan moeten we ons eerst afvragen welke deelrechtsvragen onderzoek behoeven. Het zal duidelijk zijn dat de eerste deelrechtsvraag zonder al te veel problemen beantwoord kan worden. Immers, de feiten uit de casus zijn helder en laten weinig twijfel bestaan. Voor de tweede en derde deelrechtsvraag ligt dat anders. Wat moet verstaan worden onder de term zwaarwichtig belang? Hoe moet het begrip redelijkheid en billijkheid worden uitgelegd? Vragen die niet eenvoudig te beantwoorden zijn en dus vragen om onderzoek. Hierna zullen we door middel van literatuur, parlementaire stukken en jurisprudentie meer duidelijkheid hierover proberen te verschaffen.

Literatuur
Waar moet u nu beginnen met het zoeken naar relevante literatuur? In hoofdstuk 4 is al gezegd dat als men een overzicht wil krijgen van een onderwerp binnen een bepaald rechtsgebied, het zinvol is een voor dit rechtsgebied geschreven *handboek* te raadplegen.

Handboek

In onze voorbeeldcasus speelt de situatie zich af op het gebied van het arbeidsrecht. Om te bezien wat hierover in de literatuur wordt gezegd, zou het handboek van Loonstra en Zondag, *Arbeidsrechtelijke Themata* (5e druk, 2015) geraadpleegd kunnen worden. Vaak vindt men in handboeken verdere aanknopingspunten naar literatuur, jurisprudentie en/of parlementaire geschiedenis.
In *Arbeidsrechtelijke Themata* staat op pagina 525 het volgende te lezen:

CITAAT 6.1
10.6 Wijziging door middel van een eenzijdig wijzigingsbeding
Het is gebruikelijk om in arbeidscontracten een zogenoemd eenzijdig wijzigingsbeding op te nemen. Op grond van zo'n beding behoudt de werkgever zich het recht voor eenzijdig, dus zonder benodigde instemming van de werknemer, de arbeidsovereenkomst en dus de arbeidsvoorwaarden te wijzigen. Omdat het voor werkgevers weinig moeite zal kosten een wijzigingsbeding in de arbeidsovereenkomst op te nemen en ter ondertekening aan de werknemer voor te leggen, heeft de wetgever enkele duidelijke randvoorwaarden aan het gebruik van een eenzijdig wijzigingsbeding gesteld. Allereerst geldt de voorwaarde dat het beding schriftelijk moet zijn overeengekomen. Zoals ook ten aanzien van andere bedingen schriftelijkheidsvereiste geldt (zie hoofdstuk 7), houdt het vereiste hier verband met het kenbaarheidsvereiste. De voorwaarde van schriftelijkheid beoogt de werknemer te beschermen tegen bedingen die voor hem niet kenbaar waren.

(…)

De werkgever kan zich alleen op een eenzijdig wijzigingsbeding beroepen als hij 'een zodanig zwaarwichtig belang' heeft 'dat het belang van de werknemer, dat door de wijziging zou worden geschaad, daarvoor naar maatstaven van redelijkheid en billijkheid moet wijken'. De bewijslast dat er sprake is van een zwaarwichtig belang dat prevaleert ten opzichte van het belang van de werknemer, rust op de werkgever.

Uit de parlementaire geschiedenis kan worden afgeleid dat van 'zwaarwichtige omstandigheden' kan worden gesproken als sprake is van *zwaarwegende* bedrijfseconomische of organisatorische omstandigheden (waaronder een noodzakelijke reorganisatie kan worden begrepen). Te denken valt volgens de memorie van toelichting aan de situatie dat een werkgever in grote financiële moeilijkheden verkeert. 'Het niet kunnen wijzigen van een onkostenregeling zal dan onder omstandigheden voor de werkgever in redelijkheid niet aanvaardbaar zijn.' De werkgever zal dan moeten aantonen dat sprake is van: '(...) zodanige omstandigheden dat toepassing van de ongewijzigde regeling van arbeidsvoorwaarden naar maatstaven van redelijkheid en billijkheid voor hem *onaanvaardbaar* is' (Kamerstukken II 1995/96, 24 615, nr. 3, p. 22-24). In de literatuur wordt ook wel het standpunt ingenomen dat 7:613 BW een 'gewone' redelijkheidstoets bevat. Deze opvatting wordt gebaseerd op de letterlijke tekst van 7:613 BW en op het feit dat de wetsgeschiedenis niet eenduidig is, nu de wetgever de termen 'onaanvaardbaar' en 'redelijk' afwisselend heeft gebruikt. Zie J.J.M. de Laat, De (eenzijdige) wijziging van de arbeidsovereenkomst, Deventer: Kluwer 2008.

Deze terughoudende benadering ziet men terug in de lagere rechtspraak: een eenzijdig wijzigingsbeding kan de toets van art.7:613 BW niet gemakkelijk doorstaan.[38]

(...)

Een ander aspect dat bij de beoordeling van de 'redelijkheid' van de wijziging kan worden betrokken, is het type arbeidsvoorwaarde dat de werkgever wil aanpassen. Het maakt nogal wat uit of een werkgever primaire arbeidsvoorwaarden (zoals het 'vaste' salaris) dan wel secundaire of tertiaire arbeidsvoorwaarden (zoals een reiskostenregeling) wil wijzigen.[41] In de literatuur wordt zelfs de stelling betrokken dat uit de wetsgeschiedenis zou kunnen worden afgeleid dat het wijzigingsbeding uitsluitend op secundaire of tertiaire arbeidsvoorwaarden betrekking kan hebben.[42] Strikt genomen laat de wettekst echter ook een wijziging van primaire arbeidsvoorwaarden toe, zodat niet uitgesloten is dat primaire arbeidsvoorwaarden worden gewijzigd langs de band van het wijzigingsbeding.[43] Dat lijkt ons ook de meest wenselijke oplossing, aangezien de scheidslijn tussen primaire en secundaire arbeidsvoorwaarden niet haarfijn kan worden bepaald. Bovendien is het niet per definitie zo dat primaire arbeidsvoorwaarden voor een werknemer belangrijker zijn dan secundaire.

---

38 Het beroep van de werkgever op eenzijdig wijzigingsbeding of – bij het ontbreken daarvan – op de redelijkheid en billijkheid werd niet gehonoreerd in Ktr. Eindhoven 20 december 2005 JAR 2005/38 (wijziging groepsvervoerregeling op grond van 6:248 BW); Vzr. Rb. Den Haag 27 juni 2005, JAR 2005/237 (wijziging leaseregeling); Vzr. Rb. Utrecht 26 juli 2005, JAR 2005/201 (wijziging van reisurenvergoeding); Ktr. Amersfoort 27 april 2005, JAR 2005/139 (wijziging bedrijfsautoregeling); Ktr. Maastricht 29 maart 2005, JAR 2005/105 (wijziging werktijden en arbeidsduur); Ktr. Rotterdam 28 oktober 2004, JAR 2005/73 (wijziging bonusregeling); Hof Amsterdam 15 april 2004, JAR 2004/219 (wijziging telefoonkostenregeling). (...) Ktr. Amersfoort 1 juni 2005, JAR 2005/158 (wijziging van bonusregeling) (...).

41 Te denken valt (...) Richtlijn Deeltijdwerken (Richtlijn 97/81 EG).

42 Y. Konijn, Cumulatie of exclusiviteit?, Den Haag: Boom Juridische uitgevers 1999 p. 276-277; Kamerstukken I 1997/98, 24 615, nr. 81a, p. 8 e.v. Zie ook : Ktr. Utrecht 12 juni 2013, ECLI:NL:RBMNE:2013:CA2717.

43 Aldus ook Duk/Bouwens /Van der Grinten Arbeidsovereenkomstenrecht, Deventer: Kluwer 2008, p. 52; (…).

T 6.4

TUSSENVRAAG 6.4

Vat in eigen woorden samen wat de kern van citaat 6.1 is.

Op grond van het hiervoor geciteerde gedeelte uit *Arbeidsrechtelijke Themata* kan opgemaakt worden dat niet snel van een zwaarwichtig belang in de zin van art. 7:613 BW kan worden gesproken. In de tekst zelf en de voetnoten wordt verwezen naar parlementaire geschiedenis en jurisprudentie.

Parlementaire stukken

Voor onze voorbeeldcasus kan het interessant zijn om te kijken of de parlementaire geschiedenis aanknopingspunten biedt voor het beoordelen van de vraag wanneer men kan spreken over een zwaarwichtig belang. Hierna is het gedeelte uit Kamerstuk 24 615 opgenomen zoals dat in het hiervoor geciteerde gedeelte van *Arbeidsrechtelijke Themata* is aangehaald (figuur 6.3).

FIGUUR 6.3 Gedeelte uit Kamerstuk

c. De maatstaf van redelijkheid en billijkheid

In de maatstaf van redelijkheid en billijkheid ligt besloten dat aan het gegeven dat de arbeidsvoorwaardenregeling voortvloeit uit een cao, een bijzondere betekenis toekomt.

[27] Voor de vaststelling van hetgeen redelijk en billijk dient volgens artikel 3:12 BW rekening te worden gehouden met de algemeen erkende rechtsbeginselen, met de in Nederland levende rechtsovertuigingen en met de maatschappelijke en persoonlijke belangen, die bij het gegeven geval zijn betrokken.

Juist de cao heeft immers – naar heersende rechtsovertuigingen – een belangrijke, brede maatschappelijke betekenis[27].

Gewezen zij op artikel 14 WCAO, op grond waarvan de werkgever jegens de vakorganisaties bij de cao verplicht is om de cao ook ten aanzien van anders georganiseerde of ongeorganiseerde werknemers toe te passen.

De mate waarin een werknemer zich kan onttrekken aan de toepassing van het wijzigingsbeding ingeval sprake is van overeenstemming tussen werkgever en ondernemingsraad, reikt dus in het algemeen verder dan de mate waarin een (ongeorganiseerde) werknemer zich kan onttrekken aan zo'n beding ingeval de regeling van arbeidsvoorwaarden voortvloeit uit een cao.

De werking van de voorgestelde regeling wordt aan de hand van de volgende casusposities toegelicht.

c.1. Als de regeling van arbeidsvoorwaarden voortvloeit uit een cao en de werkgever de ongeorganiseerde werknemer – door toepassing van een wijzigingsbeding – aan die cao wil binden is voldaan aan het rechtsvermoeden van het «zwaarwichtig belang». De werkgever kan dan een

FIGUUR 6.3 Gedeelte uit Kamerstuk (vervolg)

beroep doen op het wijzigingsbeding. De werknemer kan zich daartegen verzetten als naar redelijkheid en billijkheid de toepassing van dat beding (de toepassing dus van de gewijzigde regeling van arbeidsvoorwaarden) voor hem onaanvaardbaar zou zijn. In de maatstaf redelijkheid en billijkheid speelt als gezegd het gegeven dat de regeling van arbeidsvoorwaarden juist een cao betreft – met diens grote maatschappelijke betekenis – een belangrijke rol.

c.2. Als er een akkoord bestaat tussen ondernemingsraad en ondernemer over een regeling van arbeidsvoorwaarden is evenzeer voldaan aan het rechtsvermoeden van het «zwaarwichtig belang» en kan de werkgever in beginsel een beroep doen op het wijzigingsbeding. De werknemer kan zich daartegen verzetten als die toepassing te zijnen aanzien naar maatstaven van redelijkheid en billijkheid onaanvaardbaar is.
De vaststelling van wat redelijk en billijk is dient in deze situatie anders gewogen te worden dan in de situatie dat de arbeidsvoorwaardenregeling voortvloeit uit een cao. De werknemer kan zich – anders gezegd – in het algemeen sneller onttrekken aan de toepassing van het wijzigingsbeding ingeval die toepassing ziet op overeenstemming tussen ondernemer en ondernemingsraad dan ingeval het wijzigingsbeding ertoe strekt de (ongeorganiseerde) werknemer te binden aan een cao. Immers, in het laatste geval legt de grote maatschappelijke betekenis van de cao in termen van redelijkheid en billijkheid meer gewicht in de schaal.

c.3. Als geen cao van toepassing is noch een ondernemingsraad is ingesteld – en er dus over de arbeidsvoorwaarden geen countervailing power aan werknemerszijde is – kan de werkgever slechts gebruik maken van wijzigingsbedingen als hij aantoont dat anderszins sprake is van een zwaarwichtig belang. Gezien het uitgangspunt dat arbeidsvoorwaarden niet eenzijdig worden gewijzigd, zal het daarbij in het algemeen moeten gaan om zwaarwegende bedrijfseconomische- of organisatorische omstandigheden die tot wijziging van arbeidsvoorwaarden noodzaken[28]. Anders gezegd: hij dient aan te tonen dat sprake is van zodanige omstandigheden dat toepassing van de ongewijzigde regeling van arbeidsvoorwaarden, naar maatstaven van redelijkheid en billijkheid voor hem onaanvaardbaar is.
Dit geldt ook indien ondernemer en ondernemingsraad geen overeenstemming hebben bereikt over de wijziging van de regeling van arbeidsvoorwaarden.

4. Overige opmerkingen

Er is van afgezien om naast het hierboven toegelichte wetsvoorstel voor een regeling in het Burgerlijk Wetboek over het gebruik van wijzigingsbedingen, ook nog in artikel 27, eerste lid, WOR, een wettelijk instemmingsrecht van de ondernemingsraad over arbeidsvoorwaarden, voorzover die niet bij cao zijn geregeld, op te nemen.

Zo'n instemmingsrecht is immers niet noodzakelijk. Van de beschreven regeling gaat een voldoende stimulans uit voor werkgevers om collectief overleg te voeren. Bovendien kan bij collectief overleg niet meer worden gesproken van «eenzijdige» vaststelling van arbeidsvoorwaarden. Waar door de in het wetsvoorstel vervatte regeling de rechten van werknemers voldoende bescherming vinden, liggen verdergaande wettelijke ingrepen in het systeem van arbeidsvoorwaardenvorming niet in de rede. Dat geldt te meer nu bij de arbeidsvoorwaardenvorming belangrijke verantwoordelijkheden van sociale partners aan de orde zijn[29].

[28] Te denken valt aan de situatie dat een werkgever in grote financiële moeilijkheden verkeert. Het niet kunnen wijzigen van een onkostenregeling zal dan onder omstandigheden voor de werkgever in redelijkheid niet aanvaardbaar zijn.
[29] Zie overigens nader de kabinetsnota van 3 april 1995, waarin tevens is aangegeven waarom is afgezien van een aanpassing van de wettelijke afbakening van taken tussen vakorganisaties en ondernemingsraden, zoals geregeld in artikel 27, derde lid, WOR.

TUSSENVRAAG 6.5 T 6.5

Vat in eigen woorden samen welke drie mogelijke situaties zich kunnen voordoen volgens het in figuur 6.3 afgedrukte Kamerstuk 24 615.

Onderdeel c.3. in figuur 6.3 is voor onze voorbeeldcasus vooral interessant. In de casus wordt namelijk niet gesproken over een cao. In passage c.3. is te lezen wat de wetgever onder andere onder een zwaarwichtig belang verstaat. De bijbehorende noot 28 geeft een voorbeeld van een situatie waarin sprake is van een zwaarwichtig belang aan de kant van de werkgever.

Jurisprudentie

In zijn algemeenheid hebben we nu een beeld van wat onder zwaarwichtig belang moet worden verstaan. Maar hoe pakt dat in de praktijk uit? Hoe wordt in de rechtspraak omgegaan met situaties zoals geschetst in onze voorbeeldcasus?

In noot 38 van *Arbeidsrechtelijke Themata* wordt verwezen naar diverse uitspraken waarbij de rechter een beroep op een eenzijdig wijzigingsbeding niet honoreerde. Hierna zullen we de uitspraak van de kantonrechter te Amersfoort bespreken (ECLI:NL:RBUTR:2005:AT6312).

Op 27 april 2005 heeft de kantonrechter in Amersfoort uitspraak gedaan in een procedure die was aangespannen door de vakbonden FNV en CNV. In de procedure stond de vraag centraal of werkgeefster (een ICT-bedrijf) eenzijdig de geldende bedrijfsautoregeling mocht wijzigen. De werkgeefster was van mening dat haar die bevoegdheid toekwam nu zij een eenzijdig wijzigingsbeding was overeengekomen met de diverse werknemers. De vakbonden waren van mening dat de werkgeefster die bevoegdheid niet toekwam nu er geen sprake was van een zodanig zwaarwichtig belang dat de geschade belangen van de werknemers hiervoor naar maatstaven van redelijkheid en billijkheid moesten wijken. De kantonrechter overwoog het volgende:

CITAAT 6.2

4.2.2 Naar het oordeel van de kantonrechter leiden de door Raet aangevoerde argumenten niet tot de conclusie dat Raet bij de wijziging een zodanig zwaarwichtig belang heeft dat de belangen van de werknemers die door de wijziging worden geschaad daarvoor naar maatstaven van redelijkheid en billijkheid moeten wijken; hetgeen Raet daarvoor heeft aangevoerd is onvoldoende. Daarbij wordt in aanmerking genomen dat Raet niet weersproken heeft dat zij zo'n €30 milj. winst maakt op een omzet van €100 milj., waar marktconform een winst van 9% wordt gerealiseerd. In dat licht bezien zijn de, door Raet niet van enige cijfermatige onderbouwing voorziene stellingen met betrekking tot de noodzaak van kostenbeheersing en prijzen die onder druk staan zeer relatief, terwijl Raet bovendien heeft ontkend (CvD 2.2.9) dat bezuinigingsaspecten doorslaggevend zijn geweest om maatregelen te treffen. Voorts is enige concrete aanleiding om te veronderstellen dat de werkgelegenheid daadwerkelijk in het geding zou zijn, gesteld noch gebleken. Waar voorts Raet heeft gesteld dat zij er vanuit ging dat de medewerkers (naar de ktr. begrijpt: van PD) zich extern zouden oriënteren en dat uit de controle naar voren is gekomen dat zij nog altijd met hun werkzaamheden intern gericht zijn, komt het de kantonrechter voor dat kennelijk niet zozeer de bedrijfsauto het probleem is, als wel de wijze waarop aan de functie inhoud wordt gegeven. In die zin is het niet langer toekennen een oneigenlijk instrument.

Waar aldus van een zwaarwichtig belang aan de zijde van Raet niet is gebleken, komt de kantonrechter aan een afweging ten opzichte van de belangen
van de werknemers van Raet die 'hun' lease-auto uit beeld zien verdwijnen
– welke gelet op de aard van de arbeidsvoorwaarde met name van financiële
aard zijn – in beginsel niet toe. Belangen die overigens, het zij herhaald,
'een grote financiële aderlating voor de betreffende medewerkers' (r.o. 2.12)
kunnen inhouden.

Hieruit blijkt dat de kantonrechter de redenen die werkgeefster heeft aangevoerd niet aanmerkt als zwaarwichtige belangen in de zin van art. 7:613
BW. De kantonrechter vindt het kennelijk daarbij van belang dat de verhouding tussen de omzet en de winst boven de marktconforme 9% ligt. Het
aangevoerde argument van noodzakelijke kostenbesparing acht de kantonrechter op basis van voornoemde argumentatie dan ook niet houdbaar.

TUSSENVRAAG 6.6 T 6.6
Zoek de uitspraak op met nummer ECLI:NL:RBHAA:2007:AZ7818. Vat de
uitspraak in eigen woorden samen en geef aan in hoeverre deze uitspraak
van belang kan zijn voor het uiteindelijk oplossen van de voorbeeldcasus.

6.5 **Beantwoorden van de deelrechtsvragen (stap 5)**

Na het formuleren en analyseren van de deelrechtsvragen keren we terug
naar de voorbeeldcasus. De voorlaatste stap die gezet moet worden, is het
toepassen van de uitkomsten van de analyse op de feiten uit de casus. Anders gezegd: passen de feiten van de casus op de rechtsregel? Deze laatste vraag kan beantwoord worden met behulp van de eerder gestelde deelrechtsvragen. De eerste deelrechtsvraag luidde:

Is er sprake van een schriftelijk beding in de arbeidsovereenkomst van
Maarten die de werkgever de mogelijkheid geeft om de bedrijfsautoregeling
eenzijdig te wijzigen?

Zoals we in subparagraaf 6.4.2 geconstateerd hebben, kan deze eerste
deelrechtsvraag beantwoord worden zonder een uitgebreide analyse van de
literatuur, jurisprudentie en/of parlementaire geschiedenis. Uit de feiten van
de casus blijkt dat de wekgever een schriftelijk beding in de arbeidsovereenkomst heeft opgenomen op basis waarvan hij gerechtigd is een arbeidsvoorwaarde eenzijdig te wijzigen. Of de werkgever het beding kan inroepen in de
gegeven situatie is een geheel andere vraag.
De tweede deelrechtsvraag luidde:

Heeft de werkgever een zwaarwichtig belang bij het wijzigen van de bedrijfsautoregeling?

Deze tweede deelrechtsvraag is beduidend moeilijker te beantwoorden. Uit de literatuur en de parlementaire geschiedenis is gebleken dat er niet snel sprake is van een zwaarwichtig belang. Als voorbeeld wordt genoemd een werkgever die in grote financiële moeilijkheden verkeert. Het niet kunnen wijzigen van bijvoorbeeld een onkostenregeling zal onder omstandigheden voor de werkgever in redelijkheid niet aanvaardbaar zijn.

Ook in de jurisprudentie lijkt men een dergelijk maatstaf aan te leggen. De kantonrechter was van mening dat het enkel wijzigen van een arbeidsvoorwaarde uit kostenbesparingsoverwegingen niet voldoende was om te kunnen spreken van een zwaarwichtig belang. Daar is meer voor nodig! In de besproken uitspraak acht de kantonrechter het behaalde winstpercentage van de onderneming van wezenlijke betekenis voor het bepalen van de mate van noodzakelijkheid van kostenbesparingen.

In onze voorbeeldcasus heeft de werkgeefster van Maarten eenzelfde maatregel getroffen. Niets in de casus wijst erop dat het zuivelconcern in financiële problemen is geraakt (of zal geraken). In de casus wordt enkel gerept over een kostenbesparing. Een kostenbesparing sec is niet voldoende om van een zwaarwichtig belang te kunnen spreken. Op basis van de feiten uit de casus moet de tweede deelrechtsvraag dan ook ontkennend worden beantwoord.
De derde deelrechtsvraag luidde:

> Moet het geschade belang van Maarten op grond van maatstaven van redelijkheid en billijkheid wijken voor het belang van zijn werkgever?

Eigenlijk zouden we aan deze laatste deelrechtsvraag niet meer toekomen. Immers, door bij de tweede deelrechtsvraag te concluderen dat er geen sprake is van een zwaarwichtig belang, is beantwoording van de derde rechtsvraag overbodig geworden. Toch zullen wij deze laatste deelrechtsvraag beantwoorden. In de praktijk kan het namelijk best zo zijn dat een rechter onverhoopt toch concludeert dat de werkgever een zwaarwichtig belang heeft. In dergelijke gevallen is het verstandig om nog een tweede hindernis op te werpen.

Uit de besproken literatuur is gebleken dat wanneer beoordeeld moet worden of een eenzijdige wijziging redelijk is, gekeken moet worden naar wat de houding van cao-partijen en/of ondernemingsraad is. Volgens de auteurs van *Arbeidsrechtelijke Themata* blijkt uit de parlementaire geschiedenis dat de toepassing van een wijzigingsbeding eerder gerechtvaardigd is als voornoemde partijen daarmee instemmen en de werkgever de wijziging geleidelijk doorvoert.

In onze casus heeft de ondernemingsraad niet ingestemd met de wijziging van de bedrijfsautoregeling. Daarnaast voert de werkgever de wijziging van de ene op de andere dag door. Uit het voorgaande mag dan ook geconcludeerd worden dat als er al sprake zou zijn van een zwaarwichtig belang, het geschade belang van Maarten op grond van maatstaven van redelijkheid en billijkheid hiervoor niet hoeft te wijken.

█6.6█ Beantwoorden van de hoofdrechtsvraag (stap 6)

In de laatste stap dienen de conclusies gepresenteerd te worden. Door middel van het beantwoorden van de hoofdrechtsvraag legt de schrijver verantwoording af aan de vraagsteller. Men maakt als het ware met het beantwoorden van de hoofdrechtsvraag de cirkel rond.
In onze voorbeeldcasus stond de volgende hoofdrechtsvraag centraal:

> Is Maartens werkgever bevoegd op basis van de arbeidsovereenkomst en art. 7:613 BW eenzijdig de bedrijfsautoregeling te wijzigen?

Om deze hoofdrechtsvraag te kunnen beantwoorden hebben we in stap 4 (paragraaf 6.4) een aantal deelrechtsvragen geformuleerd. Door de conclusies van de verschillende deelrechtsvragen in onderling verband te bezien en deze af te wegen, komen we tot de uiteindelijke beantwoording van de hoofdrechtsvraag. Een belangrijk aandachtspunt bij deze laatste stap is dat men een gestructureerde motivering op papier zet. De lezer van het stuk wil graag de gedachtegang van de schrijver zien. Vaak is het veel interessanter om te zien hoe iemand tot zijn antwoord komt dan het uiteindelijke antwoord zelf.

Studenten zijn geneigd het antwoord op de hoofdrechtsvraag aan te vangen met: 'ja, omdat' of 'nee, omdat'. Als men hierover nadenkt, is dat vreemd. Het is immers veel logischer eerst de argumentatie uiteen te zetten voordat de uiteindelijke conclusie wordt getrokken. Bijkomend voordeel is dat voornoemde werkwijze ervoor zorgt dat de schrijver in staat is om te controleren of het betoog dat hij op papier zet voldoende samenhang vertoont. Het gevaar van het beginnen met de conclusie in plaats van met de argumentatie is, dat er snel een soort cirkelredenering ontstaat.

TUSSENVRAAG 6.7   T 6.7
Werk op basis van de voorbeeldcasus stap 6 volledig uit. Betrek in uw antwoord alle deelrechtsvragen en zorg voor een gestructureerde opbouw van uw betoog.

Samenvatting

In dit hoofdstuk is uiteengezet hoe via een stappenplan een casus kan worden opgelost. Daarbij onderscheiden we zes stappen. De eerste stap bestaat uit het formuleren van het feitelijk geschil. Bij het formuleren van het feitelijke geschil gaat het om het formuleren van het geschil in niet-juridische bewoordingen. Bij een juiste formulering van het feitelijke geschil wordt duidelijk de kern van het probleem benoemd.

In de tweede stap moeten de feiten en de rechtsregels worden geselecteerd. Afhankelijk van de casus die men voorgelegd krijgt, begint men in het ene geval met het selecteren van de relevante feiten en in het andere geval met het zoeken naar de toepasselijke rechtsregel. Als men al enig idee heeft welke rechtsregel van toepassing is, kan men het beste beginnen met het selecteren van de relevante feiten (verkorte variant). Heeft men nog geen enkel idee welke rechtsregel van toepassing is, dan kan men het beste beginnen met het zoeken naar die relevante rechtsregel (uitgebreide variant) om vervolgens de relevante feiten te selecteren.

Bij de derde stap moet een hoofdrechtsvraag worden geformuleerd. Een hoofdrechtsvraag geeft richting aan het eventuele onderzoek dat verricht moet worden om de casus op te lossen. Door het formuleren van een hoofdrechtsvraag wordt het te verrichten onderzoek afgebakend.

De vierde stap betreft het formuleren en analyseren van deelrechtsvragen. De deelrechtsvragen vormen de verschillende wegen waarlangs de hoofdrechtsvraag dient te worden beantwoord. De deelrechtsvragen knippen de hoofdrechtsvraag als het ware op in kleinere eenheden. De deelrechtsvragen dienen vervolgens aan de hand van literatuur, parlementaire geschiedenis en/of jurisprudentie geanalyseerd te worden.

Bij de vijfde en zesde stap moeten achtereenvolgens de deelrechtsvragen en de hoofdrechtsvraag worden beantwoord. Hierbij worden de uitkomsten van de analyse op de feiten uit de casus toegepast. Van belang is dat de beantwoording op een gestructureerde wijze wordt opgebouwd.

6

7

Gebruik van taal door juristen

7.1   Redeneren
7.2   Argumenteren
7.3   Duidelijke taal

Voor juridische werkers is taal erg belangrijk. Met taal wil men namelijk een bepaald doel bereiken. In de rechtspraktijk zijn veel voorbeelden te vinden:
- Een advocaat wil zijn zaak winnen en zal daarom alles in het werk stellen, de rechter duidelijk te vertellen en voor de rechter duidelijk op te schrijven, welk standpunt hij inneemt en waarom hij denkt met dat standpunt gelijk te hebben.
- Een bedrijfsjurist zal de contracten die hij ten behoeve van zijn werkgever maakt, zo duidelijk mogelijk moeten opstellen; er mogen geen teksten in staan die onduidelijk zijn of die ertoe leiden dat een zin, zinsnede of woord meer dan één betekenis heeft.
- Een notaris zal een testament zo moeten opstellen dat er geen twijfel mogelijk is over de bedoeling van degene voor wie dat testament wordt geschreven.

Deze voorbeelden kunnen met vele worden uitgebreid. Ze hebben alle gemeenschappelijk dat de woorden waarmee geformuleerd wordt, geen misverstanden mogen oproepen. Misverstanden moeten worden voorkomen. Wat wil een jurist nu bereiken met de taal die hij gebruikt? Hij wil verschillende dingen.

Een jurist wil met taal *overtuigen*. Kijk naar het voorbeeld van de advocaat. Als hij pleit, doet hij dat met als doel, de rechter voor zijn standpunt te winnen. Hoe doet hij dat? Door met taal te *argumenteren*. Hij zegt in feite tegen de rechter: meneer of mevrouw de rechter, om die en die redenen moet u in mijn voordeel beslissen. Duidelijk zal zijn dat die argumenten dan wel de rechter moeten *overtuigen* om voor dat ene standpunt te kiezen. Daarmee is gezegd dat een jurist de taal gebruikt om een ander (vaak de rechter) te overtuigen van zijn gelijk. Dan moet hij helder zijn en goede argumenten naar voren schuiven. Als iemand de voor hem van belang zijnde argumenten met een conclusie in een goed samenhangend verhaal vertelt of opschrijft, noemen we dat *redeneren*.

Een jurist kan de taal ook voor een ander doel gebruiken. Hij gebruikt woorden om de wil van anderen vast te leggen. Denk aan de notaris en de bedrijfsjurist. Zij (maar overigens ook advocaten) stellen *documenten* op waarin precies staat omschreven wat iemand in zijn hoofd heeft. Dat is geen eenvoudige klus. Allereerst moet men weten wat die ander precies in gedachten heeft en ten tweede moet men dat ook nog eens exact opschrijven. Maar dat is nu eenmaal de functie van de jurist. Hij moet goed kunnen schrijven en ook goed kunnen luisteren.

In dit hoofdstuk gaan we in op het taalgebruik door juristen. In paragraaf 7.1 kijken we hoe een correcte redenering eruitziet. Waaraan moet zijn voldaan, wil een verhaal (een betoog) worden gehouden dat klopt? In paragraaf 7.2 kijken we naar wat argumenten zijn en wanneer argumenten 'kloppen', dat wil zeggen: wanneer ze in het voordeel pleiten van degene die dat argument gebruikt. Soms moet je als jurist een cliënt of werkgever ook voorlichten. Wat moeten we doen? Is dit het juiste besluit? Bij zo'n vraag moet u argumenten tegen elkaar afwegen: wat pleit voor het besluit en wat pleit ertegen? Dan worden argumenten op een rij gezet, op basis waarvan een beslissing kan worden genomen. Als laatste, in paragraaf 7.3, kijken we naar taal als manier om de wil van een cliënt of werkgever op papier vast te leggen. Duidelijke taal is taal die voor slechts één uitleg vatbaar is. Waar moet u dan allemaal op letten? Welke valkuilen zijn er?

7.1 Redeneren

Bij redeneren gaat het erom dat gesproken of geschreven zinnen met elkaar in verband worden gebracht. Tevens wordt een stelling of conclusie verdedigd. De bedoeling is om anderen te overtuigen van de *juistheid* van de redenering. Een voorbeeld:

> Het afgelopen weekend voetbalden AZ tegen Utrecht, PSV tegen RKC en Ajax tegen Heerenveen. AZ won, PSV en Ajax verloren. De beste ploeg is momenteel AZ.

Met het gegeven voorbeeld worden twee zinnen gesproken of geschreven ('Het afgelopen weekend voetbalden AZ tegen Utrecht, PSV tegen RKC en Ajax tegen Heerenveen.', en 'AZ won, PSV en Ajax verloren.'). De conclusie luidt dat AZ momenteel de beste ploeg is. Tezamen vormen de zinnen en de conclusie een redenering. In plaats van een conclusie zou ook via een stelling kunnen worden geredeneerd. De stelling luidt dan: 'AZ is momenteel de beste ploeg.' Dan volgt een verdediging van deze stelling: immers, afgelopen weekend voetbalden AZ tegen Utrecht, PSV tegen RKC en Ajax tegen Heerenveen en alleen AZ won.

Maar is deze redenering ook juist? Zoals al gezegd werd, zijn redeneringen erop gericht anderen van de juistheid van de redenering te overtuigen. In feite hopen we dat andere mensen zeggen: je hebt gelijk. Het is echter zeer de vraag of de conclusie (of de stelling) dat AZ momenteel de beste ploeg is, juist is. Het feit dat deze voetbalploeg het afgelopen weekend anders dan PSV en Ajax heeft gewonnen, betekent uiteraard niet automatisch dat AZ momenteel de beste ploeg is. Misschien heeft AZ de vier weekenden daarvóór wel steeds verloren, in tegenstelling tot PSV en Ajax. Of wellicht bungelt AZ onderaan de ranglijst en staan PSV en Ajax op nummer 1 en 2 (of andersom). Met andere woorden: er moet méér worden opgevoerd om van de juistheid van de stelling of conclusie te overtuigen.

In het recht gaat het op precies dezelfde wijze. Ook daar probeert men anderen te overtuigen van een stelling of conclusie. Met name wil men de *rechter* van de juistheid van een bepaalde visie overtuigen. Want dan pas wint men het geschil. De eerste voorwaarde is dan wel dat de redeneringen geldig zijn. In subparagraaf 7.1.1 gaan we nader in op redeneervormen. In subparagraaf 7.1.2 behandelen we twee bijzondere redeneervormen in de rechtspraak.

7.1.1 Redeneervormen

Sommige redeneringen zijn per definitie (dus altijd) geldig, andere per definitie ongeldig. Hierna gaan we uitgebreid in op geldige en ongeldige redeneervormen.

Twee geldige redeneervormen

Een geldige redeneervorm is de volgende:

Zin 1:	altijd als p dan q
Zin 2:	p
Conclusie:	dus q

We vullen p en q in:

Zin 1:	Altijd als het regent, zijn de straten nat.
Zin 2:	Het regent.
Conclusie:	De straten zijn nat.

Aan deze conclusie valt niet te ontkomen, of je het nu leuk vindt of niet. We noemen deze redeneervorm de *modus ponens*.

Modus ponens

Een juridisch voorbeeld van de geldige redeneervorm modus ponens is het volgende:

Zin 1:	Altijd als voldaan is aan de voorwaarden van art. 7:1 BW, is sprake van een koopovereenkomst.
Zin 2:	Jan en Nel hebben een overeenkomst gesloten die voldoet aan de voorwaarden van art. 7:1 BW.
Conclusie:	Deze overeenkomst is een koopovereenkomst.

Ook de volgende redeneervorm is altijd geldig:

Zin 1:	altijd als p dan q
Zin 2:	niet q
Conclusie:	dus niet p

Modus tollens

We illustreren deze redeneervorm (die dus altijd opgaat) met het regenvoorbeeld. Deze redeneervorm wordt de *modus tollens* genoemd:

Zin 1:	Altijd als het regent, zijn de straten nat.
Zin 2:	De straten zijn niet nat.
Conclusie:	Dus heeft het niet geregend.

T 7.1

TUSSENVRAAG 7.1
Geef het voorbeeld van de koopovereenkomst bij de modus ponens weer in de vorm van de modus tollens.

Twee ongeldige redeneervormen

De modus ponens en de modus tollens moeten niet worden verward met twee daarop lijkende redeneervormen, die echter ongeldig zijn. De eerste luidt als volgt:

Zin 1:	als p dan q
Zin 2:	niet p
Conclusie:	dus niet q

De ongeldigheid wordt duidelijk als we het regenvoorbeeld op deze redeneervorm loslaten:

Zin 1:	Als het regent, worden de straten nat.
Zin 2:	Het heeft niet geregend.
Conclusie:	Dus zijn de straten niet nat.

Deze redeneervorm is ongeldig, omdat de straten ook nat kunnen zijn doordat de gemeentereinigers ze met water hebben schoongemaakt.

T 7.2

TUSSENVRAAG 7.2
Lees art. 7:685 lid 2 BW. Een advocaat verdedigt de volgende redenering bij de rechter.
'Edelachtbare, de werkgever had in geen enkel opzicht een dringende reden om de arbeidsovereenkomst van mijn cliënt op te zeggen en dus is er geen sprake van een gewichtige reden.'
Geef aan waarom deze redenering ongeldig is.

De tweede ongeldige redeneervorm is de volgende:

Zin 1:	als p dan q
Zin 2:	q
Conclusie:	dus p

Toepassing op het voorbeeld van de natte straten leidt tot het volgende:

Zin 1:	Als het heeft geregend, zijn de straten nat.
Zin 2:	De straten zijn nat.
Conclusie:	Dus heeft het geregend.

Fout, want – zoals we al zagen – het hoeft niet per se te hebben geregend als de straten nat zijn.

Geldig en ongeldig

We nemen nog een laatste hobbel. De twee laatstgenoemde redeneervormen zijn ongeldig omdat er nog andere redenen kunnen zijn voor het feit dat **Andere redenen** het heeft geregend. Als straten *enkel en alleen* nat zouden kunnen worden door de regen, dan kunnen we wel geldig concluderen dat als het niet heeft geregend, de straten ook niet nat (kunnen) zijn. Bovendien zouden we dan geldig kunnen concluderen dat het geregend heeft omdat de straten nat zijn. Maar er zijn nu eenmaal alternatieve mogelijkheden voor natte straten. We kunnen het voorafgaande ook als volgt omschrijven. De volgende twee redeneervormen zijn ongeldig als p betrekking heeft op alternatieve voorwaarden en geldig als p betrekking heeft op slechts één mogelijke voorwaarde: geldig (als er *geen* alternatieven zijn) zijn de volgende twee redeneervormen, namelijk:

Zin 1:	als p dan q
Zin 2:	niet p
Conclusie:	dus niet q

Zin 1:	als p dan q
Zin 2:	q
Conclusie:	dus p

Zin 1:	enkel en alleen als p dan q
Zin 2:	niet p
Conclusie:	dus niet q

Zin 1:	enkel en alleen als p dan q
Zin 2:	q
Conclusie:	dus p

TUSSENVRAAG 7.3

Een officier van justitie houdt in zijn requisitoir de volgende redenering: 'Rechtbank, deze verdachte is diefstal ex art. 310 Sr. ten laste gelegd. Als aan de voorwaarden van art. 310 Sr. is voldaan, kan een straf voor het plegen van diefstal worden opgelegd. Verdachte heeft diefstal gepleegd, dus is hij strafbaar.' Is dit een geldige redenering? Toon dit aan door middel van twee zinnen en een conclusie.

7.1.2 Speciale juridische redeneervormen

In het recht hebben zich twee bijzondere redeneervormen in de rechtspraak ontwikkeld, de *redenering naar analogie* en de *a contrario redenering*. Startpunt is het gegeven dat in de wet één bepaald geval geregeld is. Een ander geval valt niet onder deze wettelijke regeling, maar lijkt er toch wel heel erg op. De vraag is dan: mag de rechter dit andere geval nu ook onder de wettelijke regeling scharen of moet hij dat nu juist niet doen?

Redenering naar analogie

Als de rechter naar analogie redeneert, is hij de mening toegedaan dat het niet geregelde geval zoveel lijkt op de wel geregelde situatie, dat hij het niet geregelde geval onder het wel geregelde laat vallen. Een bekend voorbeeld uit de jurisprudentie heeft betrekking op het retentierecht. Op grond van het retentierecht (art. 290 Boek 3 BW) behoeft de persoon een roerende zaak die hij van een ander onder zich heeft, pas terug te geven op het moment dat de eigenaar van die roerende zaak aan zijn verplichting jegens degene die de zaak onder zich heeft, heeft voldaan. Nu had de wetgever aan de lasthebber een retentierecht toegekend, maar niet aan de zaakwaarnemer. Heeft de wetgever daaraan niet gedacht? Heeft hij er bewust voor gekozen de ene persoon (de lasthebber) wel het retentierecht te geven maar de andere (de zaakwaarnemer) niet? De parlementaire geschiedenis (zie daarvoor hoofdstuk 5) met betrekking tot de twee leerstukken gaf geen uitsluitsel. De Hoge Raad stelde zich op het standpunt dat ook de zaakwaarnemer een retentierecht heeft. Toegespitst op de redeneervormen van subparagraaf 7.1.1, kunnen we beginnen met een modus ponensredenering:

Zin 1:	Als er van lastgeving sprake is, heeft de lasthebber een retentierecht.
Zin 2:	In casu is sprake van lastgeving.
Conclusie:	Dus heeft deze lasthebber een retentierecht.

De door de Hoge Raad toegepaste redenering naar analogie heeft ertoe geleid dat de volgende redenering (opnieuw de modus ponens) geldig is:

Zin 1:	Als er sprake is van lastgeving en zaakwaarneming, hebben de lasthebber en de zaakwaarnemer een retentierecht.
Zin 2:	In casu is sprake van zaakwaarneming.
Conclusie:	Dus heeft deze zaakwaarnemer een retentierecht.

TUSSENVRAAG 7.4   T 7.4

Stel dat de rechter zou oordelen dat de regeling van Boek 7 Titel 10 BW ook van toepassing is op een overeenkomst van opdracht (zoek die regeling op). Betreft dit wel of niet een redenering naar analogie? Geef het oordeel van de rechter weer in een geldige redenering.

A contrario redenering

De a contrario redenering heeft het tegenovergestelde effect in vergelijking met de redenering naar analogie. Bij toepassing van de a contrario redenering oordeelt de rechter dat de in de wet geregelde situatie enkel en alleen voor dát geval geldt en *niet* voor andere gevallen, hoe veel die wellicht ook op de wel wettelijk geregelde situatie lijkt. Een voorbeeld betreft de regeling die is aan te treffen in art. 7:680a BW. In dit wetsartikel heeft de rechter de bevoegdheid een aan de werknemer toegekende loonsom onder bepaalde voorwaarden te matigen. Deze bevoegdheid staat enkel en alleen geregeld in de titel over de arbeidsovereenkomst. Op enig moment speelde de vraag of een opdrachtnemer (iemand die ook voor een ander arbeid verricht maar niet in een gezagsverhouding en dus ook niet op basis van een arbeidsovereenkomst) ook een beroep op art. 7:680a BW kon doen. De Hoge Raad beantwoordde deze vraag ontkennend en redeneerde daarmee a contrario. In de redeneervorm van de modus ponens:

Zin 1:	Enkel en alleen als iemand werkzaam is op basis van een arbeidsovereenkomst, heeft de rechter de bevoegdheid de loonsom te matigen op grond van art. 7:680a BW.
Zin 2:	In casu is geen sprake van een arbeidsovereenkomst, maar van een opdrachtovereenkomst.
Conclusie:	De rechter heeft geen bevoegdheid de loonsom op grond van art. 7:680a BW te matigen.

TUSSENVRAAG 7.5   T 7.5

Stel dat het stelen van digitale bestanden niet valt onder het begrip 'enig goed' in art. 310 Sr. en dat de rechter niet bereid is naast 'goed' ook 'digitale bestanden' onder de werking van art. 310 Sr. te laten vallen, hoe luidt dan zijn a contrario redenering?

De vraag is natuurlijk waarom de rechter in de ene situatie wel en in de andere situatie niet a contrario of naar analogie redeneert. Bij het stellen van deze vraag wordt de rechter naar zijn *argumenten* gevraagd die vóór zijn standpunt pleiten.

7.2   Argumenteren

Voor het innemen van een standpunt zullen *argumenten* worden genoemd om een ander voor het desbetreffende standpunt te winnen. Natuurlijk kunnen mensen puur gevoelsmatig iets vinden, maar in de beroepspraktijk zal dat niet of in ieder geval veel minder voorkomen. Als iemand een standpunt inneemt en daarvoor argumenten presenteert, spreken we van een *betoog*. **Betoog**
Wat is nu precies een argument? Een argument is een bewering die de be- **Argument**
doeling heeft een *standpunt* te onderbouwen, met als doel dat een ander het met dat standpunt eens is.

T 7.6

TUSSENVRAAG 7.6

'Ik ben de mening toegedaan dat de heer Van Alphen met zijn 67 jaar geen autorijlessen moet gaan nemen. Empirisch onderzoek heeft uitgewezen dat mensen die na hun zestigste jaar met autorijlessen beginnen, bijna nooit het rijbewijs halen. Bovendien raakt Van Alphen bij het minste of geringste uit balans en kan hij zich van zijn AOW-uitkering geen auto permitteren. Tevens heeft hij zeer sterke brillenglazen.'

Wat is in dit betoog de stelling en welke argumenten worden voor deze stelling gegeven?'

Een argument voor een stelling is niet altijd even steekhoudend.

Onwaar argument

In de eerste plaats kan een argument *onwaar* zijn (maar als waar worden gepresenteerd). Dat betekent dat de ontvanger van het argument deskundig genoeg moet zijn om de inhoud van het argument te kunnen beoordelen. Stel bijvoorbeeld dat het betoog in tussenvraag 7.6 onjuiste informatie verschaft over het empirische onderzoek. Uit dit onderzoek blijkt namelijk dat mensen die na hun zeventigste jaar autorijlessen nemen, bijna nooit het rijbewijs halen. Zou dit het geval zijn, dan verzwakt dit het standpunt dat de heer Van Alphen geen autorijlessen moet gaan nemen.

Niet relevant argument

In de tweede plaats kan een argument *niet relevant* zijn voor het ingenomen standpunt. In tussenvraag 7.6 wordt vermeld dat het hebben van zeer sterke brillenglazen een argument is om geen autorijlessen te nemen. Maar is dit een relevant argument? De heer Van Alphen heeft nu juist zeer sterke brillenglazen om beter (of volwaardig) te kunnen zien. Daarmee lijkt het argument minder relevant dan de schrijver (of spreker) suggereert.

Met andere woorden: bij een betoog moet altijd kritisch naar de gegeven argumenten worden gekeken. Zijn ze waar en zijn ze relevant? Vooral in een juridische procedure waarin de rechter op grond van argumenten moet worden overtuigd van een bepaald standpunt, gaat het erom de door de tegenpartij verschafte argumenten op hun waarde te schatten en de rechter te overtuigen van het feit dat ze niet waar zijn en/of niet relevant.

T 7.7

TUSSENVRAAG 7.7

Lees het volgende juridische betoog. Geef de stelling aan en de argumenten om deze stelling te onderbouwen. Welke argumenten zouden onwaar en/of niet relevant kunnen zijn?

'Omdat de gekozen wetgever in een rechtsstaat centraal staat, moet de rechter zich bij zijn uitspraken zo veel mogelijk door de wetgever laten leiden. Bovendien is de wetgever zich bewust van wat er in de samenleving speelt. Daar komt bij dat de wetgever reeds jaar en dag rechtsregels uitvaardigt.'

Argumentatieschema

Van een stelling met daarbij genoemde argumenten kan een argumentatieschema worden gemaakt. Zo'n argumentatieschema is een hulpmiddel om een wat lastig en complex betoog overzichtelijk te kunnen uitsplitsen in aangevoerde argumenten. Bij een simpel betoog waarin alleen maar argumenten worden genoemd *ter ondersteuning van de stelling* (dit worden ook wel

Pro-argumenten

pro-argumenten genoemd) kan een argumentatieschema er als volgt uitzien (figuur 7.1):

FIGUUR 7.1 Argumentatieschema met pro-argumenten

S (Stelling) = ...

p1 (eerste pro-argument) = ...

p2 (tweede pro-argument) = ...

p3 (derde pro-argument) = ...

enzovoort

TUSSENVRAAG 7.8　　　　　　　　　　　　　　　　　　　　　　T 7.8

Zet de stellingen en de daarvoor genoemde argumenten uit de tussenvragen 7.6 en 7.7 in een argumentatieschema.

In een wat ingewikkelder betoog kunnen naast pro-argumenten ook *contra-argumenten* worden genoemd. Pro-argumenten ondersteunen de stelling, contra-argumenten ontkrachten deze (contra-argumenten worden aangegeven met c1, c2, c3 enzovoort). Op basis van het afwegen van de pro- en de contra-argumenten zal een stelling worden onderschreven of worden afgewezen. Een voorbeeld:

Contra-argumenten

> Mijn standpunt is dat de rechter eerder a contrario moet redeneren dan naar analogie. Hij moet zich namelijk door de wetgever laten leiden. De rechter mag zich geen vrijheid permitteren waar deze niet uitdrukkelijk door de wetgever is toegekend. Uiteraard kan niet worden uitgesloten dat de wetgever soms ook fouten maakt. Bovendien kan de wetgever niet aan alles denken. Maar dit alles neemt niet weg dat de wetgever vrijheid geeft aan burgers, daar waar geen regeling is getroffen.

In een argumentatieschema ziet het voorafgaande er als volgt uit (figuur 7.2):

FIGUUR 7.2 Argumentatieschema met pro- en contra-argumenten

Stelling = de rechter moet eerder a contrario dan naar analogie redeneren

p1 = de rechter moet zich door de wetgever laten leiden	c1 = de wetgever maakt soms fouten
p2 = de rechter mag zich geen vrijheid permitteren waar deze niet uitdrukkelijk door de wetgever is erkend	c2 = de wetgever kan niet aan alles denken
p3 = de wetgever geeft vrijheid aan burgers, daar waar geen regeling is getroffen	

Advocaten zullen in hun pleidooien bijna uit de aard der zaak alleen die argumenten noemen en uitwerken die in het straatje van hun cliënten passen. Niet moet echter worden vergeten dat goede advocaten zich rekenschap geven van de contra-argumenten die hun opponent naar voren zal brengen. Dat geeft hen gelegenheid, reeds nu hun weerwoord voor te bereiden en te bedenken. Ook voor deze exercitie kan het maken van een argumentatieschema dienstig zijn.

T 7.9

TUSSENVRAAG 7.9
Zet het volgende betoog in een argumentatieschema.
'Vorig jaar kwam het kabinet met een aantal ingrijpende maatregelen, die vooral de lagere inkomensgroepen hebben getroffen. Ik ben het met die maatregelen niet eens. Weliswaar zullen zij een positief effect op de economie sorteren, de lasten worden daardoor wel oneerlijker verdeeld over de inkomenscategorieën. Bovendien zal het milieu er meer door worden aangetast.'

7.3 Duidelijke taal

Voor de jurist dient het gebruik van taal verschillende doeleinden. We zagen dat taal een instrument is om anderen van een (juridisch) standpunt te overtuigen. Dat gebeurt door middel van *redeneren*. Via een redenering probeert u een ander van uw gelijk te overtuigen. Zo'n redenering moet correct zijn. Als u incorrect redeneert, zul u daarop worden aangesproken. Een incorrecte redeneerwijze wordt een *drogreden* genoemd. Als u zich bewust bent van juist en onjuist redeneren, kunnen uw standpunten aan kracht winnen.

Drogreden

Als u een standpunt wilt bepleiten, zult u daarvoor argumenten noemen. Zonder argumenten zullen weinig mensen bereid zijn u in een bepaald standpunt te volgen. Stelt u iets zonder een argument, dan zult u al gauw te horen krijgen: en waarom dan? Met deze vraag wordt u gedwongen te *argumenteren* waarom u voor het betreffende standpunt kiest.
Een jurist gebruikt taal ook om zich ermee uit te drukken, mondeling of schriftelijk. Hij wil daarmee duidelijkheid creëren: dit is de bedoeling, niet meer en niet minder. U zult misschien denken dat het eenvoudig is om duidelijk te zijn. Het tegendeel is echter waar. Het schrijven van een heldere, niet voor tweeërlei uitleg vatbare tekst is een lastige klus die alleen na veel oefenen kan worden geklaard.

De voorbeelden van onduidelijke informatie liggen op straat. U rijdt bijvoorbeeld op de snelweg van Utrecht naar Zwolle. U bent nog maar net Utrecht uit of u ziet boven de weg de volgende informatie: tot knooppunt Hoevelaken geen file. Deze mededeling is duidelijk, maar ook onduidelijk. U weet in ieder geval dat u tot Hoevelaken niet in een file terecht zult komen. Maar wordt bedoeld dat er op de weg vanaf Hoevelaken (richting Zwolle) wel een file staat? Of wordt alleen maar beoogd te zeggen dat in Hoevelaken verdere informatie zal worden gegeven over de situatie vanaf die plaats tot (bijvoorbeeld) Zwolle?
Soms staat er boven de snelweg het aantal minuten dat nodig is om ergens te komen. We blijven even bij hetzelfde voorbeeld: 'tot Hoevelaken 21 minuten.' Maar wat betekent deze informatie? Is het normaal dat men na vijftien minuten Hoevelaken zal bereiken en doet men er waarschijnlijk zes minuten langer over omdat het erg druk is op de weg? Of betekent '21 minuten' dat

het heel stil is op de weg en dat u heel snel in Hoevelaken zult zijn? Zolang u niet weet wat de normale tijd is, blijft u in het onzekere over de bedoeling van de verstrekte informatie. In subparagraaf 7.3.1 gaan we nader in op interpretatieproblemen. Subparagraaf 7.3.2 behandelt drie manieren om achter de juiste uitleg te komen.

In ieder geval is het belangrijk om valkuilen te vermijden. Een aantal van die valkuilen zal in subparagraaf 7.3.3 worden behandeld. Het voorkomen van valkuilen is een eerste stap op weg naar juridisch correct en helder taalgebruik.

7.3.1   Problemen met interpretatie

In het recht moet men onduidelijkheden zoals het voorbeeld hiervoor over de tekst boven een snelweg, voorkomen. Onduidelijk taalgebruik leidt tot *interpretatieproblemen* en dus tot geschillen. De opsteller van de tekst heeft het niet goed (genoeg) gedaan. Het moet duidelijk zijn, wat wordt bedoeld. Omdat men vaak niet alle mogelijke soorten lezingen van een tekst kan overzien, ontstaat regelmatig onduidelijkheid, zoals in voorbeeld 7.1.

VOORBEELD 7.1

Concurrentiebeding

Om te voorkomen dat een werknemer na afloop van de arbeidsovereenkomst zijn voormalige werkgever gaat beconcurreren, sluiten werkgever en werknemer vaak een concurrentiebeding op grond waarvan het de werknemer verboden wordt, met de ex-werkgever in concurrentie te treden (zie art. 7:653 BW). Een tussen werkgever A en werknemer B gesloten beding ex art. 7:653 BW luidt als volgt: 'Het is de werknemer gedurende twaalf maanden na afloop van de arbeidsovereenkomst verboden, binnen Nederland zelf in enigerlei vorm een onderne-

ming te vestigen gelijk of gelijksoortig aan die van de werkgever.' Werknemer B vestigt zich net over de landsgrens in België en brengt in Nederland een product op de markt dat hetzelfde is als het product dat werkgever A aanbiedt. Heeft B het concurrentiebeding overtreden? B vindt van niet: hij heeft zich niet binnen Nederland maar binnen België gevestigd. De werkgever betoogt echter dat het de bedoeling van het beding is dat de werknemer na afloop van de arbeidsovereenkomst niet binnen Nederland met hem in concurrentie treedt.

TUSSENVRAAG 7.10   T 7.10

Herformuleer het beding zodanig dat de bedoeling van de werkgever op correcte wijze tot uitdrukking wordt gebracht.

TUSSENVRAAG 7.11   T 7.11

Stel dat werknemer B bij werkgever A (een accountantskantoor) in dienst treedt als juridisch adviseur. B zegt de arbeidsovereenkomst op en richt een eigen juridisch kantoor op in Nederland. Werkgever A zegt dat B het concurrentiebeding heeft overtreden. Leg het beding op twee manieren zodanig uit dat A ongelijk heeft.

7.3.2   Manieren van uitleg bij geschillen

Als onduidelijk is hoe een woord of zinsnede in een juridische tekst moet worden uitgelegd, zijn er drie manieren waarop de juiste uitleg kan worden achterhaald:

1 De *grammaticale uitleg*. Er wordt letterlijk genomen wat er staat. De betekenis van het woord of de zinsnede in het algemene spraakgebruik wordt dan als criterium genomen.
2 De *bedoeling van partijen*. Men vraagt zich dan af wat partijen bedoeld moeten hebben bij het overeenkomen van de afgesproken tekst.
3 De uitleg van de partij die het beding *niet heeft opgesteld*. Men gaat er dan van uit dat de opsteller van de tekst de sterkste partij van de twee is; de maker wordt afgestraft als hij een niet heldere tekst heeft opgesteld.

T 7.12

TUSSENVRAAG 7.12
Hoe zal het in voorbeeld 7.1 gegeven concurrentiebeding moeten worden uitgelegd volgens de drie genoemde manieren van juiste uitleg?

7.3.3 Enkele valkuilen
Bij het opstellen van (juridische) teksten moet worden voorkomen dat men niet weet wat nu precies wordt bedoeld. Sommige van dergelijke onduidelijkheden komen regelmatig voor omdat ze niet zo snel in het oog lopen. Het zijn dus *valkuilen*. Rijst tussen twee personen een conflict, dan worden teksten natuurlijk nog eens extra kritisch doorgelezen en probeert men winst te halen uit onduidelijke bewoordingen. We noemen een aantal valkuilen. Aan het einde van deze subparagraaf is een *checklist* opgenomen waarin ze nog eens de revue passeren.

Woorden met een dubbele betekenis

Homoniemen
Lang niet alle woorden hebben één betekenis. Dat noemen we homoniemen. Meestal wordt uit de context wel duidelijk welke betekenis wordt bedoeld, maar soms ook niet.

Ga naar de bank.

Wat wordt bedoeld: het zitmeubel of de geldinstelling? Uit de gegeven opdracht wordt dit niet duidelijk. In het recht probeert men het probleem van
Definities
de homoniemen te voorkomen door expliciet *definities* van gebruikte woorden op te nemen. In wetten vinden we bij het begin heel vaak de definities van gebruikte woorden opgesomd. Nog een voorbeeld:

De zaak is van grote waarde.

Wordt met 'zaak' het woord 'kwestie' bedoeld, of 'het bedrijf' of wellicht het woord 'zaak' in Boek 5 BW (zie bijvoorbeeld art. 5:1 BW)?

T 7.13

TUSSENVRAAG 7.13
Het woord 'onderneming' in een juridische tekst is niet ongevaarlijk. Dus moet worden omschreven wat daaronder wordt verstaan. De wetgever heeft dat onder meer gedaan in de Wet op de ondernemingsraden (WOR) en in art. 7:662 BW. Welke definities worden in deze wettelijke regelingen gegeven?

Verschillende tekstinterpretaties mogelijk

Niets is voor een juridisch medewerker vervelender dan een door hem geschreven tekst die voor tweeërlei uitleg vatbaar is. Bijvoorbeeld:

De verzoeker is van mening dat de geslachtsverandering bij de collega's van
verweerster zodanige psychische remmingen en weerstanden oproept dat een
spontane communicatie tussen verweerster en de drie secretaresses volstrekt
is gefrustreerd.

Wie heeft nu een geslachtsverandering ondergaan? Verweerster of de collega's van verweerster? De onduidelijkheid is ontstaan doordat er staat 'de
geslachtsverandering bij de collega's van verweerster'. Daarmee lijkt tevens
te worden betoogd dat de collega's van verweerster een geslachtsverandering hebben ondergaan. De bedoeling zal vermoedelijk zijn dat verweerster
een geslachtsverandering heeft ondergaan (maar dat wordt op zichzelf niet
duidelijk). Als dat laatste het geval is, was geen onduidelijkheid ontstaan
als zou zijn geschreven: 'De verzoeker is van mening dat de geslachtsverandering zodanige psychische remmingen en weerstanden bij de collega's van
verweerster oproept ...' enzovoort.

Onduidelijke verwijzing

Het betrekkelijke voornaamwoord 'die' of 'dat' kan soms naar één iemand
of één categorie verwijzen maar ook naar meerdere personen of categorie-
en. In een juridische tekst moet duidelijk zijn naar wie het woord 'die' verwijst. Bijvoorbeeld:

Mannen en vrouwen die onder de dertig jaar zijn, komen niet voor deze functie
in aanmerking.

Waarop heeft de zinsnede 'die onder de dertig zijn' betrekking? Op mannen
en op vrouwen of enkel op vrouwen? De zin kan daarmee op twee manieren
worden gelezen:
1 Mannen komen niet voor deze functie in aanmerking en vrouwen onder
   de dertig jaar komen niet voor deze functie in aanmerking (dus alleen
   maar vrouwen vanaf dertig jaar).
2 Mannen onder de dertig jaar komen niet voor deze functie in aanmerking
   en vrouwen onder de dertig komen (ook niet) voor deze functie in aanmerking (dus iedereen vanaf dertig jaar).

De context behoeft niet altijd uit te wijzen wat wordt bedoeld. Hoewel het
niet altijd even prettig leest, verdient het aanbeveling in juridische teksten
waarin met betrekkelijk voornaamwoorden wordt gewerkt, altijd de toepasselijke mensen of categorieën helemaal uit te schrijven.

TUSSENVRAAG 7.14   T 7.14
Welke lezingen zijn mogelijk van de volgende zin:
'Het akkerbouwbedrijf en het landbouwbedrijf dat een omzet heeft gereali-
seerd van meer dan €100.000 per jaar, komt voor subsidie in aanmerking.'

T 7.15

TUSSENVRAAG 7.15

De volgende zin kan op vier manieren worden gelezen. Geef ze alle vier weer. 'Jan zegt tegen Klaas dat Henk beweert dat hij aansprakelijk voor de schade is.'

Tussenvraag 7.15 laat zien hoe gevaarlijk het kan zijn een min of meer ongericht woord als 'hij' te gebruiken. Welke 'hij' wordt precies bedoeld? Als je een vonnis leest, zul je ook merken dat altijd consequent de achternaam van de betreffende partij wordt genoemd, of zonder uitzondering 'eiser' dan wel 'gedaagde'. Helemaal in het begin van het vonnis lees je dan welke voornamen met de desbetreffende achternaam correleren of wie eiser of gedaagde zijn.

In een vonnis staat bijvoorbeeld het volgende aan het begin geschreven:

Vonnis in het geschil tussen

Daan Johannes Verwoerd, eiser,
wonende te Zwaagwesteinde,
hierna te noemen 'Verwoerd'

tegen

Hans Josephus Jongejan, gedaagde,
wonende te Dokkum,
hierna te noemen 'Jongejan'

In dit (fictieve) vonnis wordt voortaan consequent van 'Verwoerd' en 'Jongejan' gesproken, ook als dat niet zo fraai klinkt. Bijvoorbeeld: 'Op 6 januari 2014 heeft Verwoerd Jongejan een bedrag van €8.000 geleend. Hoewel Verwoerd Jongejan op 8 juni 2014 heeft aangemaand, dit bedrag van €8.000 terug te betalen, heeft Jongejan zijn schuld jegens Verwoerd op 8 juni 2014 niet voldaan.'

T 7.16

TUSSENVRAAG 7.16

Iemand schreef het volgende: 'Ruben zit nu in de studio zijn cd af te mixen. Hij is héél erg goed.' Wie is nu heel erg goed: Ruben of zijn cd? Motiveer.

Standpunt is (te) ongericht

In juridische teksten moet je zien te voorkomen dat niet duidelijk is welk standpunt de schrijver precies inneemt. Dat komt vaak, omdat hij eerst twee of meer standpunten weergeeft en bij zijn eigen standpunt niet exact genoeg aangeeft op welke standpunt(en) hij reageert. Bijvoorbeeld:

Advocaat X stelt zich op het standpunt dat hij dronken was en door het rode licht reed. Advocaat Y daarentegen is de mening toegedaan dat hij niet dronken was en door het oranje licht reed. Daar ben ik het mee eens.

In dit voorbeeld staan twee onduidelijkheden. In de eerste plaats is onhelder wie 'hij' is. Heeft advocaat X het over zichzelf en heeft ook advocaat Y het over zichzelf? Of hebben ze het beiden over een derde – niet nader genoemde – persoon? Mogelijk is ook dat ze het beiden over een andere derde hebben. In de tweede plaats maakt de schrijver niet duidelijk, waarmee en met wie hij het eens is. Is hij het met advocaat X of met advocaat Y eens?

TUSSENVRAAG 7.17   T 7.17
Herschrijf het laatste voorbeeld zodanig dat in ieder geval duidelijk is wat wordt bedoeld (of het ook waar is, is natuurlijk een tweede).

Onduidelijk waarop een bijvoeglijk naamwoord betrekking heeft
Als er verschillende zelfstandige naamwoorden achter elkaar staan en alleen de eerste heeft een bijvoeglijk naamwoord voor zich staan, is het de vraag of dat bijvoeglijk naamwoord uitsluitend op het eerste zelfstandige naamwoord betrekking heeft, of op alle zelfstandige naamwoorden. Voorbeeld:

> Een rechter mag zich niet laten leiden door blote sympathieën, vooroordelen, vooronderstellingen of publieke gevoelens.

Heeft het bijvoeglijke naamwoord 'blote' alleen betrekking op 'sympathieën' of ook op 'vooroordelen, vooronderstellingen of publieke gevoelens?' Als dit laatste het geval is, verdient het de voorkeur te schrijven: 'Een rechter mag zich niet laten leiden door blote sympathieën, blote vooroordelen, blote vooronderstellingen of blote publieke gevoelens.' Op deze wijze is zonder meer duidelijk wat de tekstschrijver heeft bedoeld.

TUSSENVRAAG 7.18   T 7.18
Welke onduidelijkheid zit in de volgende zin? Hoe zou je deze onduidelijkheid kunnen opheffen?
'Iedere goede gedachte of antwoord levert een punt op.'

Onduidelijke voorwaarden
Evenals bij wetsartikelen staan in juridische contracten vaak voorwaarden waaronder een bepaald rechtsgevolg intreedt. Als de opsteller niet helder verwoordt of hij alternatieve of cumulatieve voorwaarden bedoelt, zal de persoon met wie hij contracteert kunnen stellen dat het rechtsgevolg bijvoorbeeld al bij de vervulling van één voorwaarde intreedt, terwijl de opsteller bedoeld heeft te betogen dat er aan meer dan één voorwaarde moet zijn voldaan, wil het rechtsgevolg intreden. Zie bijvoorbeeld art. 7:508 lid 1 BW: 'Tenzij het tweede lid van dit artikel van toepassing is, kan de reisorganisator voor schade, veroorzaakt door dood of letsel van de reiziger, niet uitsluiten of beperken.' De eerste keuzemogelijkheid ('dood of letsel') is echt alternatief, maar de tweede ('uitsluiten of beperken') niet. De reisorganisator kan de schade namelijk én niet uitsluiten én niet beperken. Het woordje 'of' is hier riskant. In zelfgeschreven teksten is het veel meer aan te bevelen om te schrijven: 'Tenzij het tweede lid van dit artikel van toepassing is, kan de reisorganisator voor schade, veroorzaakt door dood of letsel van de reiziger, en niet uitsluiten en niet beperken.'

Alternatieve of cumulatieve voorwaarden

7

Op gelijke wijze kan het woordje 'en' beter worden vermeden als 'of' wordt bedoeld.

T 7.19

TUSSENVRAAG 7.19
Worden in de volgende zin alternatieve of cumulatieve voorwaarden bedoeld?
'De koper mag de motor binnen zes maanden inruilen, tenzij deze beschadigd is en meer dan 10.000 km heeft gereden.' Een koper van een motor die een krasje van twee centimeter op de benzinetank heeft en die 5.000 km heeft gelopen, wil de motor na vier maanden inruilen. Moet de verkoper deze inruil accepteren? Motiveer.

Als het de contractspartijen niet uitmaakt of het rechtsgevolg bij één of bij meerdere voorwaarden intreedt, kan de woordcombinatie en/of worden gebruikt.

Onduidelijk jaar van toepassing
Onduidelijkheid over het jaartal is een valkuil die gemakkelijk te omzeilen valt. Toch is opmerkelijk hoe vaak ongetrainde juridische werkers niet consequent het jaartal zetten bij de datum die wordt vermeld. Neem het voorbeeld: 'Jan was op 13 april bij zijn vrouw thuis.' Welk jaar dan wel? 2013? 2014? Het kan nogal wat uitmaken. Ook als in een juridische tekst al vaker 13 april 2013 is geschreven, zal bij herhaling van 13 april altijd weer het desbetreffende jaar moeten worden genoemd, om ieder misverstand te voorkomen. Rechters in opleiding worden telkens erop gewezen dat zij in hun vonnissen de data steeds met dag, maand en jaar opschrijven. Zie in dit verband ook het voorbeeld, behorende bij tussenvraag 7.15.

T 7.20

TUSSENVRAAG 7.20
Geef aan waarom het in een tenlastelegging van een strafbaar feit zo belangrijk is dat altijd jaartallen worden genoemd.

Checklist
Naast de genoemde valkuilen, zullen juridische werkers ook op een aantal andere aspecten moeten letten, willen zij juridische documenten samenstellen die geen vragen oproepen. De twee belangrijkste zijn wel dat het betreffende document *gedateerd* moet zijn en dat het door de betrokken partijen moet zijn *ondertekend*. Deze aspecten zijn ook in de volgende checklist opgenomen.

Checklist ter vermijding van valkuilen in taalgebruik
1 Ik heb geen woorden gebruikt met een dubbele betekenis.
2 Ik heb geen zinnen geformuleerd die tekstueel op meer dan één manier kunnen worden uitgelegd.
3 Ik heb geen woorden als 'die' en 'dat' gebruikt die ertoe leiden dat onduidelijk is waar deze woorden precies naar verwijzen.
4 Ik heb niet alleen duidelijk aangegeven wat geregeld wordt, maar ook voor wie en ten behoeve van wie dat geregeld wordt.
5 Ik heb geen bijvoeglijke naamwoorden gebruikt die betrekking hebben op meer dan één woord (zelfstandig naamwoord).
6 Ik heb helder aangegeven of de voorwaarden cumulatief of alternatief zijn.
7 Ik heb namen en jaartallen correct en consequent gebruikt.

Als u deze zeven uitspraken met 'klopt' of 'inderdaad' kunt beantwoorden, hebt u de meest voorkomende valkuilen bij het schrijven van juridische teksten weten te omzeilen.
U heeft met uw teksten geen onduidelijkheid gezaaid.

Samenvatting

In dit hoofdstuk is de juridische vaardigheid 'gebruik van taal door juristen' centraal gesteld. Een jurist moet de taal correct en zuiver kunnen toepassen. Doet hij dat niet, dan doet hij niet wat nu juist van hem wordt verwacht: zo de taal gebruiken dat duidelijk is wat wordt bedoeld.
Om te realiseren dat u in de rechtspraktijk zo goed mogelijk gebruikmaakt van de (juridische) taal, zijn de thema's redeneren, argumenteren en duidelijke taal aan de orde gesteld.
Een redering is pas correct als er een argument wordt gegeven dat de verdedigde stelling ondersteunt. Geldige redeneervormen zijn de modus ponens en de modus tollens. Daarnaast zijn twee specifieke juridische redeneervormen behandeld: de redenering naar analogie en de redenering a contrario. Alleen bij een geldige redeneervorm kan men de rechter of uw cliënt overtuigen.
Bij argumenteren gaat het om het geven van de juiste argumenten voor het innemen van een juridisch standpunt. Argumenteren vindt plaats door middel van een mondeling of schriftelijk betoog, op grond waarvan men een derde (de cliënt, de wederpartij, de rechter) beoogt te overtuigen. Betogen kunnen worden uiteengerafeld via argumentatieschema's. Als argumenten voor een juridische stelling niet deugen, zal die juridische stelling niet door die derde worden onderschreven. Duidelijke taal is behandeld om aan te geven dat niets moeilijker is dan zorgvuldig formuleren. We hebben via een groot aantal valkuilen aangegeven hoe gemakkelijk een praktijkjurist onduidelijk taalgebruik hanteert. Door middel van een checklist hebben we ten slotte deze valkuilen op een rij gezet.

7

8
Dossierbeheer en dossiermanagement

8.1   Dossiervorming
8.2   Dossierbeheer
8.3   Dossier 'De verkoop van een woning'
8.4   Dossier 'Een arbeidsgeschil'

Vanuit arbeidsorganisaties wordt heel veel informatie verspreid. Advocaten sturen vanuit het kantoor waar zij werken, brieven aan cliënten, mailen met collega's over pogingen een geschil te regelen en zenden conclusies in aanhangige procedures naar de griffie van de rechtbank. Vanuit een departement zendt men brieven naar burgers (beschikkingen) en worden derden op de hoogte gesteld van nieuwe regelgeving. In een bedrijf wordt (nadat daarover uitgebreid is gecorrespondeerd met een reclamebureau) een nieuwe flyer gemaakt die verstuurd wordt naar mogelijk geïnteresseerde klanten, er worden offertes gemaakt en men treedt op basis daarvan schriftelijk in contact met klanten. Het zijn maar enkele voorbeelden van de stapels mails die beroepsmatig naar geadresseerden gaan en stapels post die worden verzonden en ontvangen. Hoe kunnen de werkers in al die organisaties door de bomen het bos nog zien? Dat kunnen zij, doordat zij die grote hoeveelheden informatiestromen die dagelijks komen en gaan, systematisch ordenen. Systematisch ordenen gebeurt door middel van het aanleggen van dossiers. In dit hoofdstuk gaan we in op het belang van een zorgvuldige dossiervorming (paragraaf 8.1) en een accuraat dossierbeheer (paragraaf 8.2). Vervolgens zullen we de opzet en samenstelling van twee dossiers uiteenzetten in respectievelijk paragraaf 8.3 en 8.4.

8.1 Dossiervorming

Dossier

Een dossier kunnen we omschrijven als een bestand in een map, ordner of iets dergelijks, waarin per onderwerp alle relevante informatie (brieven, noties, besluiten) in chronologische volgorde wordt samengevoegd. Het document met de oudste datum ligt onderop, het document met de meest recente datum bovenop, of andersom. Op deze wijze zijn altijd alle noodzakelijke gegevens gebundeld aanwezig. Voor een dossier is nodig dat alles wat van belang is op papier staat. Belangrijke informatie in mails moet worden uitgeprint en in het dossier worden gestopt. Alle relevante informatie blijft zo op één plek bewaard. Moet altijd van iedere informatie-uitwisseling een dossier worden aangelegd? Als gulden regel moet dat alleen in die gevallen waarin men van mening is dat er een voldoende belang is om daartoe over te gaan. Als een klant bijvoorbeeld eenmalig tienduizend visitekaartjes laat

Factuur

drukken, lijkt het voldoende alleen een rekening (*factuur*) te zenden. Deze factuur heeft overigens wel een nummer. Soms bevat zo'n factuur meerdere nummers, bijvoorbeeld een debiteurennummer (het nummer dat de klant

Factuurnummer

krijgt) en een factuurnummer (het nummer van de laatste factuur die is verzonden). Maar een dossier, dat gaat te ver. Toch zou het ook best aanbevelenswaardig kunnen zijn, een dossier aan te leggen. Als het bestellen van die kaartjes bijvoorbeeld heel bewerkelijk is, met tussentijdse berekeningen en brief/mailwisseling met de klant, kan het weer wel zinvol zijn een dossier aan te leggen. We hebben het dan eigenlijk ook over de *tijdsduur*. Als de relatie met de klant een zekere duur heeft, dan kan het absoluut raadzaam zijn een dossier aan te leggen. Komen er problemen? Snel het dossier erbij pakken en men ziet zo wat er wel en niet is afgesproken. Handig en duidelijk. Niemand staat voor verrassingen.

Persoonsdossier

Binnen een arbeidsorganisatie wordt ook altijd een dossier aangelegd van iedere persoon die binnen de organisatie aan het werk gaat. Dat is begrijpelijk. Er wordt een contract aangegaan. Jaarlijks vinden functioneringsgesprekken plaats. Beoordelingen worden opgesteld. Al deze documenten worden eveneens in dossiers opgeslagen. Als er bijvoorbeeld voorstellen komen voor een bevordering en/of schaalverhoging, kan men zich snel inlezen in de betrokken medewerker.

8.2 Dossierbeheer

Als een arbeidsorganisatie alle relevante informatie in dossiers heeft ondergebracht, zou men wellicht denken dat alles in orde is. Maar dat is slechts gedeeltelijk het geval. Hoe mooi en overzichtelijk een dossier ook is samengesteld, we hebben er niets aan als we dat dossier niet kunnen vinden. Als een bedrijf dagelijks tien nieuwe dossiers toevoegt aan al duizend bestaan-

Zoeksysteem

de, is het noodzakelijk een goed *zoeksysteem* op te zetten, op grond waarvan snel een dossier kan worden gevonden om in te zien. Wat is een goed zoeksysteem? Dat hangt van de soort arbeidsorganisatie af. Bij rechtbanken en advocatenkantoren werkt men doorgaans met een zoeksysteem dat

Achternaam

gebaseerd is op de achternaam van de eiser (rechtbank) of van de klant (advocatenkantoor). Daar blijft het meestal niet bij. We nemen even het voorbeeld van het advocatenkantoor. Stel dat daar tien advocaten werkzaam zijn en dat deze tien advocaten met drie secretaresses werken. Advocaten schrijven hun brieven en dagvaardingen/conclusies meestal niet achter hun pc, maar spreken die in met een dicteerapparaat. Aan de hand van het geluidsfragment typt de secretaresse vervolgens de brieven. Deze brieven worden verzonden en een kopie daarvan wordt in de dossiers gestopt. Als alleen de achternaam van de cliënt wordt gebruikt om het dossier te kunnen vinden, weten de secretaresses niet bij welke advocaat het dossier zich bevindt en weten ze dat ook niet als er een brief van de tegenpartij wordt bezorgd. Daarom worden de dossiers in de eerste plaats op achternaam gebriceerd, maar wordt op de brieven en andere correspondentie een *interne code* geplaatst waarin meestal het jaar waarin het stuk is geschreven is verwerkt en de voor- en achternaam (twee letters) van de advocaat die de zaak in behandeling heeft. Op deze wijze kan iedereen gemakkelijk de weg weten in de ordening van de papierstroom die de organisatie in- en uitgaat.

Interne code

Een goed zoeksysteem raakt ook een ander belang. Stel dat een dossierbehandelaar (een advocaat, een rechter, een jurist die deze personen ondersteunt) met vakantie gaat of langdurig ziek wordt. In deze situatie is het van het grootste belang dat een ander zonder al te veel problemen verder in het dossier kan werken. Dossiers moeten dus kunnen worden overgenomen door een ander. Als een dossier volgens de voorschriften is samengesteld en de codering in orde is zodat men ook weet waar welk dossier zich bevindt en wie daarin de *lead* had, kan een dossier eenvoudig door een collega worden waargenomen of – uiteindelijk – overgenomen.

Een dossier vervult dus drie functies: **Drie functies**
1 Het brengt orde in de chaos van informatiestromen vanuit een arbeidsorganisatie en naar die arbeidsorganisatie toe.
2 Het brengt intern een zoeksysteem aan, zodat men weet op welke plek een dossier zich bevindt.
3 Het zorgt ervoor dat een dossier (als dat nodig mocht zijn) gemakkelijk door een collega kan worden waargenomen in tijden van vakantie of ziekte.

TUSSENVRAAG 8.1   **T 8.1**
Een brief, geschreven door de bedrijfsjurist van Shell Nederland bv aan Conquestador, een bedrijf in Brazilië waarmee langdurig zakelijke afspraken worden gemaakt, bevat de volgende code: SR2018-143L.
a De 'L' staat voor Legal. Waarom zou deze L in de code zijn opgenomen?
b Waar is de code SR2018-143L vermoedelijk op gebaseerd?
c Zal deze code ook worden gebruikt voor de vindplaats van het dossier Conquestador? Motiveer uw antwoord.

8.3 Dossier 'De verkoop van een woning'

In deze paragraaf zullen we de samenstelling uiteenzetten van een simpel dossier van een advocatenkantoor, op basis waarvan duidelijk wordt hoe een dossier geleidelijk wordt opgebouwd. Het is een dossier dat zich in werkelijkheid heeft voorgedaan. Omdat de privacy van de betrokken personen moet worden gegarandeerd, zijn de namen van de partijen onzichtbaar gemaakt.
Het dossier betreft een civiel geschil tussen een verkoper van een woning (de cliënt van het kantoor) en de koper van een woning. De koper heeft de verkoper te kennen gegeven dat hij de woning niet tijdig kan afnemen. In de koopovereenkomst staat een boeteclausule opgenomen voor het geval de woning bijvoorbeeld niet tijdig wordt afgenomen. Aangezien de koper de

overeengekomen boete wegens te laat afnemen niet wilde betalen, heeft de verkoper zijn advocaat ingeschakeld. De advocaat schrijft een brief aan de koper: het eerste document van het advocatendossier.

AANTEKENEN
De heer (naam)
(adres)

Persoonlijk en vertrouwelijk

Groningen, 28 februari 2018

Inzake   : **Naam partijen**
Onze ref : MM/cw/015314
Uw ref   :

Geachte de heer (naam),

Tot mij wendde zich de heer (naam), u wel bekend, met het verzoek hem bij te staan in de navolgende kwestie.

U heeft een woning van cliënt gekocht staande en gelegen aan (adres) te (plaats). Overeengekomen was dat de overdracht van de woning zou plaatsvinden op 31 augustus 2017.

Tot tweemaal toe heeft de overdracht niet plaatsgevonden omdat de koper aan wie u de woning had doorverkocht het liet afweten. Cliënt heeft u derhalve bij brief van 17 september 2017 formeel in gebreke gesteld. In deze brief maakt cliënt aanspraak op vergoeding van geleden en nog te lijden schade. Voorts behoudt cliënt zich het recht voor om de boete zoals opgenomen in de koopovereenkomst op te eisen.

Uiteindelijk heeft u een nieuwe koper gevonden en heeft de overdracht plaatsgevonden op 23 november 2017. U heeft echter geweigerd om de inmiddels verbeurde boete te betalen.

U koopt en verkoopt woningen met het doel daaraan te verdienen. U heeft er derhalve bewust voor gekozen om geen kosten te maken voor het regelen van een financiering, en geen financieringsvoorbehoud in de overeenkomst op te laten nemen. U gokt erop dat u de woning binnen de gestelde termijnen kunt doorverkopen met de nodige winst. Dat is uw goed recht. Echter indien het dan niet lukt om de woning tijdig door te verkopen, dan komt dat vanzelfsprekend voor uw eigen rekening en risico.

Cliënt heeft u laten weten dat hij aanspraak maakt op de contractueel overeengekomen boete. Op grond van artikel 10.3 van de koopakte bent u na afloop van de in artikel 10.1 vermelde termijn van acht dagen een onmiddellijk opeisbare boete verschuldigd van 3 promille van de koopprijs voor elke sedertdien verstreken dag tot aan de dag van nakoming.

Op 17 september 2017 is de in artikel 10.1 vermelde termijn van acht dagen ingegaan. Dat betekent dat u vanaf 25 september 2017 de boete zoals genoemd in artikel 10.3 verschuldigd bent. Op 23 november 2017 bent u de koopovereenkomst nagekomen. Dat betekent dat de boete over de periode van 25 september 2017 tot en met 23 november 2017 €36.000 bedraagt.

Daarnaast bent u de overeengekomen vergoeding van €50 per dag verschuldigd over de periode 31 augustus 2017 tot en met 17 september 2017. In totaal bent u derhalve over deze periode een vergoeding van €900 verschuldigd.

Bij de overdracht van de woning heeft u een bedrag van €4.150 betaald. Dat betekent dat de vordering van cliënt thans €32.750 bedraagt, te vermeerderen met de wettelijke rente.

Namens cliënt verzoek, en voor zover nodig sommeer, ik u het verschuldigde bedrag ad €32.750 binnen 7 dagen na dagtekening van dit schrijven over te schrijven op de derdengeldenrekening van mijn kantoor NL43ABNA459297198 o.v.v. MM/cw/015314.

Indien binnen bovenvermelde termijn geen betaling is ontvangen behoudt cliënt zich het recht voor om u zonder nadere aankondiging in rechte te betrekken. Daarbij zal cliënt tevens aanspraak maken op de buitengerechtelijke kosten welke op basis van bovenvermelde hoofdsom €1.094 bedragen.

Aannemende u hiermee voldoende te hebben geïnformeerd.

Hoogachtend,

M.M. Mok

In deze brief sommeert de advocaat de koper het verschuldigde bedrag binnen 7 dagen over te schrijven op de derdengeldenrekening van zijn kantoor.

TUSSENVRAAG 8.2   T 8.2
a   Op grond van welk artikel is de koper een boete verschuldigd?
b   Geef in enkele woorden aan hoe de advocaat de brief aan koper qua structuur heeft opgebouwd?
c   Hoeveel tijd heeft de koper om na te denken over het voorstel?
d   Wat is het dossiernummer van deze zaak? Waar zal de afkorting 'MM' voor staan?

Vervolgens is het stil. Van de koper wordt geen reactie ontvangen. De advocaat schrijft de volgende e-mail aan zijn client:

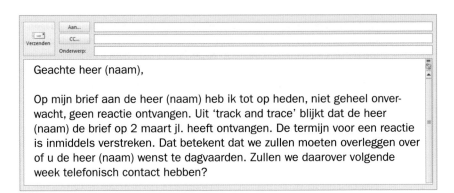

Geachte heer (naam),

Op mijn brief aan de heer (naam) heb ik tot op heden, niet geheel onver-
wacht, geen reactie ontvangen. Uit 'track and trace' blijkt dat de heer
(naam) de brief op 2 maart jl. heeft ontvangen. De termijn voor een reactie
is inmiddels verstreken. Dat betekent dat we zullen moeten overleggen over
of u de heer (naam) wenst te dagvaarden. Zullen we daarover volgende
week telefonisch contact hebben?

Voordat er echter een gesprek tussen de advocaat en zijn cliënt plaatsvindt,
ontvangt de advocaat de volgende brief van de advocaat van de koper:

Meerburg & Mok advocaten – mediators
t.a.v. mr. M.M. Mok
Postbus 1586
9701 BN Groningen

Groningen, 10 maart 2018

Inzake   :   **Naam partijen**
Onze ref :   20180143 (cw)
Uw ref   :   MM/cw/015314

Amice,

Tot mij wendde zich de heer (naam) te Groningen met het verzoek uw brief van
28 februari jl. te beantwoorden.

Ik heb van cliënt inderdaad begrepen dat hij van uw cliënt een woning staande
en gelegen aan (adres) te (plaats) heeft gekocht. Ik heb ook begrepen dat het
aanvankelijk de bedoeling was dat die woning 31 augustus 2017 zou worden
geleverd.

Dat is uiteindelijk niet doorgegaan en uw cliënt heeft cliënt inderdaad daarvoor
in gebreke gesteld.

Uit uw brief maak ik op dat uw cliënt aanspraak maakt op de contractueel
overeengekomen boete van 3 promille van de koopprijs per dag. Berekend over
de periode 25 september 2017 tot en met 23 november 2017 zou dat een bedrag
van maar liefst €36.000 opleveren.

Ik heb van cliënt begrepen dat er uitdrukkelijk tussen partijen de afspraak is
gemaakt dat alleen de vergoeding van €50 per dag zou worden betaald door
cliënt.

Cliënt heeft bij de overdracht van de woning een bedrag van €4.150 betaald. Naar mijn oordeel heeft cliënt hiermee voldaan aan de gemaakte afspraken. Cliënt voelt zich dan ook niet gehouden om verdere betalingen aan uw cliënt te doen.

Aannemende u hiermee voldoende te hebben geïnformeerd,

Hoogachtend,

mr. C.E. van der Wijk

Tussen de advocaten vindt er vervolgens telefonisch overleg plaats en wordt er over een schikkingsvoorstel gesproken. De advocaat van koper reageert enige tijd later op het door de verkoper gedane schikkingsvoorstel als volgt:

Meerburg & Mok advocaten – mediators
t.a.v. mr. M.M. Mok
Postbus 1586
9701 BN Groningen

Groningen, 31 maart 2018

Inzake   : **Naam partijen**
Onze ref   : 20180143 (cw)
Uw ref   : MM/cw/015314

Amice,

Naar aanleiding van ons telefonisch onderhoud heb ik zojuist contact gehad met cliënt.

Een voorstel van 29 ten opzichte van de vermeende resterende vordering van ongeveer 32 is wat cliënt betreft eigenlijk geen voorstel. Het komt niet tegemoet aan de afspraak die cliënt met uw cliënt heeft gemaakt om alleen de rente te betalen. Dat is ook wat cliënt bereid is te doen.

Wanneer uw cliënt dat anders ziet, dan kan de inleidende dagvaarding op mijn kantoor worden betekend.

Hoogachtend,

mr. C.E. van der Wijk

TUSSENVRAAG 8.3   T 8.3
Welk voorstel heeft de verkoper aan de koper gedaan en wat is de reactie van de koper daarop?

TUSSENVRAAG 8.4   T 8.4
Lijkt het erop dat partijen in onderling overleg nog een regeling kunnen treffen?

De advocaat van de koper doet een laatste poging om tot een vergelijk te komen en stuurt de volgende brief:

Van der Wijk Advocaten
T.a.v. de weledelgestrenge vrouw mr. C.E. van der Wijk
Postbus 1234
9701 AA Groningen

Uitsluitend per fax: 050 1234567

Groningen, 7 april 2018

Inzake   : **Naam**
Onze ref : MM/cw/015314
Uw ref   : 20180143 (cw)

Amica,

In opgemelde zaak is namens cliënt een voorstel voor een regeling in der minne gedaan.

Uw cliënt heeft vervolgens aangegeven dat wat hem betreft de zaak is afgedaan aangezien cliënt akkoord zou zijn gegaan met een bedrag van €50 per dag voor de periode dat uw cliënt in verzuim verkeerde. Door cliënt is dit uitdrukkelijk betwist.

Nu uw cliënt tot op heden geen reëel tegenvoorstel heeft gedaan, zend ik u bijgaand de conceptdagvaarding zoals ik deze binnenkort namens cliënt zal laten uitbrengen. Ik stel uw cliënt hierbij voor de laatste maal in de gelegenheid om alsnog een reëel tegenvoorstel te doen, binnen 7 dagen na dagtekening van deze brief.

Mocht ik binnen voornoemde termijn geen reactie hebben vernomen, dan zal zonder nadere aankondiging overgegaan worden tot het nemen van rechtsmaatregelen. Daarbij merk ik uitdrukkelijk op dat in een dergelijk geval er geen bereidheid meer bestaat aan de zijde van cliënt om tot een regeling in der minne te komen aangezien er dan reeds kosten zijn gemaakt.

In afwachting van uw spoedige berichten,
met vriendelijke groet,

M.M. Mok

T 8.5   **TUSSENVRAAG 8.5**

Wat is de strekking van de brief van 7 april 2018 en hoe laat de advocaat van de koper zien dat het menens is?

De tijd lijkt rijp om te gaan dagvaarden nu er door de advocaat van de verkoper geen tegenvoorstel wordt gedaan. De kwestie zal bij de rechter uitgeprocedeerd moeten worden.

TUSSENVRAAG 8.6   T 8.6

a Hoeveel tijd is er inmiddels verstreken tussen de overdracht van de woning en het moment waarop vermoedelijk gedagvaard gaat worden?

b Is het in dit dossier tot op heden over onderhandelen gegaan of over toepassing van het recht? Motiveer uw antwoord.

8.4 Dossier 'Een arbeidsgeschil'

Het dossier betreft een arbeidsgeschil tussen een werkgever (cliënt van het kantoor) en één van diens werknemers (een vrouw van 45 jaar met een dienstverband van 18 jaar en een bruto salaris van €2.500). De werkgever heeft de werkneemster te kennen gegeven een probleem met haar te hebben en geen heil meer te zien in voortzetting van de arbeidsovereenkomst. Hij voert aan dat disfunctioneren van de werkneemster de oorzaak daarvan is. Op 31 oktober 2017 heeft de werkgever werkneemster bij zich geroepen. Hij heeft haar het disfunctioneren voor de voeten geworpen en gezegd, de huisadvocaat in te zullen schakelen om het einde van de overeenkomst te bewerkstelligen. De werkneemster wordt niet meer tot het bedrijf toegelaten. Vervolgens schakelt de werkgever zijn advocaat inderdaad in. Deze laatste schrijft daarop de volgende brief aan de werkneemster: het eerste document van het advocatendossier.

Mevrouw (naam)
(adres)

Persoonlijk en vertrouwelijk

Groningen, 2 november 2017

Inzake   : **Naam partijen**
Dossier : 2017/2369/MM/nb/w01
E-mail   : secretariaat@meerburgmok.nl

Geachte mevrouw (naam),

Cliënte, (werkgever), heeft mij verzocht haar belangen te behartigen en u te benaderen terzake het navolgende.

Op 31 oktober jl. heeft u een gesprek gehad met (naam 1 en naam 2). In dit gesprek is u te kennen gegeven dat er ernstige zorgen zijn over uw functioneren en positie binnen (werkgever). In de maanden april en juni van 2017 is daar ook reeds met u over gesproken.

Cliënte wil de verhouding niet verstoren en zou op dit moment een inhoudelijke discussie vooralsnog graag achterwege willen laten. Voor cliënte staat evenwel vast dat een voortzetting van de arbeidsovereenkomst niet langer wenselijk is.

Cliënte is het vertrouwen in een verdere vruchtbare samenwerking met u verloren. In dat kader is er aan u kenbaar gemaakt dat cliënte tot een beëindiging van de arbeidsrelatie wil komen. Daarbij geeft cliënte er de voorkeur aan om tot een minnelijke regeling te komen, zodat de beëindiging op een meer harmonieuze wijze kan plaatsvinden.

Cliënte wil u in het kader van de beëindiging van de arbeidsovereenkomst het volgende voorstel doen:
1 De arbeidsovereenkomst zal worden beëindigd per 1 december 2017.
2 Cliënte zal u een bedrag van €20.000 aan transitievergoeding uitbetalen.
3 U wordt vrijgesteld van werkzaamheden tot 1 december 2017, zodat u in de gelegenheid bent te solliciteren op passende vacatures.
4 U dient uiterlijk bij het tekenen van de vaststellingsovereenkomst de bedrijfseigendommen te retourneren.
5 Voornoemd voorstel is een en ondeelbaar en dient uiterlijk 9 november 2017 te zijn geaccepteerd.

Cliënte is van mening aan u een reëel en redelijk voorstel te hebben gedaan. Graag verneem ik uiterlijk op 9 november a.s. of u zich met het voorstel van cliënte kunt verenigen. Ik adviseer u uitdrukkelijk u in deze te laten adviseren door een advocaat.

In afwachting van uw reactie.

Met vriendelijke groet,

M.M. Mok

In deze brief doet de advocaat namens zijn cliënt een financieel voorstel, op voorwaarde dat de werkneemster met de beëindiging instemt.

T 8.7 **TUSSENVRAAG 8.7**
a Welk financieel voorstel doet de advocaat de werkneemster?
b Waarom adviseert de advocaat mevrouw om zich juridisch te laten bijstaan door een advocaat?
c Waarom vermeldt de advocaat dat het voorstel een en ondeelbaar is?

Daarna stuurt de werkneemster een brief als reactie op het voorstel van de advocaat. De inhoud van deze brief luidt als volgt:

Meerburg & Mok advocaten – mediators
t.a.v. mr. M.M. Mok
Postbus 1586
9701 BN Groningen

(naam werkneemster)
(adres werkneemster)

AANGETEKEND

(woonplaats werkneemster), 5 november 2017

Geachte heer Mok,

Op 3 november 2017 ontving ik uw brief van 2 november jl. waarin u mij uitnodigt akkoord te gaan met een voorstel tot beëindiging van mijn arbeidsovereenkomst met (werkgever). Hoewel ik pas later deze week overleg met mijn raadsman zal hebben, deel ik u nu al mee het gedane voorstel niet te accepteren. Integendeel, zoals ik op 2 november jl. reeds telefonisch meedeelde en per e-mail bevestigde, stel ik mij beschikbaar om onmiddellijk na oproep van (werkgever) mijn werkzaamheden voort te zetten.

Het zal u duidelijk zijn, dat ik voorafgaand aan het overleg met mijn raadsman niet op de inhoud van uw brief wens in te gaan. Ik wil alleen benadrukken dat het totaal onverwachte gesprek, waarin mij werd voorgesteld om in overleg tot beëindiging van het dienstverband te komen, verder geen inhoudelijk karakter had, waardoor het mij onbekend is waarom er een einde aan mijn dienstverband zou moeten komen. Onder voorbehoud van rechten,

Met vriendelijke groet,

(naam werkneemster)

Vervolgens is het bijna twee weken stil. De eerste die weer initiatief neemt, is de advocaat van de werkgever. Hij schrijft dan het volgende briefje:

Mevrouw (naam)
(adres)

Persoonlijk en vertrouwelijk

Groningen, 21 november 2017

Inzake   : **naam partijen**
Dossier   : 2017/2369/MM/nb/w02
E-mail   : secretariaat@meerburgmok.nl

Geachte mevrouw (naam),

Hierbij bevestig ik de goede ontvangst van uw brief van 5 november jl.

Met cliënte constateer ik dat u niet wenst in te gaan op het gedane beëindigingsvoorstel zoals verwoord in mijn brief van 2 november jl. Het is mij niet helemaal duidelijk of het overleg dat u heeft gehad met uw raadsman u wellicht tot een ander inzicht heeft gebracht. Graag verneem ik wat dit betreft van u of uw raadsman.

Cliënte is bereid haar eerder gedane voorstel gestand te doen tot uiterlijk 1 december a.s. Indien u onverhoopt bij uw standpunt blijft en het voorstel afwijst, lijkt een inhoudelijke procedure onafwendbaar.

Volledigheidshalve deel ik u nog mede dat cliënte de op non-actiefstelling handhaaft, in die zin dat u bent vrijgesteld van uw werkzaamheden.

Ik zie uw reactie graag tegemoet.

Met vriendelijke groet,

M.M. Mok

T 8.8 **TUSSENVRAAG 8.8**
Welk standpunt van de werkgever is ten opzichte van zijn brief van 2 november 2017 gewijzigd en wat is daarvoor in de plaats gekomen?

Zes dagen later kan een nieuwe brief aan het dossier worden toegevoegd. De werkneemster schrijft opnieuw zelf een brief, nu aan de advocaat van de werkgever. De inhoud getuigt van strijdlust.

Meerburg & Mok advocaten – mediators
t.a.v. mr. M.M. Mok
Postbus 1586
9701 BN Groningen

(naam werkneemster)
(adres werkneemster)

(woonplaats werkneemster), 27 november 2017

Geachte heer Mok,

Naar aanleiding van uw brief dd 2 november het volgende.

Mijn werkgever (naam werkgever) heeft mij op 31 oktober 2017 bij zich geroepen in de personen van de heren (namen). Mij werd te kennen gegeven dat ik niet zou functioneren. Een toelichting werd eigenlijk niet gegeven en ook eerder zijn geen aanwijzingen aan mij gegeven dat ik niet zou functioneren.

Ik was op dat moment zo geschokt en van streek dat ik niet helder kon nadenken en ben naar huis gegaan. Hierna heb ik een psychische inzinking gehad omdat ik mij dit onverwachte gebeuren erg aantrek. Ik heb mij inmiddels ziek gemeld en zal oorzaken en gevolgen en de toekomst zeker met de arbo-arts bespreken.

Op 5 november 2017 en ook daarna nog heb ik (naam werkgever) overigens opgebeld en verteld dat ik wilde komen werken: DAT MOCHT NIET. Wel zei mijn directe manager dat hij 'het allemaal niet had geweten' en of hij iets voor me kon doen... Ik heb nog wel een kaartje van hem gekregen om zijn eigen geweten te sussen.

Wellicht heeft (werkgever) u overigens niet goed geïnformeerd, nu u spreekt over 'ernstige zorgen zijn over uw functioneren'; er is geen enkele sprake van disfunctioneren en u hebt dat ook nergens mee onderbouwd.

Inmiddels begrijp ik dat uw kantoor gespecialiseerd is in arbeidsrecht. Wellicht kunt u mij dan vertellen of het normaal is een werknemer van de ene minuut op de andere naar huis te sturen en dit 'vrijstelling van werkzaamheden' te noemen.

Zodra ik arbeidsgeschikt ben verklaard zal ik contact met u opnemen en de door (werkgever) gecreëerde situatie verder bespreken.

Met vriendelijke groet,

(naam werkneemster)

TUSSENVRAAG 8.9   T 8.9

Is de werkneemster inmiddels bereid over de voorwaarden van beëindiging van de arbeidsovereenkomst na te denken? Motiveer uw antwoord.

De situatie wijzigt als de werkneemster een advocaat in de arm heeft genomen en de zaak met hem heeft besproken. Haar advocaat schrijft een brief aan de advocaat van de werkgever met de volgende inhoud.

Meerburg & Mok advocaten – mediators
t.a.v. mr. M.M. Mok
Postbus 1586
9701 BN Groningen

Per fax: nummer

Groningen, 30 november 2017

Betreft: naam partijen

Geachte confrère,

Tot mij heeft zich mevrouw (naam cliënte) gewend met het verzoek haar belangen te behartigen.

Cliënte heeft mij uw correspondentie ter hand gesteld alsmede de correspondentie van haar werkgever. Uit voornoemde stukken blijkt mij dat zij al enige tijd op non-actief is gesteld (zonder overigens aanvaardbare redenen) en waarbij haar een aanbod is gedaan om de arbeidsrelatie te doen beëindigen.

Van cliënte ontving ik ook een uitnodiging voor het bespreken van de situatie op 2 december 2017 te (plaats van vestiging werkgever).

Het lijkt mij inderdaad zinvol om de situatie waarin mijn cliënte is gebracht en de gevolgen daarvan te bespreken. Op 2 december 2017 ben ik echter verhinderd, evenals 3, 10, 12, 16 en 17 december. Ik verneem graag van u een nieuwe datum en tijdstip voor een bespreking. Het kan zijn dat ik u tussentijds nog even bel voor overleg.

Gaarne vernemend,

Met vriendelijke groet,

H.J.M. Janssen

T 8.10

TUSSENVRAAG 8.10

Wat is de strekking van de brief van 30 november 2017 en wat stelt de advocaat van de werkneemster voor?

De tijd blijkt rijp voor nadere onderhandelingen over de voorwaarden waaronder partijen van elkaar afscheid zullen nemen. De werkgever zet opnieuw in. Zijn advocaat schrijft de volgende brief aan de advocaat van de werkneemster en zendt deze onder andere per fax.

Janssen en De Groene advocaten
T.a.v. de weledelgestrenge heer mr. H.J.M. Janssen
Postbus 1234
9701 AA Groningen

Groningen, 23 december 2017

Inzake : naam partijen
Dossier : 2017/2369/MM/nb/aw02
E-mail : secretariaat@meerburgmok.nl
Per fax : nummer

Amice,

Tijdens de partijbespreking is uitgebreid stilgestaan bij de ontstane situatie en de denkbare scenario's: terugkeer of een beëindiging van de arbeidsovereenkomst. Een terugkeer lijkt (te) bezwaarlijk, enerzijds vanwege het bij uw cliënte beschadigde vertrouwen, anderzijds de door cliënte gewenste afspraken met betrekking tot het persoonlijke functioneren van uw cliënt. Zelfs indien beide partijen zich tot het uiterste zouden inspannen is het afbreukrisico, bij een terugkeer, groot. Hoewel uw cliënte het bestaande dienstverband met (werkgever) graag had willen voortzetten, ziet zij een afscheidsscenario thans als enige reële oplossing van de ontstane situatie.

Gegeven de keuze van uw cliënte hebben u en ik vervolgens nader van gedachten gewisseld over een passende ontslagregeling c.q. -vergoeding. Namens (werkgever) heb ik aangegeven dat op zichzelf genomen de bereidheid bestaat de aanvankelijk aangeboden transitievergoeding naar boven bij te stellen. De door uw cliënte gewenste vergoeding van bijna de dubbele transitievergoeding van in totaal €35.000 stuit bij cliënte op bezwaar.

Al met al concludeer ik dat beide partijen wel bereid zijn te streven naar een minnelijke regeling, maar dat de wederzijdse percepties van wat nu een redelijke vergoeding is, uiteenlopen. Om de bestaande kloof te overbruggen is cliënte bereid uw cliënte vergaand tegemoet te treden. Het voorstel van cliënte is finaal, onder voorbehoud van rechten, en luidt als volgt:

1 een beëindiging van de arbeidsovereenkomst, per 1 februari 2018;
2 een herstelmelding van uw cliënte, met aansluitend een periode van betaald verlof waarbij de eventuele nog niet-genoten vakantiedagen zullen worden opgenomen;
3 een beëindigingsvergoeding van €25.000 bruto, uit te keren op een nader door uw cliënte aan te geven fiscaal correcte en voor cliënte niet nadelige wijze;
4 een compensatie in de advocaatkosten tot €750 exclusief btw;
5 finale kwijting, over en weer.

Graag verneem ik of uw cliënte kan instemmen met het bovenstaande voorstel van cliënte. Zo ja, dan zal ik de regeling nader uitwerken in een vaststellingsovereenkomst.

Met vriendelijke groet,

M.M. Mok

TUSSENVRAAG 8.11   T 8.11
Wat zijn de verschillen tussen het eerder gedane bod en het bod uit de brief van 23 december 2017?

De advocaat van de werkneemster reageert nog diezelfde dag op de brief/ fax van 23 november 2017 en doet concreet een tegenbod, ook per fax. Hij schrijft het volgende:

Meerburg & Mok advocaten – mediators
t.a.v. mr. M.M. Mok
Postbus 1586
9701 BN Groningen

Per fax: nummer

Groningen, 23 december 2017

Betreft: naam partijen

Amice,

Ik ontving uw faxbericht in goede orde.

Cliënte is op dit moment arbeidsongeschikt en zij geniet nog ontslagbescherming nu de ziekte een gevolg is van de wijze waarop zij door uw cliënte is behandeld. Het UWV heeft hierover een second opinion verstrekt.

Cliënte heeft altijd goed gefunctioneerd en u heeft geen stukken of dossier welke anderszins zou kunnen aantonen. Een eventuele procedure wordt dan ook met vertrouwen tegemoet gezien.

Desalniettemin is cliënte bereid een stap in de richting van uw cliënte te doen en stelt zij een vergoeding voor van €27.500 met daarnaast een vergoeding voor advocaatkosten van €1.500. Mocht uw cliënte zich hiermee kunnen verenigen, dan verzoek ik u om mij een concept vaststellingsovereenkomst te doen toekomen zodat partijen tot verdere afstemming kunnen komen. Uitgangspunt daarbij is dan dat het dienstverband wordt beëindigd per 1 februari 2018.

Gaarne vernemend,

Met vriendelijke groet,

H.J.M. Janssen

T 8.12 **TUSSENVRAAG 8.12**
Op welke onderdelen verlangt de advocaat van de werkneemster meer dan wat de werkgever haar aanbiedt? Wat is het verschil?

Twee dagen later reageert de advocaat van de werkgever op het voorstel van de werkneemster. Het lijkt erop dat een laatste concessie wordt gedaan.

Janssen en De Groene advocaten
T.a.v. de weledelgestrenge heer mr. H.J.M. Janssen
Postbus 1234
9701 AA Groningen

Groningen, 27 december 2017

Inzake   :   naam partijen
Dossier :   2017/2369/MM/nb
E-mail   :   secretariaat@meerburgmok.nl
Per fax :   nummer

Amice,

In reactie op uw fax van 23 december jl..

Een vergoeding van €27.500 bruto met een compensatie van €1.000 ex btw terzake advocaatkosten is voor cliënte de absolute bovengrens.

Op de door u aangegeven punten stelt cliënte dan ook het navolgende voor:

1 een beëindiging van de arbeidsovereenkomst, met wederzijds goedvinden, per **1 februari 2018**;
2 een herstelmelding van uw cliënte, met aansluitend een periode van betaald verlof waarbij de eventuele nog niet-genoten vakantiedagen zullen worden opgenomen;
3 een vergoeding van **€27.500 bruto**, uit te keren op een nader door uw cliënte aan te geven fiscaal correcte en voor cliënte niet nadelige wijze;
4 een compensatie in de advocaatkosten tot **€1.000 exclusief btw;**
5 finale kwijting, over en weer.

Graag verneem ik of uw cliënte hiermee akkoord gaat.

Met vriendelijke groet,

M.M. Mok

TUSSENVRAAG 8.13   T 8.13
Welke post accepteert de werkgever niet volledig? Welke correctie brengt hij daarop aan?

De advocaat van werkneemster probeert nog een laatste 'voordeeltje' voor zijn cliënte eruit te halen. Direct na het laatste bod van de werkgever reageert hij (per fax) als volgt:

Meerburg & Mok advocaten – mediators
t.a.v. mr. M.M. Mok
Postbus 1586
9701 BN Groningen

Per fax: nummer

Groningen, 27 december 2017

Betreft: naam partijen

Amice,

In goede orde ontving ik uw faxbericht.

Cliënte heeft nog een aantal bezwaren, met name haar opgebouwde vakantiedagen. Deze komen overeen met ongeveer 18 dagen en zij wil deze graag gewoon uitbetaald krijgen. Ik heb de indruk dat dit voor cliënte een laatste poging is om in kunnen stemmen. Het gaat in ieder geval niet van harte.

Voor de advocaatkosten van €1.000 krijgt u of uw cliënte een rechtstreekse factuur van mij zodat uw cliënte zowel btw als de kosten daarvan kan verrekenen en in mindering kan brengen op haar bedrijfsresultaat.

Graag ontvang ik per ommegaande uw akkoord op deze punten en een uitgewerkte vaststellingsovereenkomst zodat er tot verdere afstemming kan worden gekomen.

Gaarne vernemend,

Met vriendelijke groet,

H.J.M. Janssen

De volgende dag wordt de definitieve minnelijke regeling getroffen. De advocaat van de werkgever stelt een vaststellingsovereenkomst voor met de volgende inhoud.

Janssen en De Groene advocaten
T.a.v. de weledelgestrenge heer mr. H.J.M. Janssen
Postbus 1234
9701 AA Groningen

Groningen, 28 december 2017

Inzake   : naam partijen
Dossier   : 2017/2369/MM/nb/aw03
E-mail   : secretariaat@meerburgmok.nl
Per fax   : nummer

Amice,

Voor de goede orde bevestig ik onderstaand de inhoud van de tussen partijen definitief getroffen minnelijke regeling:

1 Een beëindiging van de arbeidsovereenkomst per 1 februari 2018.
2 Uw cliënt is hersteld (verklaard) per 27 december 2017. Met ingang van heden is uw cliënt vrijgesteld van werkzaamheden, tot 1 februari 2018.
3 Cliënte zal zorgdragen voor een correcte eindafrekening, met inbegrip van opgebouwd vakantiegeld en de opbouw van niet-genoten vakantiedagen tot 1 januari 2018.
4 Cliënte zal een beëindigingsvergoeding toekennen aan uw cliënte ter hoogte van €27.500 bruto, uit te keren op een nader door uw cliënte aan te geven fiscaal correcte, doch voor cliënte niet nadelige wijze.
5 Uw cliënte ontvangt een compensatie in de advocaatkosten tot €1.000 exclusief btw. U kunt uw declaratie rechtstreeks indienen bij (werkgever).
6 Partijen zullen absolute geheimhouding in acht nemen wat betreft de inhoud van de getroffen minnelijke regeling.
7 Behoudens al hetgeen ter effectuering van het vorenstaande dient te geschieden, verlenen partijen elkaar reeds nu over en weer volledige en finale kwijting terzake al hetgeen zij uit hoofde van de (beëindiging van) de arbeidsovereenkomst te vorderen (mochten) hebben.

Ik vertrouw erop dat de regeling door mij correct is weergegeven. Bijgaand treft u de vaststellingsovereenkomst aan waarin de overeengekomen regeling is verwerkt.

Met vriendelijke groet,

M.M. Mok

TUSSENVRAAG 8.14   T 8.14
Heeft de brief van de advocaat van werkneemster van 27 december 2017 effect gehad? Motiveer uw antwoord.

Ten slotte komt er nog een pro-formabeschikking van de kantonrechter. Op grond daarvan worden alle mogelijke juridische onzekerheden terzijde geschoven.

TUSSENVRAAG 8.15   T 8.15
a Hoeveel tijd hebben de onderhandelingen over de beëindiging van de arbeidsovereenkomst geduurd?
b Gaat het in dit dossier nu om onderhandelen of over toepassing van het recht? Motiveer uw antwoord.

Samenvatting

In dit hoofdstuk hebben we uiteengezet hoe belangrijk het is als in een arbeidsorganisatie op zorgvuldige wijze dossiers worden aangelegd en bijgehouden. De voordelen van dossierbeheer en dossiermanagement zijn:
- Er wordt orde aangebracht in de enorme informatiestromen vanuit een arbeidsorganisatie en daarnaartoe.
- Er wordt een intern zoeksysteem aangebracht op grond waarvan dossiers gemakkelijk kunnen worden gevonden.
- Vervanging wegens ziekte of overname van zaken wordt vergemakkelijkt.

Er zijn twee dossiers behandeld. Uit beide dossiers is naar voren gekomen dat het vooral aankomt op zorgvuldig chronologisch vastleggen van gevoerde correspondentie.

8

Register

K
Kostenveroordeling 58

M
Margetekst 24
Memorie van antwoord 64
Memorie van toelichting 121
Methode 26
    Register – 27
    Systematische – 26
Modus ponens 163
Modus tollens 164

N
Natuurlijk persoon 18
Nederlandse Jurisprudentie (NJ) 82
Noot 67
Nota naar aanleiding van het verslag 129
Notenapparaat 94

O
Overeenkomst 20, 35

P
Parlementaire geschiedenis 152
Privaatrecht 23
Pro-argumenten 168
Procesgang 56
Procureur-generaal 67
Publicatie 15
Publicatienummer wetsvoorstel 118
Publiekrecht 23

R
Rechtbank 53
Rechterlijke macht 52
Rechtsgevolg 34, 149
Rechtshandeling 20
Rechtspersoon 18
Rechtspraak Arbeidsrecht (RAR) 83
Rechtspraak van de Week (RvdW) 82
Rechtsvoorwaarde 149
    Cumulatieve – 34

Redeneervormen 163
Redeneren 162
Redenering naar analogie 166
Rolnummer 55

S
Schakelbepaling 21, 23
Selecteren
    Feiten – 145
    Rechtsregels – 145
Stemming Tweede Kamer 132
Stemverklaring 137
Strijdige regels 21

T
Tabs 24
Tenlastelegging 76
Titel 16

V
Vakbladen 100
    Algemene – 101
    Gespecialiseerde – 101
Verslag 126
Verweerschrift 55
Verwijzingsartikel 24
Verzoekschrift 55
Vindplaats 82
Voetnoot 91
Vonnis 55
Voorlopig verslag 135
Vordering 54

W
Wetsartikel 17
Wettenbundel 14

Z
Zoekmethode 26, 83
Zoekterm 83